लक्ष्य!

लक्ष्य!

उम्मीद से पहले पाएँ
हर मनचाही चीज़

ब्रायन ट्रेसी

अनुवाद : डॉ. सुधीर दीक्षित

MANJUL

मंजुल पब्लिशिंग हाउस

MANJUL

मंजुल पब्लिशिंग हाउस

कॉरपोरेट एवं संपादकीय कार्यालय

• द्वितीय तल, उषा प्रीत कॉम्प्लेक्स, 42 मालवीय नगर, भोपाल-462003

विक्रय एवं विपणन कार्यालय

• सी-16, सेक्टर 3, नोएडा, उत्तर प्रदेश - 201301, इंडिया

वेबसाइट : www.manjulindia.com

वितरण केन्द्र

अहमदाबाद, बेंगलुरू, भोपाल, कोलकाता, चेन्नई,
हैदराबाद, मुम्बई, नई दिल्ली, पुणे

ब्रायन ट्रेसी द्वारा लिखित मूल अंग्रेजी पुस्तक
गोल्स ! का हिन्दी अनुवाद

Goals! by *Brian Tracy* – Hindi Edition

यह हिन्दी संस्करण 2010 में पहली बार प्रकाशित
24वीं आवृत्ति 2022

बेरेट-कोहलर पब्लिशर्स, इन्कॉर्पोरेटिड, सेन फ्रांसिस्को, सी.ए., यू.एस.ए.
द्वारा मूल अंग्रेजी पुस्तक *गोल्स !* पहली बार प्रकाशित

ISBN 978-81-8322-178-8

हिन्दी अनुवाद : डॉ. सुधीर दीक्षित

मुद्रण व जिल्दसाज़ी : पार्कसन्स ग्राफ़िक्स प्रा.लि.

विषय सूची

रिक मेटकाफ़ को,
जो अच्छे दोस्त, प्रेमपूर्ण प्रति और पिता,
महान अमेरिकी, असाधारण उद्यमी,
बेहतरीन सेल्समैन और हर परिचित के प्रेरणास्रोत थे!

काश आप यह पुस्तक पढ़ने के लिए
मौजूद होते! लेकिन आप बहुत जल्दी ही हमें छोड़कर चले गए!

आमुख

यह पुस्तक महत्वाकांक्षी लोगों के लिए है- ऐसे लोगों के लिए, जो ज़्यादा तेज़ी से आगे बढ़ना चाहते हैं। अगर आप भी यही चाहते हैं, तो यह पुस्तक आप ही के लिए लिखी गई है। इसमें बताए गए विचारों पर अमल करके आप बरसों की कड़ी मेहनत से बच सकते हैं और अपने महत्वपूर्ण लक्ष्य ज़्यादा तेजी से हासिल कर सकते हैं।

मैं दो हज़ार से ज़्यादा बार श्रोताओं को संबोधित कर चुका हूँ। मैंने चौबीस देशों में तेईस हज़ार से ज़्यादा लोगों के सामने भाषण दिया है। मेरे सेमिनार और भाषणों की समयसीमा पाँच मिनट से लेकर पाँच दिन तक रही है। हर बार मैंने उस ख़ास विषय से सर्वश्रेष्ठ विचार बताने पर ध्यान केंद्रित किया है, जो मैं उस पल उस श्रोतासमूह के सामने बता सकता था। विभिन्न विषयों पर अनगिनत भाषण देने के बाद अगर मुझे कुछ कहने के लिए सिर्फ़ पाँच मिनट का वक़्त दिया जाए और सफल बनाने वाला कोई एक सबसे अचूक विचार बताने को कहा जाए, तो मैं आपसे कहूँगा, "अपने लक्ष्य तय करें, उन्हें हासिल करने की योजना बनाएँ और अपनी योजना पर हर रोज़ मेहनत करें।"

अमल करने पर यह सलाह आपकी इतनी ज़्यादा मदद करेगी, जितनी कोई दूसरी चीज़ नहीं करेगी। कई यूनिवर्सिटी ग्रेजुएट्स ने मुझे बताया है कि यह साधारण सी सलाह उनके लिए चार साल के गहन अध्ययन से ज़्यादा मूल्यवान साबित हुई है। इस विचार ने मेरी और लाखों अन्य लोगों की ज़िंदगी बदल दी है। यह आपकी भी ज़िंदगी बदल देगा।

बदलाव का बिंदु

कुछ समय पहले सफल लोगों का एक समूह शिकागो में अपने जीवन के अनुभवों को आपस में बाँटने के लिए एकत्रित हुआ। वे सभी मिलियनेअर या मल्टीमिलियनेअर थे। ज़्यादातर सफल लोगों की तरह ही वे भी ज़िंदगी में मिली सफलता और वरदानों

को लेकर विनम्र व कृतज्ञ थे। जब इस बारे में बातचीत हुई कि उन्होंने जीवन में इतना कुछ कैसे हासिल किया, तो उनमें से सबसे समझदार व्यक्ति ने उठकर कहा कि उसके हिसाब से "लक्ष्य से ही सफलता मिलती है; बाकी हर चीज़ तो बस कमेंट्री है।"

आपका समय और ज़िंदगी बेशक़ीमती है। समय और ज़िंदगी की सबसे बड़ी बर्बादी यह है कि आप किसी ऐसी चीज़ को पाने में बरसों लगा दें, जिसे सिर्फ़ चंद महीनों में ही हासिल किया जा सकता था। इस पुस्तक में दी गई लक्ष्य निर्धारण और लक्ष्य प्राप्ति की व्यावहारिक, आज़माई हुई प्रक्रिया एक ऐसी ही चीज़ है। इस पर अमल करके आप कम समय में इतना ज़्यादा हासिल कर सकेंगे, जिसकी आपने कल्पना भी नहीं की होगी। आप इतनी तेज़ी से तरक्की करेंगे कि ख़ुद आप और आपके आस-पास के लोग हैरान रह जाएँगे।

सरल और आसानी से लागू होने वाली इन विधियों और तकनीकों का अनुसरण करके आप भविष्य में ग़रीबी से अमीरी तक पहुँच सकते हैं। कुंठा से संतुष्टि तक पहुँच सकते हैं। आप अपने दोस्तों और परिवार से आगे निकल सकते हैं और अपने अधिकांश परिचितों से ज़्यादा सफल हो सकते हैं।

अपने भाषणों, सेमिनारों और परामर्श के दौरान मैंने दुनिया भर के बीस लाख से भी ज़्यादा लोगों के साथ काम किया है। मैंने बार-बार पाया है कि स्पष्ट लक्ष्य होने पर सामान्य बुद्धि वाला व्यक्ति भी ऐसे जीनियस से आगे निकल जाएगा, जिसे यह मालूम ही न हो कि वह दरअसल चाहता क्या है।

मेरा व्यक्तिगत मिशन स्टेटमेंट बरसों से यही है: "लोगों को उनके लक्ष्यों तक ज़्यादा तेज़ी से पहुँचने में मदद करना।"

इस पुस्तक में हर उस चीज़ का सार है, जिसे मैंने सफलता, उपलब्धि और लक्ष्य प्राप्ति के क्षेत्रों में आज तक सीखा है। आगे के पन्नों में बताए गए स्पष्ट क़दमों का अनुसरण करके आप जीवन की अगली कतार में पहुँच जाएँगे। मेरे बच्चों के लिए यह पुस्तक एक नक़्शे और मार्गदर्शिका जैसी है। तुम चाहे जहाँ रहो, यह मनचाही मंज़िल तक पहुँचने में तुम्हारी मदद करेगी। मेरे दोस्तों और पाठकों के लिए, इसे मैंने इसलिए लिखा, क्योंकि मैं आपको एक आज़माया हुआ सिस्टम देना चाहता हूँ, जिसका इस्तेमाल करके आप ज़िंदगी भर फ़ास्ट ट्रैक पर चल सकें।

स्वागत है! एक महान, नया और रोमांचक अभियान शुरू होने वाला है।

प्रस्तावना

यह जीने के लिहाज़ से अद्भुत समय है। आज रचनात्मक और संकल्पवान लोगों के सामने लक्ष्य हासिल करने के जितने ज़्यादा मौक़े हैं, उतने पहले कभी नहीं रहे। हालाँकि अर्थव्यवस्था और ज़िंदगी में अल्पकालीन उतार-चढ़ाव आते रहते हैं, लेकिन इसके बावजूद हम शांति और समृद्धि के एक अभूतपूर्व युग में दाख़िल हो रहे हैं।

सन् 1900 में अमेरिका में सिर्फ़ पाँच हज़ार मिलियनेअर थे। सन् 2000 में मिलियनेअरों की संख्या बढ़कर पचास लाख हो गई, जिनमें से ज़्यादातर ख़ुद अपने दम पर मिलियनेअर बने हैं - और वह भी एक ही पीढ़ी में। विशेषज्ञों का अनुमान है कि अगले दो दशकों में 20 से 30 लाख नए मिलियनेअर बन जाएँगे। आपका लक्ष्य भी उनमें से एक बनना होना चाहिए। यह पुस्तक आपको इसका तरीक़ा बताएगी।

धीमी शुरुआत

अठारह साल की उम्र में पढ़ाई पूरी किए बिना मैंने हाई स्कूल छोड़ दिया। मैं एक छोटे से होटल में बर्तन माँजने का काम करने लगा। वहाँ से निकलकर मैं कार धोने की नौकरी करने लगा। उसके बाद फ़र्श धोने का काम करने लगा। अगले कुछ सालों तक मैं मेहनत-मज़दूरी वाले बहुत से काम करता रहा और पसीना बहाकर रोज़ी-रोटी कमाता रहा। मैंने आरा मशीनों और फ़ैक्ट्रियों में काम किया। मैंने खेतों और पशुपालन केंद्रों पर काम किया। मैंने लकड़ी के पीठों में चेन सॉ पर काम किया और लॉगिंग का मौसम ख़त्म होने पर कुएँ भी खोदे।

मैंने ऊँची इमारतों पर मज़दूर का काम किया और नॉर्थ अटलांटिक में नॉर्वे के जहाज़ पर नाविक का काम भी किया। अक्सर मैं अपनी कार या किसी सस्ते लॉज में सोता था। तेईस साल की उम्र में मैं कटाई के मौसम में घुमंतू खेतिहर

मज़दूर का काम करता था, खलिहान में पुआल के ऊपर सोता था और किसान के परिवार के साथ भोजन करता था। मैं अशिक्षित और अकुशल मज़दूर था और फ़सल कटने के बाद फिर बेरोज़गार हो जाता था।

जब मुझे मेहनत-मज़दूरी का कोई काम नहीं मिला, तो मैं सेल्स लाइन में चला गया, जहाँ मुझे प्रॉडक्ट बेचने पर कमीशन मिलता था। मैं ऑफ़िस और घरों में जाकर अजनबियों को समान बेचने की कोशिश (Cold Calling) करने लगा। अक्सर मेरा लक्ष्य दिन भर में सिर्फ़ एक सामान बेचना होता था, ताकि लॉज का किराया निकल आए और उस रात सोने की जगह मिल जाए। यह ज़िंदगी की कोई बेहतरीन शुरुआत तो नहीं थी।

जिस दिन मेरी ज़िंदगी बदल गई

फिर एक दिन मैंने एक काग़ज उठाया और उस पर अपने लिए बिलकुल असंभव नज़र आने वाला लक्ष्य लिख दिया। यह लक्ष्य था, ऑफ़िस और घर-घर जाकर सामान बेचना और हर महीने 1,000 डॉलर कमाना। मैंने उस काग़ज को मोड़कर दूर रख दिया और फिर वह मुझे दोबारा कभी नहीं दिखा।

लेकिन तीस दिन बाद मेरी पूरी ज़िंदगी बदल गई। इस दौरान मैंने सामान बेचने की एक ऐसी तकनीक खोजी, जिसे आज़माने के पहले ही दिन मेरी आमदनी तीन गुनी हो गई। इस दौरान मेरी कंपनी के मालिक ने एक उद्यमी को कंपनी बेच दी, जो शहर में नया आया था। अपना लक्ष्य लिखने के ठीक तीस दिन बाद नए मालिक ने मुझे 1,000 डॉलर प्रति माह देने का प्रस्ताव रखा, ताकि मैं सेल्स कर्मचारियों का प्रमुख बन जाऊँ और बाक़ी सेल्स कर्मचारियों को भी सामान बेचने के वे गुर सिखा सकूँ, जिनकी बदौलत मैं बाक़ी सबसे ज़्यादा सामान बेच रहा था। मैंने यह प्रस्ताव स्वीकार कर लिया और उस दिन के बाद मेरी ज़िंदगी पहले जैसी नहीं रही।

अठारह महीनों के भीतर मैं वह काम छोड़कर दूसरा ज़्यादा बड़ा काम करने लगा और इसके बाद तीसरा काम। मैं सेल्समैन से सेल्स मैनेजर बन गया और मेरे अधीनस्थों की संख्या बढ़ गई। मैंने 95 लोगों की सेल्स टीम नियुक्त की और उसे सफलता के गुर सिखाए। पहले मुझे रोज़ाना यह चिंता हुआ करती थी कि आगे खाना मिलेगा या नहीं, लेकिन अब मेरी जेब 20 डॉलर के नोटों से भरी रहती थी।

मैं अपने सेल्स कर्मचारियों को सिखाने लगा कि वे अपने लक्ष्य कैसे लिखें और ज़्यादा असरदार ढंग से सामान कैसे बेचें। बहुत ही कम समय में उनकी आमदनी भी कई गुना हो गई। दरअसल, उनमें से कईयों की आमदनी तो दस गुना बढ़ गई। आज उनमें से कई मिलियनेअर और मल्टीमिलियनेअर हैं।

यह ग़ौर करना महत्त्वपूर्ण है कि पच्चीस साल की उम्र के बाद से मेरी ज़िंदगी का ग्राफ़ हमेशा ऊपर की तरफ़ ही नहीं गया है। इसमें कई उतार भी आए हैं और सफलताओं के साथ-साथ अस्थायी असफलताएँ भी मिली हैं। मैं अस्सी से ज़्यादा देशों की यात्रा कर चुका हूँ, वहाँ रह चुका हूँ या काम कर चुका हूँ। मैंने फ्रेंच, जर्मन और स्पेनिश भाषाएँ सीखी हैं और मैं बाईस अलग-अलग क्षेत्रों में काम कर चुका हूँ।

अनुभहीनता और कई बार तो निरी मूर्खता के कारण मैंने अपनी सारी दौलत गँवा दी या फिर ख़र्च कर डाली और मुझे दोबारा शुरू करना पड़ा - कई मर्तबा जब भी यह होता था, तो मैं एक काग़ज लेकर बैठ जाता था और उस पर अपने नए लक्ष्य लिखने लगता था। मैं इस काम में जिन विधियों का इस्तेमाल करता था, वे आपको आगे के पन्नों में मिलेंगी।

कई सालों तक लक्ष्य बनाने और उन्हें हासिल करने के बाद मैंने आख़िरकार अपनी सीखी हुई हर चीज़ को एक सिस्टम में ढालने का फ़ैसला किया। मैंने सभी विचारों और रणनीतियों को एक जगह पर एकत्रित किया। इस तरह लक्ष्य बनाने की ऐसी विधि और प्रक्रिया विकसित हुई, जिसका एक आरंभ, मध्य, और अंत था। फिर मैं हर दिन इसका अनुसरण करने लगा।

एक साल में मेरी ज़िंदगी दोबारा बदल गई। उस साल जनवरी में मैं एक किराए के अपार्टमेंट में किराए के फ़र्नीचर के साथ रह रहा था। मुझ पर 35,000 डॉलर का कर्ज़ था और मेरे पास एक सेकंड हैंड कार थी, जिसका मैंने भुगतान नहीं किया था। दिसंबर तक मैं एक लाख डॉलर के कॉन्डोमिनियम और एक नई मर्सिडीज़ कार का मालिक बन गया था, मैंने अपने सारे कर्ज़ चुका दिए थे और मेरे ख़ाते में 50,000 डॉलर थे।

इसके बाद तो मैं सफलता को लेकर सचमुच गंभीर हो गया। मुझे एहसास हो गया कि लक्ष्य तय करने में कमाल की ताक़त होती हैं। मैंने लक्ष्य तय और हासिल करने पर सैंकड़ों-हज़ारों घंटे तक पढ़ा और शोध किया। मुझे जो भी सर्वश्रेष्ठ विचार मिले, उन्हें संशोधित करके मैंने एक पूरी प्रक्रिया में ढाला, जो बेहद कारगर और सफल थी।

यह कोई भी कर सकता है

1981 में मैं वर्कशॉप्स और सेमिनारों में अपना सिस्टम सिखाने लगा, जो अब पैंतीस देशों के बीस लाख लोगों तक पहुँच चुका है। मैंने अपने कोर्स के ऑडियो और वीडियो टेप्स बनाए, ताकि दूसरे उनका आसानी से इस्तेमाल कर सकें। अब तक

हम कई भाषाओं में दुनिया के लाखों लोगों को इन सिद्धांतों का प्रशिक्षण दे चुके हैं।

मैंने पाया कि ये विचार हर जगह, हर व्यक्ति के लिए, लगभग हर देश में काम करते हैं, चाहे आपकी शिक्षा, अनुभव या पृष्ठभूमि जो भी हो।

सबसे अच्छी बात, इन विचारों की बदौलत आपकी ज़िंदगी की बागडोर आपके हाथों में आ सकती है, जैसा मैंने और दूसरे लोगों ने पाया। लक्ष्य निर्धारण के नियमित और व्यवस्थित अभ्यास की बदौलत ही हम ग़रीब से अमीरी, कुंठा से संतुष्टि, कम उपलब्धि से सफलता तक पहुँच गए। यह सिस्टम आपके लिए भी यही करेगा।

मैंने जल्द ही यह सीख लिया कि योजना न होने से तो कैसी भी योजना का होना अच्छा होता है। वैसे इस मामले में पहिए का दोबारा आविष्कार करने की क्या ज़रूरत है ? लगभग सारे जवाब पहले से ही मौज़ूद हैं। शून्य से कैरियर शुरू करने वाले लाखों स्त्री-पुरुष इन सिद्धांतों पर अमल करके ज़बर्दस्त सफलता पा चुके हैं। और उन्होंने जो किया है, आप भी वही कर सकते हैं, बशर्ते आपको तरीक़ा मालूम चल जाए।

आगे के पन्नों में आप इक्कीस सबसे महत्वपूर्ण विचार और रणनीतियाँ सीखेंगे। इनकी बदौलत आप हर वह चीज़ हासिल कर सकते हैं, जिसे आप ज़िंदगी में हासिल करना चाहते हैं। आप पाएँगे कि आप कितना हासिल कर सकते हैं, इसकी कोई सीमा नहीं है - सिवाय उन सीमाओं के, जो आप अपनी कल्पना पर लगाते हैं। और चूँकि आपकी कल्पना की कोई सीमा नहीं है। इसलिए आपके हासिल करने की भी कोई सीमा नहीं हैं। यह बहुत ही महान खोज है। आइए, शुरू करते हैं।

हज़ार मील लंबी यात्रा भी एक क़दम से ही शुरू होती है।

–कनफ़्यूशियस

☆ 1

अपनी संभावना का ताला खोलें

आम इंसान की संभावना उस महासागर की तरह है, जिसमें यात्रा नहीं की गई है, उस नए महाद्वीप की तरह है, जिसे खोजा नहीं गया है। संभावनाओं की पूरी दुनिया मुक्त होने और महान काम करने के लिए मार्गदर्शन का इंतज़ार कर रही है।

– ब्रायन ट्रेसी

सफलता का मतलब लक्ष्य है और बाक़ी सारी चीज़ें कमेंट्री हैं। सभी सफल लोग पूरी तरह लक्ष्य केंद्रित होते हैं। वे जानते हैं कि वे क्या चाहते हैं और उसे हासिल करने के लिए वे हर दिन अपना पूरा ध्यान केंद्रित करते हैं।

लक्ष्य तय करने की आपकी क्षमता ही सफलता की सबसे प्रमुख योग्यता है। लक्ष्य आपके सकारात्मक मस्तिष्क का ताला खोलते हैं और मंज़िल तक पहुँचाने वाले मददग़ार विचारों तथा ऊर्जा को मुक्त करते हैं। लक्ष्यों के बिना आप बस ज़िंदगी की लहरों पर डूबते-उतराते रहते हैं, जबकि लक्ष्य होने पर आप तीर की तरह उड़कर सीधे निशाने पर पहुँच जाते हैं।

सच तो यह है कि आपमें इतनी ज़्यादा नैसर्गिक संभावना है कि उसका पूरा इस्तेमाल करने के लिए आपको शायद सौ से ज़्यादा बार जन्म लेना पड़ेगा। आपने अब तक जो भी हासिल किया है, वह आपकी सच्ची संभावना का सिर्फ़ एक छोटा सा अंश है। सफलता का एक नियम यह है : इससे कोई फ़र्क़ नहीं पड़ता कि आप कहाँ से आ रहे हैं; फ़र्क़ तो इस बात से पड़ता है कि आप कहाँ जा रहे हैं। और आप कहाँ जा रहे हैं, यह सिर्फ़ आप और आपके विचार ही तय करते हैं।

स्पष्ट लक्ष्य होने पर आपका आत्मविश्वास बढ़ता है, आपकी क्षमता का विकास होता है और आपकी प्रेरणा का स्तर ऊँचा होता है। जैसा कि सेल्स प्रशिक्षक टॉम हॉपकिन्स कहते हैं, "लक्ष्य उपलब्धि की अँगीठी का ईंधन हैं।"

आप अपना खुद का संसार रचते हैं

शायद मानव इतिहास की महानतम खोज यह है कि आपके मस्तिष्क में आपके जीवन के लगभग हर पहलू का निर्माण करने की शक्ति होती है। मानव निर्मित जगत में आप अपने चारों ओर जो भी चीज़ देखते हैं, वह किसी इंसान के दिमाग़ में एक विचार के रूप में आई थी और उसके बाद ही भौतिक जगत् में साकार हुई। आपके जीवन की हर चीज़ किसी विचार, इच्छा, आशा या सपने के रूप में शुरू हुई थी - या तो आपके दिमाग़ में या फिर किसी और के दिमाग़ में। आपके विचार रचनात्मक होते हैं। वे आपकी दुनिया और आपके साथ होने वाली हर चीज़ को आकार देते हैं।

सभी धर्मों, सभी दर्शनों, मेटाफ़िज़िक्स, मनोविज्ञान और सफलता का महान सार यह है : **आप जिसके बारे में ज़्यादातर वक़्त सोचते हैं, वही बन जाते हैं।** आपका बाहरी जगत अंततः आपके आंतरिक जगत का प्रतिबिंब बन जाता है। आपको वही प्रतिबिंब दिखता है, जिसके बारे में आप ज़्यादातर समय सोचते हैं। आप जिसके बारे में भी सोचते हैं, वह लगातार आपकी ज़िंदगी में प्रकट होता है।

कई हज़ार सफल लोगों से पूछा गया कि वे ज़्यादातर समय किस चीज़ के बारे में सोचते हैं। सफल लोगों का सबसे आम जवाब यह था कि *वे ज़्यादातर वक़्त अपनी मनचाही चीज़* और *उसे पाने* के बारे में सोचते हैं।

असफल और दुखी लोग ज़्यादातर वक़्त अनचाही चीज़ों के बारे में सोचते और बातें करते हैं। वे अपनी समस्याओं और चिंताओं के बारे में बातचीत करते हैं तथा ज़्यादातर समय दूसरों को दोष देते रहते हैं। लेकिन सफल लोग अपने विचारों और बातों को अपने सबसे प्रबल इच्छित लक्ष्यों पर केंद्रित रखते हैं। वे ज़्यादातर वक़्त उस चीज़ के बारे में सोचते और बातें करते हैं, जिसे वे पाना चाहते हैं।

स्पष्ट लक्ष्यों के बिना जीना घने कोहरे में कार चलाने जैसा है। चाहे आपकी कार कितनी ही दमदार हो, चाहे इंजीनियरिंग कितनी ही बेहतरीन हो, आप धीमे-धीमे, झिझकते हुए कार चलाएँगे और बढ़िया से बढ़िया सड़क पर भी गति नहीं पकड़ पाएँगे। लक्ष्य स्पष्ट करने से कोहरा तत्काल छँट जाता है और आपको अपनी योग्यताओं तथा ऊर्जाओं पर ध्यान केंद्रित करने और उनका इस्तेमाल करने का मौक़ा मिल जाता है। स्पष्ट लक्ष्य आपको यह सामर्थ्य देते हैं कि आप अपनी ज़िंदगी के एक्सीलरेटर को दबा दें और उस सफलता की ओर तेज़ी से बढ़ें, जिसे आप वाक़ई हासिल करना चाहते हैं।

आपका स्वचालित लक्ष्य-केंद्रित कार्य

इस प्रयोग के बारे में सोचें : आप एक पत्रवाहक कबूतर (homing pigeon) को उसके बसेरे से बाहर निकालकर एक पिंजरे में रखते हैं, उस पिंजरे पर कंबल ढँककर एक बक्से में पैक कर देते हैं और फिर उस बक्से को एक बंद ट्रक में रख देते हैं। आप किसी भी दिशा में हज़ार मील दूर चले जाएँ और इसके बाद अपना ट्रक खोलें, बक्सा बाहर निकालें, कंबल हटाएँ और कबूतर को पिंजरे से बाहर निकाल दें। वह फ़ौरन हवा में उड़ जाएगा, तीन चक्कर लगाएगा और फिर बिना किसी ग़लती के एक हज़ार मील दूर स्थित अपने बसेरे की तरफ़ चल देगा। दुनिया के किसी भी अन्य प्राणी के पास यह अविश्वसनीय साइबरनेटिक, लक्ष्य-केंद्रित हुनर नहीं होता है - सिवाय इंसान के।

आपमें भी लक्ष्य हासिल करने की वही योग्यता है, जो पत्रवाहक कबूतर में है। दरअसल, आपमें एक और अद्भुत चीज़ है। जब आपका लक्ष्य बिलकुल स्पष्ट होता है, तो आपको तो यह पता करने की भी ज़रूरत नहीं है कि यह कहाँ है या इसे कैसे हासिल करना है। आप ठीक-ठीक क्या पाना चाहते हैं, बस इतना फ़ैसला भर कर लेने से ही आप बिना किसी ग़लती के अपने लक्ष्य की ओर बढ़ने लगेंगे और आपका लक्ष्य बिना किसी ग़लती के आपकी ओर बढ़ने लगेगा। बिलकुल सही समय और जगह पर आप और आपका लक्ष्य एक-दूसरे से मिल जाएँगे।

आपके मस्तिष्क की गहराई में स्थित इस अविश्वसनीय साइबरनेटिक मेकेनिज़्म की वजह से आप लगभग हमेशा अपने लक्ष्य हासिल कर लेते हैं, चाहे वे जो भी हों। अगर आपका लक्ष्य रात को घर आकर टीवी देखना है, तो आप लगभग हमेशा इसे पा लेंगे। अगर आपका लक्ष्य सेहत, ख़ुशी और दौलत से भरी अद्भुत ज़िंदगी जीना हो, तो आप इसे भी पा लेंगे। ठीक कंप्यूटर की तरह ही आपका लक्ष्य खोजने वाला मेकेनिज़्म भी अपनी तरफ़ से कोई निर्णय नहीं लेता। यह स्वचालित होता है और आपकी मनचाही चीज़ को लगातार आपकी ओर लाता है, चाहे वह जो भी हो।

प्रकृति आपके लक्ष्यों के आकार के बारे में परवाह नहीं करती। अगर आप छोटे लक्ष्य तय करते हैं, तो आपका स्वचालित लक्ष्य-प्राप्ति तंत्र आपको छोटे लक्ष्य हासिल करने में समर्थ बनाएगा। अगर आप बड़े लक्ष्य तय करते हैं, तो यह नैसर्गिक क्षमता आपको बड़े लक्ष्य हासिल करने में समर्थ बनाएगी। आपके लक्ष्यों का आकार, प्रकार और विवरण पूरी तरह आप पर निर्भर करता है। इसलिए यह महत्वपूर्ण है कि आप ज़्यादातर वक़्त किस चीज़ के बारे में सोचने का चुनाव करते हैं।

लोग लक्ष्य तय क्यों नहीं करते

यह एक अच्छा सवाल है : अगर लक्ष्य खोजना स्वचालित है, तो फिर इतने कम

लोगों के पास स्पष्ट, लिखित, नापने योग्य, समयबद्ध लक्ष्य क्यों होते हैं? हर किसी के पास ऐसे लक्ष्य क्यों नहीं होते, जिनकी दिशा में वे हर दिन काम करें? यह जीवन का एक बड़ा रहस्य है। मुझे यक़ीन है कि चार कारणों से लोग अपने लक्ष्य तय नहीं करते :

वे लक्ष्यों को महत्वपूर्ण नहीं मानते

पहली बात, ज़्यादातर लोगों को लक्ष्यों के महत्व का एहसास ही नहीं होता। अगर आप ऐसे घर में पले-बढ़े हैं, जहाँ किसी के पास लक्ष्य नहीं रहे हों या फिर ऐसे समूह में रहे हों, जहाँ लक्ष्यों पर कभी बातचीत न हुई हो या उन्हें महत्व न दिया गया हो, तो वयस्क होने के बाद भी आप लक्ष्यों की शक्ति से अनजान रह सकते हैं। आपको यह पता ही नहीं चलेगा कि लक्ष्य तय करने और हासिल करने की आपकी योग्यता आपकी ज़िंदगी पर किसी दूसरी योग्यता से ज़्यादा असर डालती है। अपने आस-पास ग़ौर से देखें। आपके कितने दोस्तों या परिजनों के पास स्पष्ट लक्ष्य हैं और वे अपने लक्ष्यों के प्रति समर्पित हैं?

वे जानते ही नहीं हैं कि लक्ष्य कैसे तय किए जाते हैं

लोगों के पास लक्ष्य न होने का दूसरा कारण यह है कि वे यह जानते ही नहीं हैं कि लक्ष्य तय कैसे किए जाते हैं। इससे भी बुरी बात, कि कई लोग सोचते हैं कि उनके पास पहले से ही लक्ष्य हैं, जबकि उनके पास दरअसल इच्छाओं या सपनों की शृंखला भर होती है, जैसे "ख़ुश रहो," या "बहुत सा पैसा बनाओ" या "अच्छा पारिवारिक जीवन जियो।"

लेकिन उन्हें लक्ष्य नहीं कहा जा सकता। ये तो सिर्फ़ फंतासियाँ हैं, जो हर एक के पास होती हैं। लक्ष्य, इच्छा से एकदम अलग होता है। यह स्पष्ट होता है, लिखित होता है और विशिष्ट होता है। इसे किसी को भी जल्दी से और आसानी से बताया जा सकता है। आप इसकी दिशा में अपनी प्रगति को नाप सकते हैं। जब आप इसे हासिल कर लेते हैं या नहीं कर पाते, तो आप यह बात जान जाते हैं।

यह संभव है कि किसी नामी यूनिवर्सिटी से बड़ी डिग्री लेने के बावजूद आपको लक्ष्य निर्धारण के बारे में एक घंटे का भी प्रशिक्षण न मिला हो। लगता है, जैसे हमारे स्कूलों और यूनिवर्सिटीज़ की शैक्षिक सामग्री तय करने वाले लोग ज़िंदगी में सफलता हासिल करने में लक्ष्य निर्धारण के महत्व को लेकर बिलकुल अंधे हैं। और ज़ाहिर है, अगर बालिग़ होने तक आपने लक्ष्यों के बारे में कभी सुना ही नहीं है, जैसा मेरे साथ हुआ था, तो आपको पता भी नहीं होगा कि वे आपके हर काम में कितने महत्वपूर्ण होते हैं।

वे असफलता से डरते हैं

लोगों के लक्ष्य तय न करने का तीसरा कारण है असफलता का डर। असफलता से दिल को चोट पहुँचती है। यह भावनात्मक और अक्सर आर्थिक दृष्टि से भी दुखदायी और कष्टकारी होती है। हर व्यक्ति कभी न कभी असफल हो चुका है। हर बार हम ज़्यादा सतर्क होने और भविष्य में असफलता से बचने का संकल्प करते हैं। इसके अलावा, कई लोग अचेतन रूप से ख़ुद को नुक़सान पहुँचाने वाली भारी ग़लती करते हैं : असफलता से बचने के लिए वे लक्ष्य ही तय नहीं करते। वे सफलता की अपनी संभावना से काफ़ी निचले स्तर पर ही काम करते-करते ज़िंदगी गुज़ार देते हैं।

उन्हें अस्वीकृति का डर होता है

लोगों के पास लक्ष्य न होने का चौथा कारण है अस्वीकृति (rejection) का डर। लोग इस बात से डरते हैं कि अगर उन्होंने कोई लक्ष्य तय किया और कामयाब नहीं हो पाए, तो दूसरे लोग उनकी आलोचना करेंगे या हँसी उड़ाएँगे। यह भी एक कारण है कि शुरुआत में आपको अपने लक्ष्य गोपनीय रखने चाहिए। किसी को भी न बताएँ। दूसरों को परिणाम देखने दें, उन्हें पहले से कुछ भी न बताएँ। जो वे जानते ही नहीं हैं, उससे वे आपको चोट नहीं पहुँचा सकते।

शीर्षस्थ 3 प्रतिशत लोगों में शामिल हों

मार्क मैक्कॉरमैक ने अपनी पुस्तक *व्हाट दे डोन्ट टीच यू एट हार्वर्ड बिज़नेस स्कूल* में 1979 और 1989 के बीच हार्वर्ड में हुए एक अध्ययन के बारे में बताया है। 1979 में हार्वर्ड के एमबीए ग्रेजुएट्स से पूछा गया, "क्या आपने अपने भविष्य के लिए स्पष्ट, लिखित लक्ष्य तय किए हैं और उन्हें हासिल करने की कोई योजना बनाई है?" पता चला कि सिर्फ़ 3 प्रतिशत ग्रेजुएट्स के पास लिखित लक्ष्य और योजनाएँ थीं। तेरह प्रतिशत के पास लक्ष्य तो थे, लेकिन उन्होंने लिखे नहीं थे। 84 प्रतिशत के पास स्पष्ट लक्ष्य ही नहीं थे, सिवाय इसके कि वे बिज़नेस स्कूल से जाने के बाद गर्मियों का आनंद लें।

दस साल बाद 1989 में शोधकर्ताओं ने उस क्लास के सदस्यों से दोबारा संपर्क किया। उन्होंने पाया कि जिन 13 प्रतिशत के पास अलिखित लक्ष्य थे, वे लक्ष्य न बनाने वाले 84 प्रतिशत विद्यार्थियों से औसतन दोगुना कमा रहे थे। लेकिन उन्हें सबसे आश्चर्यजनक बात तो यह थी कि हार्वर्ड छोड़ते वक़्त जिन 3 प्रतिशत ग्रेजुएट्स के पास स्पष्ट, लिखित लक्ष्य थे, वे बाक़ी सभी 97 प्रतिशत से औसतन *दस गुना*

ज़्यादा कमाई कर रहे थे। इन लोगों के मामले में इकलौता फ़र्क़ स्पष्ट लक्ष्यों का था, जो उन्होंने पढ़ाई पूरी करते वक़्त बनाए थे।

कोई साइन बोर्ड नहीं

स्पष्टता का महत्व समझना आसान है। कल्पना करें कि आप किसी बड़े शहर के बाहरी इलाक़े में खड़े हैं और आपसे उस शहर में किसी ख़ास घर या ऑफ़िस तक गाड़ी से पहुँचने को कहा जाता है। लेकिन यहाँ एक पेंच है : सड़क पर कोई साइन बोर्ड नहीं है और आपके पास शहर का नक़्शा भी नहीं है। सच तो यह है कि आपको उस घर या ऑफ़िस का सिर्फ़ बहुत सतही वर्णन ही बताया गया है। सवाल यह है, आपको क्या लगता है कि नक़्शे और साइन बोर्ड के बिना आपको शहर में वह मकान या ऑफ़िस खोजने में कितना समय लगेगा ?

जवाब है, पूरी ज़िंदगी भी लग सकती है। अगर आप कभी उस मकान या ऑफ़िस को खोज लें, तो यह बहुत हद तक क़िस्मत का मामला होगा। और दुखद बात यह है कि ज़्यादातर लोग अपनी ज़िंदगी इसी तरह जीते हैं।

अधिकांश लोग ज़िंदगी भर नक़्शे और साइन बोर्ड के बिना दुनिया में निरुद्देश्य यात्रा शुरू कर देते हैं। यह जीवन में बिना लक्ष्यों और योजनाओं के काम शुरू करने जैसा है। वे बीच राह में चीज़ें सोचने के आदी होते हैं। नतीजा यह होता है कि आमतौर पर, दस-बीस साल नौकरी करने के बावजूद वे कड़के बने रहते हैं, अपनी नौकरी में दुखी नज़र आते हैं, अपने जीवनसाथी से असंतुष्ट रहते हैं और बहुत कम तरक्की कर पाते हैं। और इसके बावजूद वे हर रात घर जाकर टीवी देखते हैं और चीज़ों के बेहतर होने की उम्मीद करते हैं। लेकिन वे शायद ही कभी बेहतर होती हैं। अपने आप तो नहीं ही होतीं।

ख़ुशी के लिए लक्ष्यों की ज़रूरत होती है

अर्ल नाइटिंगेल ने एक बार लिखा था, "ख़ुशी किसी सार्थक आदर्श या लक्ष्य की क्रमिक प्राप्ति है।"

आप सच्ची ख़ुशी तभी महसूस करते हैं, जब आप किसी महत्वपूर्ण चीज़ की ओर क़दम-दर-क़दम प्रगति कर रहे होते हैं। लोगोथेरेपी के संस्थापक विक्टर फ्रैंकल ने लिखा था कि इंसान की सबसे बड़ी ज़रूरत ज़िंदगी में अर्थ और उद्देश्य का एहसास होना है।

लक्ष्य आपको अर्थ और उद्देश्य दोनों का एहसास दिलाते हैं। लक्ष्य आपको दिशा का एहसास भी दिलाते हैं। अपने लक्ष्यों की ओर आगे बढ़ते वक़्त आप ज़्यादा

ख़ुश और शक्तिशाली महसूस करते हैं। आप ज़्यादा ऊर्जावान और प्रभावी महसूस करते हैं। आप ज़्यादा कार्यकुशल, योग्य और आत्मविश्वासी महसूस करते हैं। लक्ष्यों की ओर उठा हर क़दम आपके इस विश्वास को बढ़ा देता है कि आप भविष्य में ज़्यादा बड़े लक्ष्य तय कर सकते हैं और उन्हें पा भी सकते हैं।

आज जितने लोग भविष्य के बारे में चिंतित हैं और परिवर्तन से डर रहे हैं, उतने इतिहास में किसी और युग में नहीं रहे। लक्ष्य निर्धारण का एक बहुत बड़ा फ़ायदा यह है कि लक्ष्य होने पर आप जीवन में परिवर्तन की दिशा को नियंत्रित कर सकते हैं। लक्ष्य होने पर आप यह सुनिश्चित कर सकते हैं कि आपनी ज़िंदगी के ज़्यादातर परिवर्तन आप ख़ुद तय करें और वे आपकी मनचाही दिशा में हों। लक्ष्य होने पर आप हर काम को सार्थक और उद्देश्यपूर्ण बना सकते हैं।

यूनानी दार्शनिक अरस्तू की एक महत्वपूर्ण नसीहत यह थी कि इंसान एक उद्देश्यपूर्ण (teleological) प्राणी है। ग्रीक शब्द टेलियॉस का अर्थ है लक्ष्य। अरस्तू का निष्कर्ष था कि इंसान का हर काम किसी न किसी अर्थ में उद्देश्यपूर्ण होता है। आप सिर्फ़ तभी ख़ुश रहते हैं, जब आप कोई ऐसा काम कर रहे हों, जो आपको मनचाही चीज़ की ओर ले जा रहा हो। तो फिर बड़ा सवाल यह है, आपके लक्ष्य क्या हैं ? आप किन उद्देश्यों पर निशाना साध रहे हैं ? आप दिन के अंत में कहाँ पहुँचना चाहते हैं ?

स्पष्टता ही सब कुछ है

आपकी नैसर्गिक संभावना असाधारण है। आपके भीतर इसी वक़्त लगभग हर वह लक्ष्य हासिल करने की क्षमता है, जिसे आप अपने लिए तय कर लें। अपने प्रति आपकी सबसे बड़ी ज़िम्मेदारी यह है कि आप पूरी तरह स्पष्ट कर लें कि आप ठीक-ठीक क्या चाहते हैं और आप इसे सबसे अच्छी तरह कैसे हासिल कर सकते हैं। अपने सच्चे लक्ष्यों के बारे में आप जितने ज़्यादा स्पष्ट होंगे, आपके बेहतर जीवन की संभावना भी उतनी ही ज़्यादा होगी।

आपने शायद यह बात सुनी होगी कि आम इंसान सिर्फ़ अपनी 10 प्रतिशत क्षमता का ही इस्तेमाल कर पाता है। दुखद सच्चाई यह है कि स्टैनफ़ोर्ड यूनिवर्सिटी के अनुसार आम आदमी अपनी सिर्फ़ 2 प्रतिशत मानसिक क्षमता का ही इस्तेमाल कर पाता है। बाक़ी क्षमता रिज़र्व रहती है और बाद के किसी समय के लिए बचाकर रखी जाती है। यह ठीक वैसा ही होगा, जैसे आपके माता-पिता आपके लिए एक लाख डॉलर का ट्रस्ट फ़ंड छोड़ जाएँ, लेकिन आप ख़र्च करने के लिए ज़िंदगी भर में सिर्फ़ 2,000 डॉलर ही निकालें। परिणाम- बाक़ी 98,000 डॉलर अकाउंट की ही शोभा बढ़ाते रहे और आप उनका इस्तेमाल ही नहीं कर पाए।

ज्वलंत इच्छा विकसित करें

लक्ष्य प्राप्ति का शुरुआती बिंदु है इच्छा। अगर आप सचमुच अपने लक्ष्य हासिल करना चाहते हैं, तो आपको उनके लिए ज्वलंत इच्छा विकसित करनी होगी। जब आपकी इच्छा तीव्र होती है, तभी आपको तमाम बाधाओं से उबरने की ऊर्जा और जोश मिलता है।

अच्छी ख़बर यह है कि आप जिस चीज़ को लंबे समय तक और प्रबलता से चाहें, उसे अंततः हासिल कर सकते हैं।

महान ऑइल बिलियनेअर एच. एल. हंट से एक बार सफलता का रहस्य पूछा गया। उन्होंने जवाब दिया कि सफलता के लिए दो चीज़ों की ज़रूरत होती है और सिर्फ़ दो ही चीज़ों की ज़रूरत होती है। उन्होंने कहा, पहली बात, आपको यह पक्का पता होना चाहिए कि आप क्या चाहते हैं। क्योंकि ज़्यादातर लोग यह बात कभी पता कर ही नहीं पाते। दूसरी बात, आपको वह क़ीमत तय कर लेनी चाहिए, जो आप अपनी मनचाही चीज़ को पाने के लिए चुकाना चाहते हैं और फिर आपको वह क़ीमत चुकाने में जुट जाना चाहिए।

सफ़लता का कैफ़ेटेरिया मॉडल

ज़िंदगी रेस्तराँ के बजाय बफ़े या कैफ़ेटेरिया ज़्यादा है। रेस्तराँ में आप पूरा भोजन करने के बाद बिल चुकाते हैं। लेकिन बफ़े या कैफ़ेटेरिया में आप ख़ुद परोसते हैं और भोजन का आनंद लेने से पहले ही पूरी क़ीमत चुकाते हैं। कई लोग ग़लती से यह मान बैठते हैं कि सफलता मिलने के *बाद* वे उसकी क़ीमत चुका देंगे। वे ज़िंदगी के स्टोव के सामने बैठकर कहते हैं, “पहले मुझे थोड़ी गर्मी दो, फिर मैं तुममें लकड़ी डालूँगा।”

जैसा कि प्रेरक वक्ता ज़िग ज़िग्लर ने एक बार कहा था, “सफलता की लिफ़्ट ख़राब हो गई है। लेकिन सीढ़ियाँ हमेशा मौजूद हैं।”

अरस्तू का एक और महत्वपूर्ण निष्कर्ष यह था कि इंसान के हर काम का अंतिम उद्देश्य व्यक्तिगत ख़ुशी पाना है। उनके अनुसार आपके हर काम का मक़सद किसी न किसी तरह अपनी ख़ुशी बढ़ाना है। आप ख़ुशी पाने में सफल हों या असफल, ख़ुशी हमेशा आपका अंतिम लक्ष्य होती है।

ख़ुशी की कुंजी

लक्ष्य तय करना, हर दिन उनकी दिशा में काम करना और अंततः उन्हें हासिल करना ज़िंदगी में ख़ुशी की कुंजी है। लक्ष्य तय करने में इतनी शक्ति है कि उन्हें

हासिल करने की दिशा में पहला क़दम उठाने से पहले ही आप रोमांचित हो उठते हैं। उनके बारे में सोचने भर से ही आप ख़ुश हो जाते हैं।

अपनी पूरी संभावना का ताला खोलने और उसे मुक्त करने के लिए आपको हर दिन लक्ष्य निर्धारण और लक्ष्य प्राप्ति की आदत डाल लेनी चाहिए - ज़िंदगी भर के लिए। आपका फ़ोकस लेज़र जैसा होना चाहिए, ताकि आप अनचाही चीज़ के बजाय हमेशा मनचाही चीज़ के बारे में सोचते और बातें करते रहें। आपको इसी पल संकल्प कर लेना चाहिए कि आप लक्ष्य तक पहुँचने वाले प्राणी बनेंगे, गाइडेड मिसाइल या पत्रवाहक कबूतर बनेंगे और बिना चूके अपने महत्वपूर्ण लक्ष्यों की ओर बढ़ेंगे।

लंबे, सुखद, स्वस्थ और समृद्ध जीवन की इससे बड़ी कोई गारंटी नहीं है कि आप अपनी मनचाही चीज़ हासिल करने और मनचाहा व्यक्ति बनने पर लगातार काम करें। स्पष्ट लक्ष्य होने पर आप व्यक्तिगत और व्यावसायिक सफलता की अपनी पूरी संभावना मुक्त कर सकते हैं। लक्ष्य आपको हर बाधा पार करने और भावी उपलब्धि को असीमित बनाने में समर्थ बनाते हैं।

☆ अपनी संभावना का ताला खोलें

1. कल्पना करें कि आप अपने लिए जो भी लक्ष्य तय करेंगे, आपमें उसे हासिल करने की जन्मजात योग्यता है। आप सचमुच क्या बनना, पाना और करना चाहते हैं ?
2. वे कौन सी गतिविधियाँ हैं, जो ज़िंदगी में आपको सार्थकता और उद्देश्य का सबसे ज़्यादा एहसास दिलाती हैं ?
3. आज ही अपने व्यक्तिगत और कार्य जीवन की ओर देखें और पहचानें कि आपकी सोच किस तरह आपके संसार को बनाती है। आपको क्या बदलना चाहिए या आप क्या-क्या बदल सकते हैं ?
4. आप ज़्यादातर वक़्त किसके बारे में सोचते और बात करते हैं - मनचाही चीज़ों के बारे में या अनचाही चीज़ों के बारें में ?
5. आप अपने सबसे महत्वपूर्ण लक्ष्य हासिल करने के लिए कौन सी क़ीमत चुकाएँगे ?
6. ऊपर दिए सवालों के जवाबों के आधार पर वह कौन सा एक काम है, जो आपको फ़ौरन शुरू कर देना चाहिए ?

2

अपनी ज़िंदगी की बागडोर थामें

सामान्य नियम यह है कि इंसान जिन चीज़ों के साथ पैदा होता है, उनका महत्व बहुत कम होता है - असल महत्वपूर्ण चीज़ें तो वे होती हैं, जिनसे वह ख़ुद को बनाता है।

- अलेक्ज़ेंडर ग्राहम बेल

इक्कीस साल की उम्र में मैं कड़का था। मैं कँपकँपाती ठंड में एक कमरे के छोटे से अपार्टमेंट में रहता था और दिन में इमारत बनाने वाले मज़दूर का काम करता था। रात को मैं आम तौर पर अपने अपार्टमेंट से बाहर नहीं निकलता था, क्योंकि भीतर कम से कम थोड़ी गर्मी तो रहती थी। इस वजह से मेरे पास सोचने के लिए ढेर सारा वक़्त रहता था।

एक रात किचन की छोटी सी टेबल पर बैठे-बैठे मेरे दिमाग़ में जागरुकता की एक कौंध आई। इसने मेरी ज़िंदगी बदल दी। अचानक मुझे एहसास हुआ कि आगे की ज़िंदगी में मेरे साथ जो भी चीज़ होगी, वह मुझ पर ही निर्भर करती है। कोई भी मेरी मदद नहीं करेगा। *कोई भी मुझे बचाने नहीं आएगा।*

मैं घर से हज़ारों मील दूर था और काफ़ी समय पहले ही कभी वापस न लौटने का फ़ैसला कर चुका था। उस पल मैंने साफ़-साफ़ देख लिया कि अगर मेरी ज़िंदगी में किसी चीज़ को बदलना था, तो यह मुझ पर ही निर्भर करता है। अगर मैं इसे नहीं बदलूँगा, तो कोई भी नहीं बदलेगा। इसके लिए मैं ही ज़िम्मेदार था।

महान खोज

मुझे अब भी वह पल याद है। यह पहले पैराशूट जंप की तरह था - डरावना भी और उल्लासपूर्ण भी। मैं ज़िंदगी की सरहद पर खड़ा हुआ था। और मैंने कूदने का फ़ैसला कर लिया। उस पल से मैंने स्वीकार कर लिया कि अपनी ज़िंदगी के लिए

मैं ही ज़िम्मेदार हूँ। मैं जान गया कि अगर मैं अपनी स्थिति को बदलना चाहता हूँ, तो मुझे अलग बनना होगा। हर चीज़ मुझ पर निर्भर करती थी।

बाद में मैंने सीखा कि जब आप अपनी ज़िंदगी की पूरी ज़िम्मेदारी स्वीकार कर लेते हैं, तो आप बचपन छोड़कर वयस्क बनने की दिशा में एक बड़ा क़दम उठा लेते हैं। दुखद बात यह है कि ज़्यादातर लोग यह काम कभी नहीं कर पाते। मैं चालीस-पचास साल से ज़्यादा उम्र वाले ऐसे असंख्य स्त्री-पुरुषों से मिला हूँ, जो अब भी बचपन के दुखद अनुभवों के बारे में बड़बड़ा रहे हैं, शिकायत कर रहे हैं और अपनी समस्याओं का दोष दूसरे लोगों या परिस्थितियों पर मढ़ रहे हैं। कई लोग अब भी उस चीज़ के बारे में नाराज़ हैं, जो उनके माता-पिता ने की या नहीं की। और यह बीस, तीस या चालीस साल पहले की बात थी। वे अब भी अतीत के जाल में फँसे हुए हैं और उससे आज़ाद नहीं हो पाए हैं।

आपके सबसे बुरे शत्रु

सभी नकारात्मक भावनाएँ सफलता और ख़ुशी की सबसे बड़ी शत्रु हैं। नकारात्मक भावनाएँ आपको नीचे रोके रखती हैं, आपको थका डालती हैं और आपकी ज़िंदगी की सारी ख़ुशी चूस लेती हैं। मानव इतिहास के शुरू होने से लेकर आज तक नकारात्मक भावनाओं ने इंसान और समाज को जितना नुक़सान पहुँचाया है, उतना अतीत की सभी महामारियों ने मिलकर भी नहीं पहुँचाया।

अगर आप वाक़ई ख़ुश और सफल होना चाहते हैं, तो नकारात्मक भावनाओं से मुक्त होना आपका एक महत्वपूर्ण लक्ष्य होना चाहिए। सौभाग्य से आप यह काम कर सकते हैं, बशर्ते आप इसका तरीक़ा सीख लें।

डर, आत्म-करुणा, ईर्ष्या, कुढ़न, हीनता की भावनाएँ और अंततः *क्रोध* उत्पन्न होने के चार ख़ास कारण होते हैं। जब आप इन्हें पहचान लेते हैं और अपनी सोच से परे छिटक देते हैं, तो आपकी नकारात्मक भावनाएँ ख़ुद-ब-ख़ुद ख़त्म हो जाती हैं। जब आपकी नकारात्मक भावनाएँ ख़त्म हो जाती हैं, तो उनकी जगह प्रेम, शांति, ख़ुशी और उत्साह की सकारात्मक भावनाएँ आ जाती हैं और आपकी पूरी ज़िंदगी बेहतर हो जाती है - कई बार चंद मिनटों में, और कभी-कभार तो सेकंडों में ही।

ख़ुद को सही साबित करना छोड़ दें

नकारात्मक भावनाओं के चार बुनियादी कारणों में से पहला है, ख़ुद को सही साबित करना (justification)। आप तभी तक नकारात्मक रह सकते हैं, जब तक कि आप अपने और दूसरों के सामने ख़ुद को सही साबित कर सकें कि आपका नाराज़

होना या बुरा मानना जायज़ था। इसीलिए ग़ुस्सैल लोग अपनी नकारात्मक भावनाओं के कारण विस्तार से बताते हैं। ध्यान रहें, अगर आप अपनी नकारात्मक भावनाओं को सही साबित नहीं कर सकते, तो आप नाराज़ भी नहीं हो सकते।

मिसाल के तौर पर, अर्थव्यवस्था बदलने और कंपनी की बिक्री घटने की वजह से किसी कर्मचारी को नौकरी से निकाल दिया जाता है। बहरहाल, वह कर्मचारी इस निर्णय के लिए अपने बॉस से नाराज़ हो जाता है और अपने ग़ुस्से को तर्कसंगत साबित करते हुए वे सारे कारण गिनाता है कि उसे नौकरी से निकालना क्यों अनुचित है। उसका ग़ुस्सा इतना बढ़ सकता है कि हिसाब बराबर करने के लिए वह मुकदमा भी दायर कर दे। जब तक वह अपने बॉस और कंपनी के प्रति अपनी नकारात्मक भावनाओं को सही ठहराता रहेगा, वे उसे नियंत्रित करती रहेंगी और उसकी ज़्यादातर ज़िंदगी तथा सोच पर हावी रहेंगी।

लेकिन, जैसे ही वह कहता है, "ठीक है, मुझे नौकरी से निकाल दिया गया। इस तरह की चीज़ें होती रहती हैं। इसमें कुछ भी व्यक्तिगत नहीं है। कर्मचारियों की छँटनी हमेशा ही होती रहती है। मुझे लगता है, बेहतर यह होगा कि मैं नई नौकरी खोजने में व्यस्त हो जाऊँ," वैसे ही उसकी नकारात्मक भावनाएँ काफ़ूर हो जाती हैं। उसका दिमाग़ शांत और स्पष्ट हो जाता है। वह अपना ध्यान अपने लक्ष्य पर केंद्रित कर लेता है। वह उन क़दमों के बारे में एकाग्रचित्त हो जाता है, जो वह दोबारा नौकरी पाने के लिए उठा सकता है। जैसे ही वह ख़ुद को सही साबित करना छोड़ देता है, वह ज़्यादा सकारात्मक और असरदार बन जाता है।

बुद्धिसंगत बहाने छोड़ दें

नकारात्मक भावनाओं का दूसरा कारण है बुद्धिसंगत बहाने बनाना (rationalization)। जब आप बुद्धिसंगत बहाने बनाते हैं, तो आप "सामाजिक दृष्टि से किसी बुरे काम को सामाजिक दृष्टि से अच्छा साबित करने का तर्कसंगत स्पष्टीकरण" देने की कोशिश करते हैं।

जिस काम में आप बुरा या नाख़ुश महसूस करते हैं, उसे सकारात्मक रोशनी में पेश करने या सही साबित करने के लिए बहाने बनाते हैं। आप सही नज़र आने वाला स्पष्टीकरण गढ़कर अपने कामों को सही साबित कर देते हैं, हालाँकि मन ही मन आप जानते हैं कि आप उस ग़लत काम में सक्रिय प्रतिभागी थे। आप अक्सर ख़ुद को सही रोशनी में पेश करने के जटिल तरीक़े अपनाकर यह स्पष्ट कर देते हैं कि कुल मिलाकर आपका व्यवहार अच्छा था। बुद्धिसंगत बहाने बनाने की आदत से आपकी नकारात्मक भावनाएँ ज़िंदा बनी रहती हैं और फलती-फूलती हैं।

ख़ुद को सही साबित करने और बुद्धिसंगत बहाने बनाने के लिए हमेशा इस बात की ज़रूरत होती है कि आप किसी दूसरे व्यक्ति या वस्तु को अपनी समस्या का स्रोत या कारण मानें। आप ख़ुद को शोषित या पीड़ित की भूमिका में रख देते हैं और किसी दूसरे व्यक्ति या संगठन को शोषक या "बुरे व्यक्ति" की श्रेणी में शामिल कर देते हैं।

दूसरों की राय से ऊपर उठें

नकारात्मक भावनाओं का तीसरा कारण इस बारे में अति चिंता या अति संवेदनशीलता है कि दूसरे लोग आपसे कैसा व्यवहार करते हैं। कुछ लोगों की तो पूरी की पूरी आत्म-छवि ही इस बात से तय होती है कि दूसरे लोग उनसे कैसे बोलते हैं, उनके बारे में कैसी बातें करते हैं या उनकी तरफ़ कैसे देखते हैं। उनमें दूसरों की राय से परे अपने व्यक्तिगत मूल्य या आत्मसम्मान का बहुत कम एहसास होता है। अगर किसी वास्तविक या काल्पनिक कारण से दूसरों की राय नकारात्मक हो, तो ऐसे लोग "शोषित" (victim) फ़ौरन क्रोध, शर्म, लज्जा, हीनता, यहाँ तक कि डिप्रेशन, आत्म-करुणा और हताशा की भावनाएँ भी महसूस करते हैं। इससे स्पष्ट हो जाता है कि मनोवैज्ञानिक यह क्यों कहते हैं कि हम हर चीज़ दूसरों से सम्मान पाने या कम से कम उनका सम्मान *गँवाने* से बचने के लिए करते हैं।

यह एहसास करें कि कोई दूसरा ज़िम्मेदार नहीं है

नकारात्मक भावनाओं का चौथा और सबसे बुरा कारण है दोष देना। जब मैं अपने सेमिनारों में "नकारात्मक भावनाओं का वृक्ष" बनाता हूँ, तो उसका तना इसी का प्रतीक होता है। अपनी समस्याओं के लिए दूसरों को दोष देने की प्रवृत्ति ही नकारात्मक भावनाओं का सबसे बड़ा कारण है। जब आप इस पेड़ का तना काट देते हैं, तो पेड़ के सारे फल - सारी नकारात्मक भावनाएँ - फ़ौरन धराशाई हो जाते हैं। ठीक उसी तरह जैसे प्लग बाहर निकालने पर क्रिसमस ट्री की सभी रोशनियाँ फ़ौरन गुल हो जाती हैं।

ज़िम्मेदारी ही इलाज है

सभी तरह की नकारात्मक भावनाओं का इलाज यह है कि आप अपनी स्थिति की पूरी ज़िम्मेदारी स्वीकार करें। "मैं ज़िम्मेदार हूँ!" कहने के साथ-साथ आप ग़ुस्सा महसूस कर ही नहीं सकते। ज़िम्मेदारी स्वीकार करने भर से ही आपकी हर नकारात्मक भावना ख़त्म हो जाती है।

"मैं ज़िम्मेदार हूँ," का यह सरल, लेकिन सशक्त संकल्प हमें नकारात्मक भावनाओं को तत्काल ख़त्म करने की क्षमता देता है। इसकी खोज से मेरी ज़िंदगी बदल गई और ऐसा ही मेरे लाखों विद्यार्थियों के साथ भी हुआ है।

ज़रा कल्पना करें! आप नकारात्मक भावनाओं से पूरी तरह आज़ाद हो सकते हैं और अपनी ज़िंदगी की बागडोर अपने हाथ में थाम सकते हैं। और इसके लिए आपको सिर्फ़ इतना ही कहना है, "मैं ज़िम्मेदार हूँ!" जब भी आपको किसी वजह से ग़ुस्सा आए या आप विचलित हो जाए, तो ये तीन शब्द बोल दें।

जब आप पूरी ज़िम्मेदारी स्वीकार करके ख़ुद को नकारात्मक भावनाओं से आज़ाद कर लेते हैं, तभी और सिर्फ़ तभी आप ज़िंदगी के हर क्षेत्र में लक्ष्य तय कर सकते हैं और उन्हें पा सकते हैं। जब आप मानसिक और भावनात्मक रूप से *आज़ाद* होते हैं, सिर्फ़ तभी आप अपनी ऊर्जा और उत्साह को आगे की दिशा में ले जा सकते हैं। पूर्ण व्यक्तिगत ज़िम्मेदारी स्वीकार किए बिना प्रगति संभव ही नहीं है। दूसरी ओर, जब आप अपनी ज़िंदगी की पूरी ज़िम्मेदारी स्वीकार कर लेते हैं, तो इस बात की कोई सीमा नहीं है कि आप क्या बन सकते हैं, क्या कर सकते हैं और क्या पा सकते हैं।

दूसरों को दोष देना छोड़ दें

आज के बाद किसी भी चीज़ के लिए किसी दूसरे को दोष देना छोड़ दें - चाहे वह अतीत, वर्तमान में हो रही हो या जिसके भविष्य में होने की आशंका हो। जैसा एलीनोर रूज़वेल्ट ने कहा था, "कोई भी आपकी सहमति के बिना आपको हीन महसूस नहीं करा सकता।" कॉमेडियन बडी हैकेट ने एक बार कहा था, "मैं कभी द्वेष नहीं पालता; जब आप जल-भुन रहे होते हैं, तब आपके शत्रु नाच-गा रहे होते हैं!"

आज के बाद अपने अनुचित व्यवहार के लिए बहाने बनाना या उसे सही साबित करना छोड़ दें। अगर आपसे कोई ग़लती हो जाए, तो बस इतना ही कहें, "मुझे अफ़सोस है" और फिर स्थिति को सुधारने में जुट जाएँ। जब भी आप किसी दूसरे को दोष देते हैं या बहाने बनाते हैं, तो हर बार आप अपनी शक्ति कम कर लेते हैं। आप कमज़ोर और कमतर महसूस करने लगते हैं। आप मन ही मन से नकारात्मक और क्रोधित हो जाते हैं। ऐसा हर्गिज़ न होने दें।

अपनी भावनाओं पर क़ाबू रखें

अगर आप अपने दिमाग़ को सकारात्मक रखना चाहते हैं, तो आलोचना करने से

इंकार कर दें, शिकायतें करना छोड़ दें और किसी भी चीज़ के लिए दूसरों की निंदा करना बंद कर दें। जब भी आप किसी दूसरे की आलोचना करते हैं, किसी अप्रिय चीज़ की शिकायत करते हैं या कोई चीज करने या नहीं करने के लिए किसी की निंदा करते हैं, तो हर बार आप अपने भीतर नकारात्मकता और क्रोध की भावनाएँ जगा देते हैं और फिर कष्ट भी आपको ही भुगतना पड़ता है। आपकी नकारात्मक भावनाओं का सामने वाले पर ज़रा भी असर नहीं होता। किसी से ग़ुस्सा होने का मतलब यह है कि आप उसे अपनी भावनाओं की बागडोर थमा रहे हैं और लंबे समय में अक्सर अपने जीवन की गुणवत्ता की भी। यह निरी मूर्खता है।

जैसा गैरी ज़ुकाव ने अपनी पुस्तक *सीट ऑफ़ द सोल* में कहा है, "सकारात्मक भावनाएँ शक्ति बढ़ाती हैं, नकारात्मक भावनाएँ शक्ति घटाती हैं।" ख़ुशी, रोमांच, प्रेम और उत्साह की सकारात्मक भावनाएँ आपको ज़्यादा शक्तिशाली और आत्मविश्वासी महसूस कराती हैं। क्रोध करने, आहत होने या दोष देने की नकारात्मक भावनाएँ आपको कमज़ोर बनाती हैं। ये आपको शत्रुतापूर्ण, चिड़चिड़ा और दुखी बना देती हैं।

जब आप ख़ुद के लिए, अपनी स्थिति के लिए और अपने साथ होने वाली हर चीज़ के लिए पूरी ज़िम्मेदारी स्वीकार करने का फ़ैसला कर लेते हैं, तो आप विश्वासपूर्वक अपने कामकाज और अपनी ज़िंदगी के मामलों की ओर मुड़ सकते हैं। आप सचमुच "अपनी तक़दीर के स्वामी और अपनी आत्मा के कप्तान" बन जाते हैं।

हेलो, मि. प्रसिडेंट!

न्यूयॉर्क में कुछ साल पहले एक अध्ययन हुआ। शोधकर्ताओं ने पाया कि हर क्षेत्र के शीर्षस्थ 3 प्रतिशत लोगों में एक ख़ास नज़रिया होता है, जो उन्हें अपने उद्योग के औसत लोगों से अलग करता है। वह नज़रिया यह है : "वे अपने पूरे कैरियर में ख़ुद को सेल्फ़-एम्प्लॉयड मानते हैं और उन्हें इससे कोई फ़र्क़ नहीं पड़ता कि उन्हें तनख़्वाह कौन देता है। वे ख़ुद को अपनी कंपनी के लिए ज़िम्मेदार मानते हैं, जैसे वे ख़ुद उस कंपनी के मालिक हों। आपको भी ऐसा ही करना चाहिए।"

इस पल के बाद ख़ुद को अपने व्यक्तिगत सेवा कॉरपोरेशन का प्रेसिडेंट मानें। ख़ुद को सेल्फ़-एम्प्लॉयड मानें। ख़ुद को अपनी ज़िंदगी और कैरियर के हर हिस्से के पूर्ण नियंत्रण में देखें। ख़ुद को बार-बार याद दिलाएँ कि आप जहाँ भी हैं और जिस हाल में भी हैं, अपने किए या न किए कामों की वजह से हैं। आप अपनी तक़दीर के आर्किटेक्ट हैं।

आप ही चुनते हैं, आप ही फ़ैसला करते हैं

कोई काम करने या न करने के चुनावों और निर्णयों से ही आपने अपने अब तक के पूरे जीवन को आकार दिया है। अगर आपकी ज़िंदगी में कोई ऐसी चीज़ है, जो आपको पसंद नहीं है, तो उसके लिए आप ही ज़िम्मेदार हैं। अगर कोई ऐसी चीज़ है, जिसे लेकर आप ख़ुश नहीं हैं, तो यह आप पर ही निर्भर करता है कि आप उसे बदलने और बेहतर बनाने के लिए ज़रूरी क़दम उठाएँ, ताकि वह आपके मनमाफ़िक हो जाए।

अपने व्यक्तिगत सेवा कॉरपोरेशन का प्रेसिडेंट होने के नाते आप अपने हर काम और उसके परिणामों के लिए पूरी तरह ख़ुद ज़िम्मेदार हैं। आप अपने कामों और व्यवहार के परिणामों के लिए ख़ुद ज़िम्मेदार हैं। आप आज जहाँ हैं और जो हैं, इसलिए हैं, क्योंकि आपने ही इसका फ़ैसला किया है।

आप आज उतना ही कमा रहे हैं, जितना कमाने का आपने फ़ैसला किया है - न उससे कम, न उससे ज्यादा। अगर आप अपनी वर्तमान आमदनी से ख़ुश नहीं हैं, तो ज़्यादा कमाने का फ़ैसला करें। इसका लक्ष्य बनाएँ, योजना बना लें और मनचाही कमाई करने के लिए जिन कामों की ज़रूरत हो, उन्हें करने में जुट जाएँ।

अपने कैरियर और जीवन के प्रेसिडेंट के रूप में, अपनी तक़दीर के आर्किटेक्ट के रूप में आप फ़ैसला करने के लिए स्वतंत्र हैं। आप बॉस हैं। आप प्रभारी हैं।

अपनी रणनीति बनाएँ

जिस तरह किसी कॉरपोरेशन का प्रेसिडेंट उस कॉरपोरेशन की रणनीति और कामों के लिए ज़िम्मेदार होता है, उसी तरह आप भी अपने जीवन और कैरियर की व्यक्तिगत रणनीति के लिए ज़िम्मेदार हैं। आप प्रबंधन की पूरी रणनीति - लक्ष्य तय करना, योजना बनाना, चरण बनाना और तयशुदा परिणाम पाने के लिए काम करना - के लिए ज़िम्मेदार हैं।

आप तयशुदा परिणाम हासिल करने के लिए ज़िम्मेदार हैं, जो आपके काम की गुणवत्ता और मात्रा पर निर्भर होते हैं।

प्रेसिडेंट के रूप में आप आत्म-प्रचार और तरक़्क़ी की मार्केटिंग रणनीति के लिए ज़िम्मेदार हैं। इसके लिए आपको अच्छी छवि बनानी होगी और अपनी पैकिंग आकर्षक रखनी होगी, ताकि प्रतिस्पर्धा भरे बाज़ार में आप ख़ुद को सबसे ज़्यादा क़ीमत पर बेच सकें।

आप वित्तीय रणनीति के लिए ज़िम्मेदार हैं - यह फ़ैसला करने के लिए कि आप अपनी कितनी सेवाएँ बेचना चाहते हैं, आप कितना पैसा कमाना चाहते हैं,

आप कितनी तेज़ी से हर साल अपनी आमदनी बढ़ाना चाहते हैं, आप कितना पैसा बचाना और निवेश करना चाहते हैं और रिटायरमेंट के वक़्त आप कितनी नेट वर्थ हासिल करना चाहते हैं। ये सभी आँकड़े पूरी तरह आप पर निर्भर करते हैं।

आप लोक-व्यवहार की रणनीति और अपने संबंधों के लिए उत्तरदायी हैं - घर पर भी और ऑफ़िस में भी। मैं अपने विद्यार्थियों को एक सलाह देता हूँ, "अपना बॉस सावधानी से चुनें।" यह चुनाव इस बात पर काफ़ी असर डालेगा कि आप कितना ज़्यादा कमाते हैं, कितनी तेज़ी से आगे बढ़ते हैं और अपनी नौकरी में कितने ख़ुश होते हैं।

नए चुनाव करें, नए निर्णय लें

इसी तरह जीवनसाथी और दोस्तों का चुनाव भी आपकी सफलता और ख़ुशी पर बहुत असर डालेगा। अगर आप अपने वर्तमान चुनाव से ख़ुश नहीं हैं, तो यह आप पर है कि आप उसे बदलने या बेहतर बनाने के लिए क़दम उठाएँ।

अंत में, प्रेसिडेंट के रूप में आप व्यक्तिगत शोध और विकास, निजी प्रशिक्षण और शिक्षण के प्रभारी हैं। उन योग्यताओं, गुणों, प्रतिभाओं और मूल क्षमताओं को आप ही तय करेंगे, जिनकी ज़रूरत आपको उस तरह पैसा कमाने में होगी, जो आप आज से कई महीनों या बरसों बाद कमाना चाहते हैं। यह आपकी ज़िम्मेदारी है कि आप इन योग्यताओं को विकसित करने में समय लगाएँ। दरअसल कोई दूसरा व्यक्ति आपकी उतनी परवाह नहीं करता, जितनी कि आप ख़ुद करते हैं।

"ग्रोथ स्टॉक" बनें

हम इस उपमा को थोड़ा और आगे तक ले जाते हैं। ख़ुद को शेयर बाज़ार में सूचीबद्ध किसी कंपनी के शेयर की तरह देखें। क्या लोग आपके शेयर में इस विश्वास के साथ निवेश कर सकते हैं कि आने वाले महीनों और बरसों में इसका भाव और मुनाफ़ा बढ़ता रहेगा ? क्या आप "ग्रोथ स्टॉक" हैं या फिर शेयर बाज़ार में आपका मूल्य गिरता जा रहा है ?

अगर आपने "ग्रोथ स्टॉक" बनने का फ़ैसला कर लिया है, तो हर साल अपनी आमदनी 25-30 प्रतिशत बढ़ाने की आपकी रणनीति क्या है ? अपने जीवन के प्रेसिडेंट के रूप में, परिवार में जीवनसाथी या अभिभावक के रूप में, आप अपने जीवन के कुछ महत्वपूर्ण लोगों को प्रगति के ग्राफ़ पर बने रहने का श्रेय दे सकते हैं और समय के साथ-साथ अपने मूल्य, आमदनी और मुनाफ़े को लगातार बढ़ा सकते हैं।

अपनी ज़िंदगी का स्टियरिंग व्हील सँभालें

इस बिंदु के बाद ख़ुद को अपनी तक़दीर का स्वामी मान लें। यह मान लें कि आप पूरी तरह से अपनी ज़िंदगी के प्रभारी ख़ुद हैं। ख़ुद को अपने व्यक्तिगत सेवा कॉरपोरेशन के प्रेसिडेंट के रूप में देखें - एक शक्तिशाली व्यक्ति, जो पूरी तरह से संकल्पवान और आत्म-निर्देशित है।

अतीत की घटनाओं के बारे में अफ़सोस और शिकायत करना छोड़ दें, क्योंकि उन्हें बदला नहीं जा सकता। इसके बजाय अपना रुख़ भविष्य की तरफ़ करें और इस बारे में सोचें कि आप क्या चाहते हैं और कहाँ जा रहे हैं। सबसे बढ़कर, अपने लक्ष्यों के बारे में सोचें। लक्ष्यों के बारे में सोचने भर से ही आप सकारात्मक और उद्देश्यपूर्ण बन जाते हैं।

यह तय करें कि आपके नियंत्रण का बटन कहाँ है

बहुत सा मनोवैज्ञानिक साहित्य "नियंत्रण के बटन" सिद्धांत (locus of control theory) के इर्द-गिर्द घूमता है। पचास साल से भी ज़्यादा समय के शोध के बाद मनोवैज्ञानिकों का निष्कर्ष है कि आपके नियंत्रण का बटन ही ज़िंदगी में आपकी ख़ुशी या दुख को तय करता है। इसका कारण यह है :

जिन लोगों के नियंत्रण का बटन *आंतरिक* होता है, वे महसूस करते हैं कि वे अपने जीवन के पूर्ण नियंत्रण में हैं। वे ख़ुद को शक्तिशाली, आत्मविश्वासी और समर्थ महसूस करते हैं। वे आम तौर पर आशावादी और सकारात्मक होते हैं। वे अपने बारे में ज़बर्दस्त महसूस करते हैं और काफ़ी हद तक अपनी तक़दीर के स्वामी ख़ुद होते हैं।

दूसरी तरफ़, जिन लोगों के नियंत्रण का बटन *बाहरी* होता है, वे महसूस करते हैं कि उन्हें बाहरी तत्व नियंत्रित कर रहे हैं। उन्हें लगता है कि उनका बॉस, उनके बिल, उनका जीवनसाथी, उनके बचपन की समस्याएँ और उनकी वर्तमान स्थिति उन्हें नियंत्रित कर रही है। उन्हें लगता है कि उनका अपनी स्थिति पर कोई नियंत्रण नहीं है। इसी वजह से वे कमज़ोर, क्रोधी, भयभीत, नकारात्मक, शत्रुतापूर्ण और अशक्त महसूस करते हैं।

अच्छी ख़बर यह है कि आपके द्वारा स्वीकार की गई ज़िम्मेदारी की मात्रा और आपके द्वारा महसूस की जाने वाली नियंत्रण की मात्रा के बीच सीधा संबंध होता है। आप जितना ज़्यादा कहते हैं, "मैं ज़िम्मेदार हूँ!" आपके नियंत्रण का आंतरिक बटन उतना ही ज़्यादा विकसित होगा और आप उतने ही ज़्यादा शक्तिशाली और आत्मविश्वासी महसूस करेंगे।

स्वर्णिम त्रिकोण

ज़िम्मेदारी और ख़ुशी के बीच भी सीधा संबंध होता है। आप जितनी ज़्यादा ज़िम्मेदारी स्वीकार करते हैं, उतने ही ज़्यादा ख़ुश होते हैं। ऐसा लगता है कि ज़िम्मेदारी, नियंत्रण और ख़ुशी - ये तीनों चीज़ें साथ-साथ चलती हैं।

आप जितनी ज़्यादा ज़िम्मेदारी स्वीकार करते हैं, ख़ुद को उतने ही ज़्यादा नियंत्रण में महसूस करते हैं। आप ख़ुद को जितने ज़्यादा नियंत्रण में महसूस करते हैं, उतने ही ज़्यादा ख़ुश और आत्मविश्वासी बन जाते हैं। जब आप सकारात्मक सोचते हैं और अपने जीवन के नियंत्रण में महसूस करते हैं, तो आप अपने लिए ज़्यादा बड़े और चुनौतीपूर्ण लक्ष्य तय करेंगे। आपमें उन्हें हासिल करने की ऊर्जा और संकल्प भी होगा। आप महसूस करेंगे कि अपनी ज़िंदगी की बागडोर आपने ख़ुद थाम रखी है और आप इसे जैसा चाहें, वैसा बना सकते हैं।

यह आपके हाथ में है

लक्ष्य निर्धारण का शुरुआती बिंदु यह एहसास है कि आपके पास वह बनने, पाने या करने की लगभग असीमित संभावना है, जो भी आप जीवन में सचमुच चाहते हैं, बशर्ते आप इसे शिद्दत से चाहें और इसे हासिल करने के लिए लंबे समय तक पर्याप्त मेहनत करने की इच्छा रखते हों।

लक्ष्य निर्धारण का दूसरा हिस्सा यह है कि आप अपने जीवन और अपने साथ होने वाली हर घटना की पूरी ज़िम्मेदारी स्वीकार करें - बिना दोष दिए और बिना बहाना बनाए।

इन दोनों विचारों को अपने दिमाग़ में अच्छे से बिठा लें - कि आपमें असीमित क्षमता है और आप पूरी तरह से ख़ुद ज़िम्मेदार हैं। अब आप अगले क़दम पर पहुँचने के लिए तैयार हैं : आपके आदर्श भविष्य का निर्माण।

☆ अपनी ज़िंदगी की बागडोर थामें

1. वर्तमान में अपनी सबसे बड़ी समस्या या नकारात्मकता के स्रोत को पहचानें। किस तरह से आप इस स्थिति के लिए ज़िम्मेदार हैं ?
2. स्वयं को अपनी ख़ुद की कंपनी के प्रेसिडेंट के रूप में देखें। अगर आप इसके 100 प्रतिशत शेयरों के मालिक होते, तो आप किस तरह अलग काम करते ?
3. आज ही संकल्प करें कि आप किसी भी चीज़ के लिए दूसरों को दोष नहीं देंगे और इसके बजाय अपने जीवन के हर क्षेत्र में पूरी ज़िम्मेदारी स्वीकार करेंगे। आपको कौन से काम करने चाहिए ?
4. बहाने बनाना छोड़ें और प्रगति करना शुरू करें। कल्पना करें कि आपके प्रिय बहानों का कोई वास्तविक आधार नहीं है और फिर उसके अनुरूप काम करें।
5. ख़ुद को अपने जीवन की मूल रचनात्मक शक्ति के रूप में देखें। आप जहाँ हैं और जो हैं, अपने ही चुनावों और निर्णयों के कारण हैं। आपको किस चीज़ को बदलना चाहिए ?
6. आज ही हर उस व्यक्ति को क्षमा करने का संकल्प करें, जिसने आपको कभी किसी तरह से कोई चोट पहुँचाई हो। उसे जाने दें। उस पर दोबारा बातचीत करने से इंकार करें। इसके बजाय, अपने लिए किसी महत्वपूर्ण चीज़ पर काम करने में इतने व्यस्त हो जाएँ कि आपके पास दोबारा उसके बारे में सोचने का समय ही न रहे।

3

अपने भविष्य का निर्माण करें

आप अपनी नियंत्रणकारी इच्छा जितने छोटे बन जाएँगे; अपनी प्रबल अभिलाषा जितने बड़े बन जाएँगे।

- **जेम्स एलन**

लीडर्स पर बरसों तक हुए 3,300 से ज़्यादा अध्ययनों में पाया गया है कि महान लीडर्स में एक ऐसा ख़ास गुण होता है, जो उन्हें दूसरों से अलग बनाता है। यह गुण है भविष्य-दृष्टा होने का। लीडर्स के पास भविष्य-दृष्टि (vision) होती है; ग़ैर-लीडर्स के पास नहीं होती।

मैं पहले ही कह चुका हूँ कि मानव इतिहास में सबसे महत्वपूर्ण खोज यह है कि आप वही बन जाते हैं, जिसके बारे में आप ज़्यादातर वक़्त सोचते हैं। सवाल यह है कि, ये लीडर्स ज़्यादातर किस चीज़ के बारे में सोचते हैं? जवाब है, लीडर्स *भविष्य* के बारे में सोचते हैं। वे इस बारे में सोचते हैं कि वे कहाँ जा रहे हैं और वहाँ पहुँचने के लिए वे क्या कर सकते हैं।

दूसरी ओर, जो लोग लीडर नहीं होते, वे वर्तमान पल की ख़ुशियों और समस्याओं के बारे में सोचते हैं। वे अतीत के बारे में सोचते और चिंता करते रहते हैं। वे उस पर ध्यान केंद्रित करते हैं, जो हो चुका है और जिसे बदला नहीं जा सकता।

भविष्य के बारे में सोचें

हम लीडरशिप के इस गुण को "भविष्य दिशाबद्धता" कहते हैं। लीडर्स भविष्य के बारे में सोचते हैं। वे इस बारे में सोचते हैं कि वे क्या हासिल करना चाहते हैं और किस मंज़िल तक पहुँचना चाहते हैं। लीडर्स इस बारे में सोचते हैं कि वे जो चाहते हैं, उसे हासिल करने के लिए क्या किया जा सकता है। अच्छी ख़बर यह है कि अपने भविष्य के बारे में सोचना शुरू करने पर आप *भी लीडर* की तरह सोचने

लगेंगे और बहुत जल्द आपको भी वैसे ही परिणाम मिलने लगेंगे, जैसे लीडर्स को मिलते हैं।

हार्वर्ड के डॉ. एडवर्ड बेनफ़ील्ड ने पचास साल से ज़्यादा समय तक शोध करने के बाद यह निष्कर्ष दिया कि "दीर्घकालीन दृष्टिकोण" जीवन में आर्थिक और व्यक्तिगत सफलता को तय करने वाला सबसे महत्वपूर्ण तत्व था। बेनफ़ील्ड ने दीर्घकालीन दृष्टिकोण को इस तरह परिभाषित किया : "वर्तमान में निर्णय लेते वक़्त कई साल आगे तक सोचने की योग्यता।" यह बेहद महत्वपूर्ण खोज है। ज़रा सोचें! आप भविष्य के बारे में जितने आगे तक सोचकर निर्णय लेते हैं, आपके निर्णय उतने ही बेहतर होते हैं और आपके सपनों के साकार होने की संभावना भी उतनी ही ज़्यादा बढ़ जाती है।

मिलियनेअर बनें

मिसाल के तौर पर, अगर आप बीस से पैंसठ साल की उम्र तक हर महीने 100 डॉलर बचाएँ और 10 प्रतिशत औसत लाभ देने वाले किसी म्युचुअल फंड में निवेश कर दें, तो रिटायरमेंट के वक़्त आपके पास 11,18,000 डॉलर से ज़्यादा धनराशि होगी।

हर महीने 100 डॉलर बचाना मुश्किल काम नहीं है। जिसके मन में इसकी सच्ची इच्छा हो, वह ऐसा कर सकता है, बशर्ते उसके पास पर्याप्त दीर्घकालीन दृष्टिकोण हो। इसका मतलब यह है कि आज नौकरी शुरू कर रहे लोग समय के साथ मिलियनेअर बन सकते हैं, बशर्ते वे जल्दी शुरू कर दें, नियमित बचत करें और आर्थिक स्वतंत्रता की दीर्घकालीन भविष्य-दृष्टि रखें।

पाँच साल की फंतासी बनाएँ

व्यक्तिगत रणनीतिक नियोजन में आपको भी अपने जीवन के प्रति दीर्घकालीन दृष्टिकोण से शुरुआत करनी चाहिए। आपको अपने हर एक काम में *आदर्शीकरण* (idealization) का अभ्यास शुरू कर देना चाहिए। इसकी प्रक्रिया में आप अपने लिए पाँच साल की फंतासी बनाते हैं और यह सोचते हैं कि अगर आपका जीवन हर दृष्टि से आदर्श बन जाए, तो पाँच साल बाद यह कैसा दिखेगा।

लक्ष्य बनाने में सबसे बड़ी बाधा "ख़ुद को सीमित करने वाले विश्वास" होते हैं। इनमें ऐसे क्षेत्र शामिल होते हैं, जहाँ आप किसी तरह से ख़ुद को कमतर मानते हैं। हो सकता है कि आप बुद्धि, योग्यता, गुण, रचनात्मकता, व्यक्तित्व या किसी और मायने में ख़ुद को अक्षम या हीन मानते हों। इसका परिणाम यह होता है कि

आप ख़ुद को सस्ते में बेच देते हैं। ख़ुद को कम आँककर आप कोई लक्ष्य तय ही नहीं कर पाते। और अगर लक्ष्य तय करते भी हैं, तो काफ़ी छोटे लक्ष्य तय करते हैं, जो आपकी क्षमता से काफ़ी कमतर होते हैं।

कल्पना करें कि कोई सीमा नहीं है

आदर्शीकरण और *भावी दिशाबद्धता* (future orientation) को मिलाकर आप अपनी ओढ़ी हुई सीमाओं को ख़त्म कर देते हैं। आप कल्पना करते हैं कि आपकी कोई सीमा नहीं है। आप कल्पना करते हैं कि आपके पास वह सारा समय, गुण और योग्यताएँ हैं, जिनकी ज़रूरत आपको अपना हर लक्ष्य हासिल करने के लिए होगी। चाहे आप जीवन में कहीं भी हों, आप कल्पना करते हैं कि आपके पास वे सारे दोस्त, संपर्क और संबंध हैं, जिनकी ज़रूरत आपको हर दरवाज़ा खुलवाने और हर मनचाही चीज़ हासिल करने के लिए होगी। आप कल्पना करते हैं कि वाक़ई महत्वपूर्ण लक्ष्यों को तय करने में कोई सीमा नहीं है और आप जो चाहें वो बन सकते हैं, पा सकते हैं और कर सकते हैं।

नीले आसमान की सोच का अभ्यास करें

चार्ल्स गारफ़ील्ड ने "शिखर पर प्रदर्शन करने वालों" (peak performers) का अध्ययन किया, जिसमें उन्होंने एक दिलचस्प खोज की। उन्होंने ऐसे स्त्री-पुरुषों का विश्लेषण किया, जिन्होंने कई सालों तक अपने काम में सिर्फ़ औसत परिणामों को हासिल करने के बाद अचानक महान सफलता और उपलब्धि हासिल कर ली। उन्होंने पाया कि "उड़ान के बिंदु" पर उनमें से हर एक ने "नीले आसमान की सोच" (blue sky thinking) का इस्तेमाल किया था।

नीले आसमान की सोच में आप कल्पना करते हैं कि जिस तरह आप साफ़ नीले आसमान को देख सकते हैं, जिसकी कोई सीमा नहीं है, उसी तरह आपके लिए भी कोई सीमा नहीं है। आपके लिए सभी चीज़ें संभव हैं। आप कई साल आगे पहुँच जाते हैं और कल्पना करते हैं कि आपकी ज़िंदगी हर दृष्टि से आदर्श बन चुकी है। फिर आप पलटकर देखते हैं कि आज आप कहाँ हैं और ख़ुद से यह सवाल पूछते हैं : मेरे आदर्श भविष्य को गढ़ने के लिए मैंने क्या-क्या किया होगा ?

फिर आप अपने दिमाग़ में वर्तमान तक लौटते हैं और पूछते हैं, इस पल के बाद मुझे क्या करना होगा, ताकि मैं भविष्य में किसी समय अपने सारे लक्ष्य हासिल कर लूँ ?

अपने सपनों से समझौता न करें

जब आप आदर्शीकरण और भावी दिशाबद्धता का अभ्यास करते हैं, तो आप अपने व्यक्तित्व और भविष्य के बारे में अपने सपनों और भविष्य-दृष्टियों के साथ कोई समझौता नहीं करते। आप अपने लक्ष्यों को छोटा नहीं करते या आधी-अधूरी सफलताओं से संतुष्ट नहीं होते। इसके बजाय आप "बड़े सपने देखते हैं" और मानसिक रूप से भविष्य में इस तरह आगे पहुँचते हैं, जैसे आप ब्रह्मांड के सबसे शक्तिशाली लोगों में से एक हों। आप अपना आदर्श भविष्य रचते हैं। आप फ़ैसला करते हैं कि आप सचमुच क्या चाहते हैं। इसके बाद ही आप वर्तमान पल तक लौटते हैं और यह सोचते हैं कि वर्तमान स्थिति में आपके लिए क्या संभव है।

अपने बिज़नेस और कैरियर से शुरू करें। कल्पना करें कि आपका पेशेवर जीवन आज से पाँच साल बाद आदर्श बन चुका है। इन सवालों के जवाब दें :

1. यह कैसा दिखेगा ?
2. आप कौन सा काम कर रहे होंगे ?
3. आप कहाँ काम कर रहे होंगे ?
4. आप किसके साथ काम कर रहे होंगे ? आपकी ज़िम्मेदारी का स्तर क्या होगा ?
5. आपके पास किस तरह की योग्यताएँ और क्षमताएँ होंगी ?
6. आप किस तरह के लक्ष्य हासिल कर रहे होंगे ?
7. आपके क्षेत्र में आपकी प्रतिष्ठा क्या होगी ?

असीम चिंतन का अभ्यास करें

इन सवालों का जवाब देते समय यह कल्पना करें कि आपकी कोई सीमा नहीं है। कल्पना करें कि आपके लिए हर चीज़ संभव है। पीटर ड्रकर ने एक बार कहा था, "हम इस बारे में काफ़ी ज़्यादा अनुमान लगा लेते हैं कि हम एक साल में क्या हासिल कर सकते हैं। लेकिन हम इस बारे में काफ़ी कम अनुमान लगाते हैं कि हम पाँच साल में क्या हासिल कर सकते हैं।" अपने साथ ऐसा न होने दें।

अब भविष्य में किसी वक़्त अपने आदर्श आर्थिक जीवन की कल्पना करें :

1. आज से पाँच साल बाद आप कितना कमा रहे होंगे ?
2. आपकी जीवनशैली कैसी होगी ?
3. आप कैसे घर में रह रहे होंगे ?

4. आप कैसी कार चला रहे होंगे?
5. आप ख़ुद को और अपने परिवार को कौन-कौन सी भौतिक विलासिताएँ दे रहे होंगे?
6. आपके बैंक अकाउंट में कितने पैसे होंगे?
7. आप हर महीने, हर साल कितने पैसे बचा रहे होंगे और निवेश कर रहे होंगे?
8. रिटायरमेंट के वक़्त आपकी नेट वर्थ कितनी होगी?

कल्पना करें कि आपके पास जादुई स्लेट है। आप उस पर जो चाहें, लिख सकते हैं। आप अतीत की हर घटना को मिटा सकते हैं और भविष्य की मनचाही तस्वीर बना सकते हैं। आप किसी भी वक़्त स्लेट साफ़ करके दोबारा शुरू कर सकते हैं। आपकी कोई सीमा नहीं हैं।

अपने आदर्श पारिवारिक जीवन की कल्पना करें

अपने पारिवारिक और वर्तमान संबंधों पर ग़ौर करते हुए पाँच साल बाद की कल्पना करें :

1. अगर आपका पारिवारिक जीवन आज से पाँच साल बाद आदर्श बन जाए, तो यह कैसा दिखेगा?
2. आप किसके साथ रह रहे होंगे? आप किसके साथ नहीं रह रहे होंगे?
3. आप कहाँ और कैसे रहेंगे?
4. आपका जीवन स्तर कैसा होगा?
5. अगर हर चीज़ हर तरह से आदर्श बन जाए, तो आज से पाँच साल बाद आपके जीवन के सबसे महत्वपूर्ण लोगों के साथ आपके कैसे संबंध होंगे?

जब आप अपने आदर्श भविष्य की फंतासी रचते हैं और कल्पना करते हैं, तो आप सिर्फ़ एक ही सवाल पूछते हैं : *कैसे?* यह सबसे शक्तिशाली सवाल है। इसे बार-बार पूछने से आपकी रचनात्मकता प्रेरित होती है और विचार पैदा होते हैं, जिनकी मदद से आपको लक्ष्य हासिल करने में मदद मिलती है। असफल लोग हमेशा इसी पशोपेश में रहते हैं कि किसी तयशुदा लक्ष्य को पाना मुमकिन है या नहीं। दूसरी ओर, ऊँची सफलता पाने वाले लोग सिर्फ़ यह सवाल पूछते हैं, *"कैसे?"* फिर वे अपने सपनों और लक्ष्यों को हक़ीक़त में बदलने के तरीक़े खोजने में जुट जाते हैं।

आदर्श सेहत और फ़िटनेस

सेहत और फ़िटनेस के अपने स्तर की समीक्षा करें :

1. अगर आप आज से पाँच साल बाद आदर्श शारीरिक स्थिति में हों, तो आप कैसे दिखेंगे और महसूस करेंगे ?
2. आपका आदर्श वज़न कितना होगा ?
3. आप हर हफ़्ते कितना व्यायाम करेंगे ?
4. आपकी सेहत का स्तर क्या होगा ?
5. भविष्य में किसी वक़्त बेहतरीन शारीरिक सेहत का आनंद लेने के लिए आप आज डाइट, व्यायाम दिनचर्या और सेहत की अपनी कौन सी आदतें बदलेंगे ?

फिर आप यह कल्पना करते हैं कि आप महत्वपूर्ण और प्रभावी व्यक्ति हैं, अपने समुदाय के "सक्रिय खिलाड़ी" हैं। आप अपने आस-पास की दुनिया में महत्वपूर्ण योगदान दे रहे हैं। आप अपने और दूसरे लोगों के जीवन में फ़र्क़ ला रहे हैं। अगर आपकी सामाजिक प्रतिष्ठा और सहभागिता आदर्श होती, तो

1. आप क्या कर रहे होते ?
2. आप किन संगठनों में काम कर रहे होते या उनमें योगदान दे रहे होते ?
3. वे कौन से उद्‌देश्य हैं, जिनमें आप प्रबलता से यक़ीन करते और समर्थन देते ? और इन क्षेत्रों से ज़्यादा कैसे जुड़ते ?

बस इसे कर दें!

ऊँची सफलता पाने वाले लोगों और कम सफलता पाने वाले लोगों के बीच बुनियादी फ़र्क़ "कर्म केंद्रित होने" का होता है। जो स्त्री-पुरुष ज़िंदगी में ऊँचे काम करते हैं, वे प्रबलता से कर्म-केंद्रित होते हैं। वे हर वक़्त चलते ही रहते हैं। वे हमेशा व्यस्त रहते हैं। जैसे ही उनके मन में कोई विचार आता है, वे फ़ौरन उस पर काम करने लगते हैं।

दूसरी ओर, कम सफल या असफल लोगों के इरादे तो हमेशा अच्छे होते हैं, लेकिन उनके पास आज काम न करने का कोई न कोई बहाना हमेशा मौजूद होता है। कहा भी गया है, "नर्क की राह अच्छे इरादों से भरी हुई है।"

योग्यताओं, ज्ञान, गुण, शिक्षा और क्षमता की व्यक्तिगत सूची के संदर्भ में अपनी पड़ताल करें। अगर आप तरक़्क़ी करते हुए अपने सर्वोच्च संभव स्तर पर

पहुँच जाएँ (और इसकी तक़रीबन कोई सीमा नहीं है), तो इन सवालों के जवाब दें :

1. आज से पाँच साल बाद आप कौन सा अतिरिक्त ज्ञान और योग्यताएँ हासिल करेंगे ?
2. किन क्षेत्रों में आपको हर काम में उत्कृष्ट माना जाएगा ?
3. आप भविष्य में किसी वक़्त अपने क्षेत्र में शिखर पर पहुँचना चाहते हैं, उसके लिए आवश्यक ज्ञान और योग्यताएँ विकसित करने के लिए आप हर दिन क्या कर रहे होंगे ?

इन सवालों का जवाब देने के बाद आपको अगला सवाल यह पूछना है : कैसे ? आप वे योग्यताएँ और विशेषज्ञता कैसे हासिल करें, जिनकी ज़रूरत आपको बरसों बाद अपने क्षेत्र में नेतृत्व करने के लिए होगी ?

अपना आदर्श कैलेंडर तैयार करें

अपनी आदर्श जीवनशैली की रूपरेखा बनाएँ। 1 जनवरी से 31 दिसंबर तक का अपना आदर्श कैलेंडर तैयार करें :

1. आप वीकएंड्स और वेकेशन्स में क्या करना चाहेंगे ?
2. आप हर हफ़्ते, महीने और साल में कितनी छुट्टियाँ मनाना चाहेंगे और कितनी लंबी ?
3. आप कहाँ-कहाँ जाना चाहेंगे ?
4. अगर कोई सीमा न हो और आपका अपने समय पर पूरा अधिकार हो, तो आप पूरे वर्ष क्या-क्या करेंगे ?

प्रोवर्ब 29:18 में कहा गया है, “जहाँ कोई सपना नहीं होता, वहाँ लोग नष्ट हो जाते हैं।” इसका मतलब यह है कि अगर आपके पास अपने भविष्य का कोई रोमांचक सपना नहीं है, तो प्रेरणा और उत्साह के संदर्भ में आप “मर” जाएँगे। लेकिन इसका विपरीत भी सच है। रोमांचक सपना होने पर आप हर दिन लगातार प्रेरित होते हैं और अपने आदर्श सपने को हक़ीक़त में बदलने के लिए आवश्यक सभी क़दम उठाते हैं।

ख़ुशी की कुंजी

आप जान चुके हैं कि “ख़ुशी दरअसल सार्थक लक्ष्य की क्रमिक प्राप्ति है।” जब आपके पास स्पष्ट-रोमांचक लक्ष्य व आदर्श होते हैं, तो आप अपने और अपने

संसार के बारे में ज़्यादा ख़ुशी महसूस करेंगे। आप ज़्यादा सकारात्मक और आशावादी होंगे। आप ज़्यादा सुखी और जोशीले होंगे। आप *आंतरिक* रूप से प्रेरित होंगे कि आप सुबह उठते ही जुट जाएँ, क्योंकि आपका हर काम आपको उस चीज़ की दिशा में ले जा रहा है, जो आपके लिए महत्त्वपूर्ण है।

ज़्यादातर वक़्त अपने आदर्श भविष्य के बारे में सोचने का प्रण करें। याद रखें, आपकी ज़िंदगी के सबसे अच्छे दिन भविष्य में आने वाले हैं। आपके सबसे सुखद पल अभी आने बाक़ी हैं। आपकी सर्वोच्च आमदनी आगे आने वाले महीनों और सालों में मिलेगी। भविष्य आपके अतीत की हर चीज़ से बेहतर होगा। कोई भी सीमा नहीं है।

अपने दीर्घकालीन भविष्य के बारे में आप जितने ज़्यादा स्पष्ट होंगे, उतनी ही ज़्यादा तेज़ गति से उन लोगों और परिस्थितियों को अपने जीवन में आकर्षित करेंगे, जिनकी ज़रूरत आपको अपने सपने साकार करने के लिए होगी। अपने व्यक्तित्व और अपनी मनचाही वस्तुओं के बारे में आप जितने ज़्यादा स्पष्ट होंगे, ज़िंदगी के हर क्षेत्र में उतना ही ज़्यादा हासिल करेंगे और वह भी बहुत तेज़ी से।

☆ अपने भविष्य का निर्माण करें

1. कल्पना करें कि हर समस्या का समाधान है, हर सीमा से उबरने का उपाय है और कहीं कोई सीमा नहीं है। कल्पना करें कि आप अपने लिए जो भी लक्ष्य तय करेंगे, उसे पा सकते हैं। तब आप कौन से काम करेंगे ?
2. "भविष्य से वर्तमान तक की उल्टी सोच" का अभ्यास करें। आज से पाँच साल आगे पहुँच जाएँ और पलटकर वर्तमान को देखें। किन कामों की वजह से आपका संसार आदर्श बना होगा ?
3. कल्पना करें कि आपकी आर्थिक स्थिति हर दृष्टि से आदर्श हो। आप कितना कमाएँगे ? आपकी नेट वर्थ कितनी होगी ? इन लक्ष्यों को साकार करने के लिए आप आज से ही कौन से क़दम उठा सकते हैं ?
4. कल्पना करें कि आपका परिवार और पारिवारिक जीवन आदर्श है। यह कैसा दिखेगा ? इसे आदर्श बनाने के लिए आपको आज से ही क्या करना चाहिए या क्या नहीं करना चाहिए ?
5. अपने आदर्श कैलेंडर की रूपरेखा बनाएँ। जनवरी से दिसंबर तक की योजना इस तरह बनाएँ, जैसे कोई सीमा या बंधन न हो। इसके लिए आपको आज से क्या-क्या बदलाव करने होंगे ?
6. कल्पना करें कि आपकी सेहत और फ़िटनेस का स्तर हर मायने में आदर्श है। आज से आप ऐसे कौन से काम कर सकते हैं, जिनसे आपका सपना हक़ीक़त में बदल जाए ?

4
अपने जीवनमूल्यों को स्पष्ट करें

ब्रह्मांड में सब कुछ है : और एक ईश्वर है, और अस्तित्व का एक सिद्धांत और एक नियम, एक तर्क जो सभी सोचने वाले प्राणियों में साझा है और एक सत्य।

- मार्कस ऑरेलियस

ज़िंदगी के हर क्षेत्र में सबसे ज़्यादा सफल होने वाले लोगों और लीडर्स में एक बेहद महत्वपूर्ण गुण यह है कि उन्हें अच्छी तरह पता होता है कि वे कौन हैं, किसमें यक़ीन करते हैं और किन सिद्धांतों की बुनियाद पर खड़े हैं। ज़्यादातर लोग अपने लक्ष्यों, जीवनमूल्यों और आदर्शों को लेकर दुविधाग्रस्त होते हैं। इस वजह से वे आगे-पीछे होते रहते हैं और बहुत कम हासिल कर पाते हैं। दूसरी ओर, सफल लीडर्स उतनी ही या उनसे भी कम योग्यताओं और अवसरों के बावजूद ज़्यादा उपलब्धियाँ पा लेते हैं।

ज़िंदगी को अंदर से बाहर की तरफ़ जिया जाता है। आपके जीवनमूल्य आपके व्यक्तित्व का *मूल केंद्र* हैं। आपके जीवनमूल्य ही आपको वह बनाते हैं, जो आप हैं। आप बाहर जो भी करते हैं, वह हर चीज़ आपके आंतरिक जीवनमूल्यों द्वारा निर्देशित और तय होती है, चाहे वे स्पष्ट हों या धुँधले। आपके आंतरिक जीवनमूल्य जितने ज़्यादा स्पष्ट होंगे, आपके बाहरी काम भी उतने ही ज़्यादा सटीक और असरदार होंगे।

व्यक्तित्व के पाँच स्तर

अपने व्यक्तित्व को पाँच रिंग्स वाला टारगेट मानें। कल्पना करें कि आपका व्यक्तित्व पाँच रिंग्स से बना है, जिसके केंद्र में आपके जीवनमूल्य हैं। ये बाहरी दायरों यानी आपके विश्वासों के रिंग्स में झलकते हैं।

आपके जीवनमूल्यों से आपके विश्वास तय होते हैं - अपने बारे में भी और आस-पास की दुनिया के बारे में भी। अगर आपके जीवनमूल्य सकारात्मक हैं, जैसे प्रेम, करुणा और उदारता, तो आप यह विश्वास करेंगे कि आपकी दुनिया में रहने वाले लोग इन्हीं जीवनमूल्यों के हक़दार हैं और आप उनके साथ ऐसा ही व्यवहार करेंगे।

आपके विश्वास, आपके व्यक्तित्व के तीसरे रिंग *आपकी अपेक्षाओं* को तय करते हैं। अगर आपके जीवनमूल्य सकारात्मक हैं, तो आपको विश्वास होगा कि आप अच्छे हैं। अगर आपको यक़ीन होता है कि आप अच्छे व्यक्ति हैं, तो आप अपने साथ अच्छी चीज़ें होने की अपेक्षा करेंगे। अगर आप अपने साथ अच्छी चीज़ों के होने की अपेक्षा करेंगे, तो आप सकारात्मक, ख़ुश और भविष्य केंद्रित होंगे। आप लोगों और परिस्थितियों में भलाई की तलाश करेंगे।

आपके व्यक्तित्व का चौथा स्तर आपकी अपेक्षाओं से तय होता है। यह है आपका *नज़रिया*। आपका नज़रिया आपके जीवनमूल्यों, विश्वासों और अपेक्षाओं का बाहरी प्रकटीकरण या प्रतिबिंब होगा। मिसाल के तौर पर, अगर आपका जीवनमूल्य यह है कि यह संसार जीने के लिए अच्छा है और आपका विश्वास यह है कि आप ज़िंदगी में बहुत सफल होंगे, तो आप यह अपेक्षा रखेंगे कि आपके साथ होने वाली हर चीज़ किसी न किसी तरह आपकी मदद करेगी। परिणामस्वरूप आप में दूसरों के प्रति सकारात्मक मानसिक नज़रिया विकसित होगा, जिस पर वे भी सकारात्मक प्रतिक्रिया करेंगे। आप ज़्यादा ख़ुशहाल और आशावादी होंगे। दूसरे आपके साथ और आपके लिए काम करना चाहेंगे, आपसे सामान ख़रीदना या बेचना चाहेंगे और ज़्यादा सफल बनने में मदद करना चाहेंगे। इसीलिए सकारात्मक मानसिक नज़रिया जिंदगी के हर क्षेत्र में महान सफलता का साथी होता है।

पाँचवाँ रिंग या जीवन-स्तर है आपके *काम*। आपके बाहरी काम अंततः आपके सबसे अंदरूनी जीवनमूल्यों, विश्वासों और अपेक्षाओं के बाहरी प्रतिबिंब होंगे। इसीलिए आप अपनी ज़िंदगी और काम-धंधे में जो भी हासिल करते हैं, वह किसी बाहरी तत्व के बजाय इस चीज़ से ज़्यादा तय होगा कि आपके भीतर क्या हो रहा है।

जैसा भीतर, वैसा बाहर

लोगों के जीवन की परिस्थितियों को देखकर आप अक्सर यह बता सकते हैं कि वे कैसा सोचते हैं। जो व्यक्ति भीतर से सकारात्मक, आशावादी, लक्ष्य-केंद्रित और भविष्य-केंद्रित होता है, वह ज़्यादातर मामलों में सुखी, सफल और समृद्ध ज़िंदगी का आनंद लेता है।

अरस्तू ने कहा था कि इंसान की ज़िंदगी का चरम लक्ष्य या उद्देश्य ख़ुशी हासिल करना है। आप सबसे ज़्यादा ख़ुश तभी होते हैं, जब आप अपने अंदरूनी जीवनमूल्यों के *सामंजस्य* में काम कर रहे हों। आप जिसे अच्छा, सही और सच मानते हैं, उसके पूर्ण सामंजस्य में जीने पर आप ख़ुद-ब-ख़ुद अपने संसार और अपने बारे में ख़ुश व सकारात्मक महसूस करेंगे।

आपके लक्ष्य आपके जीवनमूल्यों के सामंजस्य में होने चाहिए और आपके जीवनमूल्य आपके लक्ष्यों के सामंजस्य में होने चाहिए। इसीलिए अपने जीवनमूल्यों को स्पष्ट रूप से पहचानना अक्सर उच्च उपलब्धि और शिखर प्रदर्शन का शुरुआती बिंदु होता है। जीवनमूल्य स्पष्ट करने के लिए आपको यह अच्छी तरह सोचना ज़रूरी है कि ज़िंदगी में आपके लिए वाक़ई महत्वपूर्ण क्या है। इसके बाद तो आपको बस उन जीवनमूल्यों के इर्द-गिर्द अपने पूरे जीवन को व्यवस्थित करना है।

अंदरूनी जीवनमूल्यों के विरोध में जीने की कोशिश तनाव, नकारात्मकता, दुख, निराशावाद और यहाँ तक कि क्रोध और कुंठा भी पैदा कर देगी। महान जीवन के निर्माण में आपकी अपने प्रति प्रमुख ज़िम्मेदारी यह है कि आप अपने हर काम में अपने जीवनमूल्यों को लेकर पूरी तरह स्पष्ट हों।

जानें कि आप वाक़ई क्या चाहते हैं

स्टीफ़न कवी ने एक बार कहा था, "सफलता की सीढ़ी पर चढ़ते वक़्त यह ज़रूर सुनिश्चित कर लें कि यह सही इमारत से टिकी हो।" कई लोग उन लक्ष्यों को हासिल करने के लिए कड़ी मेहनत करते हैं, जो लुभावने तो लगते हैं, लेकिन बाद में उन्हें पता चलता है कि लक्ष्य पाने के बाद उन्हें कोई ख़ुशी या संतुष्टि नहीं मिली। वे पूछते हैं, "क्या मेरी सारी मेहनत निरर्थक थी?" यह तब होता है, जब बाहरी उपलब्धि आपके अंदरूनी जीवनमूल्यों के तालमेल में नहीं होती। ऐसा अपने साथ न होने दें।

सुकरात ने कहा था, "जिस ज़िदगी को परखा न गया हो, वह जीने लायक़ नहीं है।" यह बात आपके जीवनमूल्यों की तरह ही ज़िंदगी के हर पहलू पर लागू होती है। आप "आगे बढ़ने" के आधार पर अपने जीवनमूल्यों को स्पष्ट करते हैं। आप फ़ुटबॉल मैच में टाइम-आउट लेने की तरह घड़ी रोक देते हैं और पूछते हैं, "इस क्षेत्र में मेरे जीवनमूल्य क्या हैं?"

बाइबल में मैथ्यू 16:26 में लिखा है, "अगर इंसान सारी दुनिया हासिल कर ले, लेकिन अपनी आत्मा गँवा दे, तो क्या फ़ायदा?" आज दुनिया में सबसे ख़ुशहाल वे हैं, जो अपने सबसे अंदरूनी विश्वासों और जीवनमूल्यों के सामंजस्य में जी रहे हैं। सबसे दुखी लोग ऐसी ज़िंदगी जीने की कोशिश कर रहे हैं, जो उनके महत्वपूर्ण

विश्वासों और जीवनमूल्यों के सामंजस्य में नहीं होती।

अपने अंतर्बोध पर भरोसा करें

आत्मविश्वास महानता की नींव है। यह अंतर्बोध (intuition) की आवाज़ – आपके अंदर से निकली "धीमी आवाज़" – सुनने से मिलता है। लोग महान बनना तब शुरू करते हैं, जब वे अपनी अंदरूनी आवाज़ सुनने लगते हैं और उन्हें पूरा भरोसा होता है कि कोई ज़्यादा ऊँची शक्ति हर क़दम पर उनका मार्गदर्शन कर रही है।

सच्चे जीवनमूल्यों के तालमेल में जीना आत्मविश्वास, आत्मसम्मान और गर्व का शाही मार्ग है। दरअसल इंसान की लगभग हर समस्या जीवनमूल्यों के अनुरूप जीकर सुलझाई जा सकती है। जब भी आपको किसी तरह का तनाव महसूस हो, अपने भीतर झाँकें और पूछें, "मैं इस वक़्त में अपने सबसे अंदरूनी जीवनमूल्यों से किस तरह समझौता कर रहा हूँ ?"

अपने व्यवहार पर नज़र रखें

यह कैसे पता चलें कि आपके वास्तविक जीवनमूल्य क्या हैं ? जवाब सरल है। आपके सच्चे जीवनमूल्य हमेशा आपके कामों में झलकते हैं, ख़ास तौर पर दबाव में किए गए कामों में। जब भी आपको इस या उस व्यवहार के बीच चुनाव करने लिए मजबूर किया जाता है, तो आपका चुना हुआ काम हमेशा आपके तत्कालीन सबसे महत्वपूर्ण जीवनमूल्य की दिशा में होगा।

वास्तव में जीवनमूल्य श्रेणी में व्यवस्थित होते हैं। आपके पास जीवनमूल्यों की श्रृंखला होती है। उनमें से कुछ बहुत गहन और महत्वपूर्ण होते हैं, जबकि कुछ कमज़ोर और कम महत्वपूर्ण होते हैं। आप सचमुच कौन हैं और वाक़ई क्या चाहते हैं, यह तय करने के लिए आप एक बहुत महत्वपूर्ण अभ्यास यह कर सकते हैं कि अपने जीवनमूल्यों को प्राथमिकता के आधार पर क्रम से जमा लें। जब आप अपने जीवनमूल्यों के तुलनात्मक महत्व को स्पष्ट रूप से समझ जाते हैं, तो फिर आप उनके तालमेल में अपनी बाहरी ज़िंदगी को व्यवस्थित कर सकते हैं।

अपने अतीत के व्यवहार की जाँच करें

सच्चे जीवनमूल्य को तय करने में आपकी मदद के लिए कुछ अच्छे तरीक़े हैं। सबसे पहले तो आप अपने अतीत पर नज़र डाल सकते हैं। आपने अतीत में दबाव की स्थिति में कैसा व्यवहार किया है ? जब आपको चुनाव करने के लिए मजबूर किया गया, तो आपने अपने समय या पैसे के मामले में कौन से चुनाव किए ? इन सवालों

के जवाबों से पता चल जाएगा कि उस वक़्त आपके सबसे प्रबल जीवनमूल्य कौन से थे।

डेल कारनेगी ने लिखा है, *“अगर आप मुझे यह बता दें कि किसी व्यक्ति को महत्व का सबसे ज़्यादा एहसास किस चीज़ से होता है, तो मैं आपको उसका पूरा जीवनदर्शन बता दूँगा।”* किस चीज़ से आपको महत्व का एहसास होता है? किस चीज़ से आपका आत्मसम्मान बढ़ता है? कौन सी चीज़ आपके आत्मसम्मान और गर्व को बढ़ाती है? आपने अतीत में ऐसा क्या हासिल किया है, जिससे आपको गर्व और संतुष्टि का सबसे गहरा एहसास मिला? इन सवालों के जवाबों से आपको अपने सच्चे जीवनमूल्यों के बारे में अच्छा संकेत मिल जाएगा।

अपनी दिली इच्छा को तय करें

आध्यात्मिक शिक्षक एम्मेट फ़ॉक्स ने “दिली इच्छा” खोजने के महत्व के बारे में लिखा है, आपकी दिली इच्छा क्या है? ज़िंदगी में कौन सी ऐसी चीज़ है, जो आप अपने दिल की गहराई से सबसे ज़्यादा बनना, पाना या करना चाहेंगे? जैसा मेरा एक दोस्त कहता है, “आप किस चीज़ के लिए मशहूर होना चाहते हैं?”

अपनी ग़ैर-मौजूदगी में आप लोगों से अपना वर्णन किन शब्दों में करवाना चाहेंगे? आप अपनी अंत्येष्टि में किसी के मुँह से अपने बारे में क्या कहलवाना चाहेंगे? आप अपने परिवार, दोस्तों और बच्चों के मन में कैसी यादें छोड़ना चाहेंगे? आप लोगों से अपने बारे में कैसी बातें करवाना चाहेंगे?

आज आपकी छवि कैसी है? आप भविष्य में कैसी छवि बनाना चाहेंगे? अपनी मनचाही छवि बनाने के लिए आप आज से ही क्या कर सकते हैं?

आपका अतीत आपका भविष्य नहीं है

बड़े होते वक़्त कई लोगों को मुश्किल अनुभव हुए थे। वे मुश्किल दौर के फ़र्श पर गिर गए और ग़लत सोहबत में पड़ गए। उनका व्यवहार ग़ैर-क़ानूनी या सामाजिक दृष्टि से बुरा था। कुछ को तो उनके अपराधों के लिए जेल की सज़ा भी हुई। लेकिन ज़िंदगी में एक निश्चित मोड़ पर उन्होंने ख़ुद को बदलने का फ़ैसला कर लिया। उन्होंने गंभीरता से सोचा कि वे भविष्य में कैसा इंसान बनना चाहते हैं और कैसी छवि बनाना चाहते हैं। वे जिन जीवनमूल्यों के अनुसार जीते थे, उन्हें बदलकर उन्होंने अपनी ज़िंदगी बदलने का फ़ैसला कर लिया। इस निर्णय पर अडिग रहकर उन्होंने अपनी ज़िंदगी बदल ली। और जो दूसरों ने किया है, वह आप भी कर सकते हैं।

याद रखें : **इससे कोई फ़र्क़ नहीं पड़ता कि आप कहाँ से आ रहे हैं; असल फ़र्क़ तो इससे पड़ता है कि आप जा कहाँ रहे हैं।**

हर दृष्टि से असाधारण होने पर आप दूसरों के साथ कैसा व्यवहार करेंगे? दूसरों से मिलने या बातचीत करने के बाद आप उन पर कैसी छाप छोड़ना चाहेंगे? कल्पना करें कि आप पूर्णतः उत्कृष्ट व्यक्ति बन सकते हैं। आप आज जो हैं, उससे कैसे और कितने अलग होंगे?

आप ख़ुद को कितना पसंद करते हैं

मनोविज्ञान में आत्मसम्मान का स्तर ही आपकी ख़ुशी का स्तर तय करता है। आत्मसम्मान की परिभाषा है, "आप ख़ुद को कितना पसंद करते हैं।" आपका आत्मसम्मान आपकी *आत्म-छवि* से तय होता है। आप ख़ुद को किस रूप में देखते हैं और दूसरों के साथ रोज़मर्रा के व्यवहार में अपने बारे में क्या सोचते हैं। आपकी आत्म-छवि आपके आत्म-आदर्श से बनती है। आपका आत्म-आदर्श आपके गुणों, जीवनमूल्यों, लक्ष्यों, आशाओं, सपनों और हसरतों से मिलकर बनता है।

मनोवैज्ञानिकों ने यह खोजा है : आपका असल व्यवहार आपके हिसाब से अपने *आदर्श* व्यवहार के जितने तालमेल में होता है, आप ख़ुद को उतना ही ज़्यादा पसंद करते हैं, उतना ही ज़्यादा सम्मान करते हैं और उतने ही ज़्यादा ख़ुश भी होते हैं।

दूसरी ओर, जब भी आप ऐसे तरीक़े से व्यवहार करते हैं, जो आपके सर्वश्रेष्ठ व्यवहार के आदर्श के विपरीत हो, तो आपकी आत्म-छवि नकारात्मक हो जाती है। आप महसूस करते हैं कि आप अपने मनचाहे सर्वश्रेष्ठ प्रदर्शन से कमतर परिणाम दे रहे हैं। परिणामस्वरूप, आपका आत्मसम्मान और ख़ुशी का स्तर कम हो जाता है।

अपना सर्वश्रेष्ठ प्रदर्शन करें

जिस पल आप अपने सर्वोच्च आदर्शों के तालमेल में चलने, बोलने और व्यवहार करने लगते हैं, आपकी आत्म-छवि बेहतर हो जाती है, आपका आत्मसम्मान बढ़ जाता है और आप अपने तथा अपनी दुनिया के बारे में ज़्यादा ख़ुशी महसूस करते हैं।

मिसाल के तौर पर, जब भी आपकी प्रशंसा होती है या आपको किसी उपलब्धि के लिए पुरस्कार मिलता है, तो आपका आत्मसम्मान बढ़ जाता है कई बार तो बहुत ज़्यादा। आप ख़ुद से ख़ुश होते हैं। आप महसूस करते हैं कि आपकी पूरी ज़िंदगी सामंजस्य में है और आप अपने सर्वोच्च आदर्शों के अनुरूप जी रहे हैं। आप ख़ुद को सफल और मूल्यवान मानते हैं।

आपका लक्ष्य सुनियोजित तरीक़े से ऐसी परिस्थितियाँ पैदा करना होना चाहिए, जो आपके हर काम में आपका आत्मसम्मान बढ़ा दें। आपको इस तरह जीना चाहिए, जैसे आप उसी तरह के असाधारण व्यक्ति बन चुके हों, जिस तरह के आप भविष्य में बनने का इरादा रखते हैं।

जान लें कि आप किसमें विश्वास करते हैं

अपने *काम-धंधों* और कैरियर के संबंध में आपके वर्तमान जीवनमूल्य क्या हैं? क्या आप अखंडता, मेहनत, निर्भरता, रचनात्मकता, सहयोग, पहल, महत्वाकांक्षा और मिलनसारिता के जीवनमूल्यों में यक़ीन करते हैं? जो लोग अपने काम में इन जीवनमूल्यों की बुनियाद पर काम करते हैं, वे ऐसा न करने वालों की तुलना में ज़्यादा सफल और सम्मानित होते हैं।

परिवार के संदर्भ में आपके जीवनमूल्य क्या हैं? क्या आप बिना शर्त के प्रेम, प्रोत्साहन, प्रेरणा, धैर्य, क्षमा, उदारता, स्नेह और परवाह के महत्व में यक़ीन करते हैं? जो लोग इनके आधार पर अपनी ज़िंदगी के महत्वपूर्ण लोगों के साथ व्यवहार करते हैं, वे ऐसा न करने वालों की तुलना में ज़्यादा सुखी होते हैं।

पैसों और *आर्थिक सफलता* के संदर्भ में आपके जीवनमूल्य क्या हैं? क्या आप ईमानदारी, मेहनत, बचत, मितव्ययिता, शिक्षा, उत्कृष्ट प्रदर्शन, गुणवत्ता और लगन को महत्वपूर्ण मानते हैं? जो लोग इन जीवनमूल्यों के हिसाब से जीते हैं, वे ऐसा न करने वालों की तुलना में ज़्यादा आर्थिक सफलता पाते हैं और अपने आर्थिक लक्ष्य भी ज़्यादा तेज़ी से हासिल करते हैं।

आपकी सेहत की क्या स्थिति है? क्या आप खान-पान, व्यायाम और विश्राम के संदर्भ में आत्म-अनुशासन, आत्म-विजय व आत्म-नियंत्रण को महत्वपूर्ण मानते हैं? क्या आपने सेहत और फ़िटनेस के ऊँचे पैमाने तय किए हैं और आप हर दिन उन पैमानों के अनुरूप मेहनत करते हैं? जो लोग इन जीवनमूल्यों पर चलते हैं, वे ऐसा न करने वाले लोगों की तुलना में न सिर्फ़ ज़्यादा लंबा, बल्कि ज़्यादा स्वस्थ जीवन भी जीते हैं।

सिर्फ़ मनचाही चीज़ों के बारे में ही सोचें

हमेशा याद रखें : आप वही बन जाते हैं, जिसके बारे में आप ज़्यादा वक़्त सोचते हैं। सफल और सुखी लोग अपने जीवनमूल्यों के बारे में सोचते हैं। वे इस बारे में सोचते हैं कि वे इन जीवनमूल्यों को हर दिन अपनी ज़िंदगी के हर पहलू में कैसे उतार सकते हैं और इन पर अमल कैसे कर सकते हैं। इसका बहुत बड़ा फ़ायदा

यह है कि आप अपने जीवनमूल्यों के अनुरूप जितना ज़्यादा जिएँगे, उतने ही ज़्यादा सुखी, स्वस्थ, सकारात्मक और ऊर्जावान बनेंगे।

अपने प्रति सच्चे रहें

अखंडता शायद सबसे महत्वपूर्ण जीवनमूल्य है। एक अरबपति ने एक बार मुझसे कहा था, "अखंडता (integrity) जीवनमूल्य से बढ़कर है। यह तो ऐसा जीवनमूल्य है, जो बाक़ी सारे जीवनमूल्यों की गारंटी देता है।"

इससे मेरी आँखें खुल गईं! माल लें, आप यह संकल्प करते हैं कि अब आप किसी ख़ास जीवनमूल्य के आधार पर जिएँगे। लेकिन इसके बाद आपकी अखंडता का स्तर ही यह तय करेगा कि आप अपने संकल्प पर अमल कर पाते हैं या नहीं। आप अपने हिसाब से सर्वश्रेष्ठ जीवन जीने के लिए ख़ुद को जितना ज़्यादा अनुशासित करते हैं, व्यक्तिगत अखंडता का आपका स्तर उतना ही ऊँचा होता है। आपकी अखंडता का स्तर जितना ऊँचा होता है, आप अपने हर काम में उतने ही ज़्यादा ख़ुश और शक्तिशाली महसूस करते हैं।

सचमुच महान लोगों में अखंडता का स्तर हमेशा ऊँचा होता है। वे अपना जीवन अपने सर्वोच्च जीवनमूल्यों के अनुरूप जीते हैं, तब भी जब कोई देख न रहा हो। दूसरी तरफ़, दोयम दर्जे के स्त्री-पुरुष हमेशा कोने पर मुड़ जाते हैं और अपनी अखंडता के साथ समझौता कर लेते हैं, ख़ास तौर पर तब जब कोई उन्हें देख न रहा हो।

हमेशा सच्चे रहें- अपने प्रति भी, दूसरों के प्रति भी

आज ही *सम्मानित* व्यक्ति बनने का फ़ैसला करें। हमेशा सच बोलने का संकल्प करें। प्रण करें कि आप हमेशा सच्चे रहेंगे, अपने प्रति भी और दूसरों के प्रति भी। जीवन के हर क्षेत्र में अपने जीवनमूल्यों को पहचानें। उन्हें लिख लें। फिर यह सोचें कि उन जीवनमूल्यों के हिसाब से जीने पर, आपका व्यवहार कैसा होता। फिर चाहे जो हो जाए, उनसे कभी भी समझौता न करें।

जब आप अपनी ज़िंदगी और अपने साथ होने वाली हर चीज़ की पूरी ज़िम्मेदारी स्वीकार कर लेते हैं, अपने आदर्श भविष्य की विस्तृत तस्वीर बना लेते हैं और अपने जीवनमूल्यों को स्पष्ट कर लेते हैं, तो आप अपनी ज़िंदगी के हर क्षेत्र में स्पष्ट और निश्चित लक्ष्य बनाने के लिए तैयार हो जाते हैं। अब आप लॉन्चिंग पैड पर आ चुके हैं और आसमान में उड़कर सितारों तक़ पहुँचने के लिए पूरी तरह तैयार हैं।

☆ अपने जीवनमूल्यों को स्पष्ट करें

1. आज ही अपने लिए सबसे महत्वपूर्ण तीन से पाँच जीवनमूल्यों की सूची बनाएँ। आपके वास्तविक विश्वास क्या हैं और आप किन सिद्धांतों पर अडिग रहते हैं ?
2. आपकी जान-पहचान के लोग इस वक़्त आपको किन गुणों और जीवनमूल्यों के लिए सबसे ज़्यादा जानते हैं ?
3. दूसरों के साथ आपके संबंधों में मार्गदर्शन करने वाले सबसे महत्वपूर्ण जीवनमूल्य कौन से हैं ?
4. धन-दौलत और आर्थिक सफलता के बारे में आपके जीवनमूल्य क्या हैं ? क्या आप हर दिन इन जीवनमूल्यों पर अमल कर रहे हैं ?
5. आदर्श व्यक्ति की अपनी तस्वीर का वर्णन करें। अगर कोई सीमा न हो, तो आप कैसे बनना चाहेंगे ?
6. आपके दोस्त और परिवार वाले आपकी अंत्येष्टि पर कैसी श्रद्धांजलि देंगे। बताएँ कि आप लोगों के दिल में कैसी यादें छोड़कर जाना चाहेंगे।
7. आप आज ही अपने व्यवहार में ऐसा कौन सा एक परिवर्तन कर सकते हैं, जो जीवनमूल्यों के तालमेल में जीने में आपकी मदद करेगा ?

☆ 5

अपने सच्चे लक्ष्य तय करें

एहसास करें कि आप वास्तव में क्या चाहते हैं। इससे आप तितलियों का पीछा करने से बचेंगे और सोना खोदने में जुट जाएँगे।

-विलियम मोल्टन मार्सडेन

लक्ष्य निर्धारण हो या सफलता, मेरा प्रिय शब्द है "स्पष्टता।" आप कौन हैं, आपकी इच्छाएँ क्या हैं और आप ज़िंदगी में क्या हासिल करना चाहते हैं, उसके बारे में आपकी स्पष्टता के स्तर और उनके साकार होने के बीच सीधा संबंध होता है।

सफल स्त्री-पुरुष अपने और अपनी वास्तविक इच्छाओं के बारे में पूरी स्पष्टता हासिल कर लेते हैं, कुछ उसी तरह जिस तरह इमारत बनाने से पहले आर्किटेक्ट उसका विस्तृत ब्लूप्रिंट तैयार करता है। अधिकांश लोग बिना सोचे-समझे बस ज़िंदगी में दौड़ना शुरू कर देते हैं, कुछ उसी तरह जिस तरह कोई कुत्ता पास से गुज़रने वाली कार के पीछे दौड़ने लगता है। फिर ये लोग हैरान होते हैं कि वे कभी कोई चीज़ पकड़ क्यों नहीं पाते या कोई सार्थक चीज़ क़ायम क्यों नहीं रख पाते।

हेनरी डेविड थोरो ने एक बार लिखा था, "क्या आपने हवा में महल बना लिया है ? अच्छी बात है। उसे वहीं होना चाहिए। अब मेहनत करके उसके नीचे नींव भी बना दें।"

इस अध्याय में आप अपने सपनों और जीवनमूल्यों को स्पष्ट लक्ष्यों तथा उद्देश्यों में ढालेंगे, ताकि आप हर दिन उन पर काम कर सकें।

व्यक्तिगत लक्ष्य बनाएँ

मैं पहले भी ज़िक्र कर चुका हूँ कि बाधाओं को पार करने और महान लक्ष्यों को हासिल करने के लिए प्रबल, ज्वलंत इच्छा अनिवार्य है। और प्रबल इच्छा तभी जाग सकती है, जब आपके लक्ष्य पूर्णतः व्यक्तिगत हों। व्यक्तिगत लक्ष्य इंसान अपनी

इच्छा से ख़ुद चुनता है। लक्ष्य इस आधार पर नहीं चुने जाने चाहिए कि कोई दूसरा आपसे वे काम करवाना चाहता है या आप किसी दूसरे को ख़ुश करने के लिए किसी चीज़ को हासिल करना चाहते हैं। लक्ष्य निर्धारण की प्रक्रिया को असरदार बनाने के लिए आपको इस बारे में घोर स्वार्थी बन जाना चाहिए। आपको उसे ही चुनना चाहिए, जिसे आप सचमुच चाहते हों।

इसका यह मतलब नहीं है कि आप घर पर या ऑफ़िस में दूसरे लोगों के लिए काम नहीं कर सकते। इसका मतलब तो सिर्फ़ यह है कि ज़िंदगी के लक्ष्य तय करते वक़्त आप ख़ुद से शुरुआत करते हैं और आगे की तरफ़ काम करते हैं।

बड़ा सवाल

लक्ष्य निर्धारण में एक बहुत अहम सवाल यह है : **मैं ज़िंदगी में सचमुच क्या करना चाहता हूँ?** अगर आप ज़िंदगी में सिर्फ़ एक चीज़ कर सकें, बन सकें या पा सकें, तो वह क्या होगी? याद रखें, आप किसी ऐसे टारगेट पर निशाना नहीं लगा सकते, जिसे आप देख ही न सकते हों। आगे आने वाले महीनों और बरसों में इस सवाल पर बार-बार लौटना होगा।

सच्चे लक्ष्य तय करते वक़्त आप अपने सपनों, जीवनमूल्यों और आदर्शों से शुरुआत करते हैं। शुरू में ये वास्तविकता से परे या फंतासी जैसे लगेंगे। बहरहाल, अब आपका काम उन्हें मूर्त बनाना है - काग़ज़ पर सपनों के घर की रूपरेखा बनाने की तरह।

फ़ैसला करें कि आप *सचमुच* क्या चाहते हैं

अपने आम लक्ष्यों से शुरू करें और फिर ख़ास लक्ष्यों की ओर बढ़ें :

1. बिज़नेस और कैरियर में इस वक़्त आपके तीन सबसे महत्वपूर्ण लक्ष्य कौन से हैं?
2. इस वक़्त आपके तीन सबसे महत्वपूर्ण आर्थिक लक्ष्य कौन से हैं?
3. परिवार, मित्रों या निकट संबंधियों के संदर्भ में इस वक़्त आपके तीन सबसे महत्वपूर्ण लक्ष्य कौन से हैं?
4. सेहत और फ़िटनेस के क्षेत्र में इस वक़्त आपके तीन सबसे महत्वपूर्ण लक्ष्य कौन से हैं?

अपनी प्रमुख चिंताओं को पहचानें

ऊपर दिए गए सवालों का दूसरा पहलू यह है : **ज़िंदगी में इस वक़्त मेरी तीन सबसे बड़ी चिंताएँ कौन सी हैं?** रोज़मर्रा की ज़िंदगी में आपको कौन सी चीज़ सताती है, चिंतित करती है, परेशान करती है? कौन सी चीज़ आपको उत्तेजित करती है या चिढ़ाती है? कौन सी चीज़ आपकी ख़ुशी पर सबसे ज़्यादा डाका डाल रही है? जैसा मेरा एक दोस्त अक्सर कहता है, "इससे कहाँ चोट पहुँचती है?"

अपनी सबसे बड़ी समस्याओं और चिंताओं का पता लगाने के बाद ख़ुद से पूछें,

1. इन समस्याओं में से प्रत्येक का आदर्श समाधान क्या है?
2. मैं इन समस्याओं या चिंताओं को तत्काल कैसे ख़त्म कर सकता हूँ?
3. हर समस्या को सुलझाने का सबसे तेज़ और सीधा तरीक़ा कौन सा है?

समस्या सुलझाने का बेहतरीन तरीक़ा

1142 में ब्रिटिश दार्शनिक विलियम ऑफ़ ऑकहैम ने समस्या सुलझाने की एक विधि खोजी। इसे "ऑकहैम्स रेज़र" कहा जाता है। समाधान खोजने का यह तरीक़ा वक़्त के साथ लोकप्रिय हो चुका है। ऑकहैम का कहना था, "किसी भी समस्या का सही समाधान आम तौर पर सबसे सरल और सीधा होता है, जिसमें सबसे कम क़दमों की ज़रूरत होती है।"

बहुत से लोग ग़लती से अपने लक्ष्यों और समस्याओं को ज़रूरत से ज़्यादा जटिल बना लेते हैं। लेकिन समाधान जितना ज़्यादा जटिल होता है, उस पर अमल करने की संभावना उतनी ही कम होगी और परिणाम पाने में उतना ही ज़्यादा वक़्त लगेगा। समाधान को सरल बनाना और लक्ष्य तक फ़ौरन पहुँचना बेहतरीन तरीक़ा है।

अपनी आमदनी दोगुनी करें

कई लोग मुझसे कहते हैं कि वे अपनी आमदनी दोगुनी करना चाहेंगे। अगर वे सेल्स लाइन में होते हैं, तो मैं उनसे पूछता हूँ, "आपकी आमदनी को दोगुना करने का सबसे तेज़ और सीधा तरीक़ा कौन सा है?" इस पर वे कई उपाय बताने लगते हैं। इसके बाद मैं जवाब में उन्हें वे तरीक़े बताता हूँ, जिसे मैं सबसे कारगर मानता हूँ, "आप अपने क्वालिफ़ाइड प्रॉस्पेक्ट्स के साथ जितना समय गुज़ारते हैं, उसे दोगुना कर दें।"

बिक्री बढ़ाने का सबसे सीधा तरीक़ा हमेशा से यही रहा है : बेहतर प्रॉस्पेक्ट्स के साथ ज़्यादा समय गुज़ारें। भले ही आप अपनी योग्यताओं को बेहतर न बनाएँ, भले ही आप और कुछ भी न बदलें, लेकिन प्रॉस्पेक्ट्स के साथ आमने-सामने बिताए गए *मिनटों* की संख्या दोगुनी कर लें, तो संभवतः आपकी सेल्स इन्कम भी दोगुनी हो जाएगी।

एक अध्ययन में 1928 से लेकर आज तक के आँकड़ों की समीक्षा की गई। इसके अनुसार औसत सेल्सपीपुल हर दिन अपने प्रॉस्पेक्ट्स के साथ सिर्फ़ डेढ़ घंटे गुज़ारते हैं। सबसे ज़्यादा आमदनी करने वाले सेल्सपीपुल इससे दो-तीन गुना ज़्यादा समय गुज़ारते हैं। वे अपने पूरे दिन की योजना इतनी अच्छी तरह बनाते हैं, ताकि वे उन लोगों के साथ ज़्यादा समय बिताएँ, जो उनके प्रॉडक्ट्स या सेवाएँ ख़रीद सकते हैं और ख़रीदेंगे। परिणाम स्पष्ट है। वे प्रॉस्पेक्ट्स के साथ जितना ज़्यादा समय गुज़ारते हैं, बिक्री की कला में वे उतने ही ज़्यादा माहिर होते जाते हैं। परिणाम स्वरूप वे ज़्यादा सामान बेच लेते हैं और कम समय में ज़्यादा कमाई कर लेते हैं।

अपनी उत्पादकता को दोगुना करें

अपने काम-काज की ग़ौर से पड़ताल करें। आप पाएँगे कि आपके काम का 20 प्रतिशत हिस्सा 80 प्रतिशत परिणाम देता है। हम एडवांस्ड कोचिंग प्रोग्राम में अपने ग्राहकों को इन्हीं सबसे मूल्यवान 20 प्रतिशत गतिविधियों को पहचानना और दोगुना करना सिखाते हैं।

हम उनसे यह नहीं कहते कि वे दिमाग़ लगाकर नए सिरे से डे-प्लानर बनाएँ या ज़्यादा काम करें। हम तो उन्हें यह सिखाते हैं कि काम भले ही कम हों, लेकिन उनका महत्व ज़्यादा हो। इस नीति पर चलकर हमारे कुछ ग्राहक एक महीने में ही अपनी उत्पादकता और आमदनी भी *दोगुनी* कर लेते हैं, भले ही वे उसी पद पर कई सालों से एड़ियाँ रगड़ रहे हों।

आप जहाँ हैं, वहाँ से अपनी मंज़िल तक पहुँचने के सबसे सरल और सीधे रास्ते की तलाश करें। ऐसे समाधान की तलाश करें, जिसमें सबसे कम क़दम चलना हों। और सबसे बड़ी बात, कर्म करें! शुरू कर दें। ऐसे जाएँ। "तात्कालिकता का एहसास" विकसित करें। जैसा कि कवि जॉन ग्रीनलीफ़ व्हिटियर ने कहा था, "जीभ और क़लम के माध्यम से निकले सबसे दुखद शब्द ये हैं : यह हो सकता था।"

जादू की छड़ी लहराएँ

अपने सच्चे लक्ष्य तय करने के लिए "जादू की छड़ी" तकनीक का इस्तेमाल करें।

कल्पना करें कि आपके पास जादू की एक छड़ी है, जिसे आप अपनी ज़िंदगी के हर पहलू पर फिराकर अपनी इच्छाओं को हक़ीक़त में बदल सकते हैं ?

अपने बिज़नेस और कैरियर पर जादू की छड़ी लहराएँ। अगर आप अपने काम-धंधे में तीन इच्छाएँ साकार कर सकते हों, तो वे कौन सी होंगी ? अपनी आर्थिक ज़िंदगी पर जादू की छड़ी लहराएँ। अगर आप तीन आर्थिक इच्छाओं को साकार कर सकते हों, तो वे कौन सी होंगी ?

अपने पारिवारिक जीवन और संबंधों पर जादू की छड़ी लहराएँ। अगर इस क्षेत्र में आपकी तीन इच्छाएँ पूरी हो सकती हों, तो वे कौन सी होंगी ? अगर आपकी पारिवारिक ज़िंदगी हर दृष्टि से आदर्श हो जाए, तो वो कैसी होगी ?

अपनी सेहत और फ़िटनेस पर जादू की छड़ी लहराएँ। अगर आपके शरीर और सेहत के बारे में आपकी तीन इच्छाएँ साकार हो सकें, तो वे कौन सी होंगी ? अगर आपकी सेहत आदर्श होती, तो यह आज से कितनी और कैसे अलग होती ?

अपनी योग्यताओं पर जादू की छड़ी लहराएँ। अगर आप तीन ऊँची योग्यताएँ हासिल कर सकें, तो वे कौन सी होंगी ? आप किन क्षेत्रों में उत्कृष्ट बनना चाहेंगे ?

जादुई छड़ी की यह तकनीक काफ़ी मज़ेदार है, लेकिन साथ ही काफ़ी ज्ञानवर्धक भी है। जादुई छड़ी की कल्पना करने से उस क्षेत्र में आपके वास्तविक लक्ष्य ख़ुद-ब-ख़ुद सामने आ जाएँगे। आप इस तकनीक से दूसरे लोगों को भी फ़ायदा पहुँचा सकते हैं, जिन्हें यह पता ही नहीं है कि वे क्या चाहते हैं या कहाँ जा रहे हैं। यह सवाल पूछने पर बहुत आश्चर्यजनक चीज़ें सामने आ जाती हैं।

जीने के लिए छह महीने

लक्ष्य निर्धारण के इस सवाल से भी आपके वास्तविक जीवनमूल्य स्पष्ट हो जाते हैं। कल्पना करें कि आप कम्प्लीट मेडिकल चेकअप के लिए किसी डॉक्टर के पास जाते हैं। कुछ दिन बाद आपका डॉक्टर आपको बुलाकर कहता है, “मेरे पास आपके लिए अच्छी ख़बर भी है और बुरी भी। अच्छी ख़बर यह है कि अगले छह महीनों तक आप बहुत ही स्वस्थ और ऊर्जावान जीवन जिएँगे। बुरी ख़बर यह है कि छह महीने बाद आप एक असाध्य रोग से मर जाएँगे।”

अगर आपको आज पता चले कि जीने के लिए आपके पास सिर्फ़ छह महीने ही बचे हैं, तो आप इस धरती पर अपने आख़िरी छह महीने कैसे गुज़ारेंगे? आप यह समय किसके साथ बिताएँगे ? आप कहाँ जाएँगे ? आप कौन सा काम पूरा करने की कोशिश करेंगे ? आप कौन सी चीज़ें ज़्यादा करेंगे और कौन सी कम ?

यह सवाल पूछने पर आपके दिमाग़ में जो भी सबसे ऊपर आता है, वह आपके सच्चे जीवनमूल्यों का प्रतिबिंब होगा। इसमें लगभग हमेशा आपके जीवन के सबसे महत्वपूर्ण लोग शामिल होंगे। इस स्थिति में बहुत कम लोग यह कहेंगे। "ओह, मैं ऑफ़िस जाकर ढेर सारी फ़ाइलें निबटाना चाहूँगा।"

अपने सपनों की सूची बनाएँ

जब आप यह कल्पना करें कि आपकी कोई सीमा नहीं है, तो अपने सच्चे लक्ष्य तय करने के लिए *सपनों* की सूची बनाएँ। सपनों की सूची का मतलब है, हर उस चीज़ की सूची, जो आप बनना, पाना या करना चाहते हैं, बशर्ते कहीं कोई सीमा न हो।

चिकन सूप फ़ॉर द सोल सीरीज़ के सह-लेखक मार्क विक्टर हैन्सन की सलाह है कि आप काग़ज़ पर कम से कम सौ लक्ष्यों की सूची बना लें, जिन्हें आप अपने जीवनकाल में हासिल करना चाहते हैं। फिर यह कल्पना करें कि इन लक्ष्यों को हासिल करने के लिए आवश्यक सारा समय, पैसा, दोस्त, योग्यताएँ और संसाधन आपके पास मौजूद हैं। अब खुलकर सपने देखें और फंतासी बुनें। बस हर मनचाही चीज़ को इस तरह लिखें, जैसे कोई सीमा न हो।

इसके बाद एक आश्चर्यजनक चीज़ होगी! सौ सपनों की सूची बनाने के तीस दिन के भीतर ही आपकी ज़िंदगी में उल्लेखनीय घटनाएँ होने लगेंगी। आपके लक्ष्य इतनी तेज़ी से हासिल होने लगेंगे, जिसकी आप आज कल्पना भी नहीं कर सकते। यह कम से कम सौ लक्ष्य लिखने वाले लगभग सभी लोगों के साथ होता है। आपको भी इसे आज़माकर देखना चाहिए। परिणामों को देखकर आप हैरान रह जाएँगे।

फ़ौरन मिलियनेअर बनें

लक्ष्य तय करने में आपको इस सवाल से भी मदद मिलेगी : **अगर आप कल ही दस लाख डॉलर की लॉटरी जीत लें, जिस पर कोई टैक्स न लगे, तो आप अपनी ज़िंदगी में क्या बदलाव करेंगे?** आप अपनी ज़िंदगी कितनी और कैसे बदलेंगे ? आप किस क्षेत्र के भीतर जाएँगे और किससे बाहर निकलेंगे ? आप कौन से काम ज़्यादा और कौन से कम करेंगे ? आप पहली चीज़ क्या करेंगे ?

इस सवाल का मतलब यह है कि अगर आपको चुनाव की पूरी छूट हो, तो आप अपनी ज़िंदगी कैसे बदलेंगे ? हम परिवर्तन से घबराते हैं। इसी बुनियादी वजह से हम उन स्थितियों में बने रहते हैं, जो हमारे लिए सर्वश्रेष्ठ नहीं हैं। लेकिन जब आप कल्पना करते हैं कि अपने मनचाहे काम करने और अपनी मनचाही ज़िंदगी

जीने के लिए ज़रूरी सारा पैसा आपके पास आ चुका है, तो आपके सच्चे लक्ष्य अपने आप सामने आ जाते हैं।

मिसाल के तौर पर, अगर आप इस वक़्त ग़लत नौकरी में हों, तो ढेर सारा पैसा जीतने के बाद आप उस नौकरी को छोड़ने के लिए फ़ौरन प्रेरित हो जाएँगे। बहरहाल, अगर आप सही नौकरी में हों, तो ढेर सारा पैसा जीतने के बावजूद आपके कैरियर के चुनाव पर ज़रा भी असर नहीं होगा। इसलिए ख़ुद से पूछें, अगर मैं कल दस लाख टैक्स मुक्त डॉलर की लॉटरी जीत जाऊँ, तो मैं क्या-क्या करूँगा ?

असफलता का कोई डर नहीं

सच्चे लक्ष्यों को स्पष्ट करने में मदद करने वाला एक और सवाल यह है : **आप हमेशा से क्या करना चाहते थे, लेकिन उसकी कोशिश करने से घबराते हैं?** जब आप दूसरों को उनका मनपसंद काम प्रशंसनीय ढंग से करते देखते हैं, तो यह पता लगाएँ कि आप हमेशा से कौन से काम करना चाहते थे ?

क्या आप कभी अपना बिज़नेस शुरू करना चाहते थे ? क्या आप कभी चुनाव लड़ना चाहते थे ? क्या आप कभी नया कैरियर बनाना चाहते थे ? ऐसी कौन सी चीज़ है, जिसे आप हमेशा से करना चाहते थे, लेकिन कोशिश करने से घबराते थे ?

वह काम करें, जिससे आपको प्रेम हो

अपनी ज़िंदगी के अल्पकालीन और दीर्घकालीन लक्ष्य तय करते वक़्त आपको ख़ुद से लगातार पूछना चाहिए, **मुझे अपने जीवन के हर क्षेत्र में किस काम को करने में सबसे ज़्यादा मज़ा आता है?** मिसाल के तौर पर, अगर आप दिन भर में सिर्फ़ एक काम कर सकें, तो वह कौन सा होगा ? अगर आप मुफ़्त में भी कोई काम या पूर्णकालिक गतिविधि करने को तैयार हों, तो वह कौन सी होगी ? किस काम या गतिविधि से आपको सबसे ज़्यादा ख़ुशी और संतुष्टि मिलती है ?

मनोवैज्ञानिक अब्राहम मैस्लो ने "शिखर अनुभवों" (peak experiences) की अवधारणा दी है। शिखर अनुभवों का मतलब है वे पल या दौर, जब इंसान सबसे ज़्यादा ख़ुश, उत्साहित और उल्लासपूर्ण महसूस करता है। ज़िंदगी में आपका लक्ष्य अधिकाधिक शिखर अनुभवों का आनंद लेना भी है। ऐसा अनुभव पाने के लिए आपको क्या करना होगा ? पीछे की तरफ़ नज़र डालकर अतीत के शिखर अनुभवों को पहचानें। फिर अनुमान लगाएँ कि आप अपने वर्तमान और भविष्य में उन्हें कैसे दोहरा सकते हैं। अब तक आपकी ज़िंदगी के सबसे सुखद पल कौन

से रहे हैं? आप भविष्य में भी ऐसे पल कैसे पा सकते हैं? *कौन सा काम करना आपको वाक़ई पसंद है?*

फ़र्क़ डालें

आपको सामाजिक सहभागिता और योगदान के लक्ष्य भी बनाने चाहिए। **आप अपनी दुनिया में किस तरह का फ़र्क़ लाना चाहेंगे?** आप किन संगठनों, उद्देश्यों, ज़रूरतों या सामाजिक समस्याओं पर काम करना चाहेंगे? आप कौन से परिवर्तन देखना चाहेंगे? आप किन अभागे लोगों की मदद करना चाहेंगे?

अगर आप बहुत दौलतमंद होते, तो किन नेक कामों में आर्थिक मदद करते? सबसे बढ़कर, आप अपनी दुनिया में फ़र्क़ लाने के लिए आज से ही क्या कर सकते हैं? हर चीज़ के आदर्श होने के लिए भविष्य की किसी तारीख़ का इंतज़ार न करें। इसके बजाय आज ही, कैसे भी बस शुरू कर दें।

स्पष्ट आर्थिक लक्ष्य बनाएँ

आपका आर्थिक जीवन, लक्ष्य निर्धारण का एक बहुत अहम क्षेत्र है। अगर आपकी आमदनी और बचत आदर्श हो, तो आप शायद अपने ज़्यादातर ग़ैर-वित्तीय लक्ष्य ज़्यादा तेज़ी और आसानी से हासिल सकते हैं।

आदर्श स्थिति में आप हर महीने, हर साल कितने पैसे कमाना चाहेंगे? आप हर महीने, हर साल कितना पैसा बचाना और निवेश करना चाहेंगे? आप भविष्य में किसी वक़्त अपनी नेट वर्थ कितनी देखना चाहेंगे? रिटायरमेंट के वक़्त तक आप कितनी बड़ी जायदाद बनाना चाहेंगे और कब तक चाहेंगे? ज़्यादातर लोग अपने आर्थिक लक्ष्यों के बारे में बड़े दुविधाग्रस्त होते हैं, लेकिन जब आप उन्हें एकदम स्पष्ट कर लेते हैं, तो उन्हें हासिल करने की सामर्थ्य नाटकीय रूप से बढ़ जाती है।

स्पष्टता आपके सपनों को हक़ीक़त में बदलती है

जब आपकी मनचाही चीज़ें एकदम स्पष्ट होती हैं, तो फिर आप ज़्यादातर समय अपने लक्ष्यों के बारे में सोच सकते हैं। और आप उनके बारे में जितना ज़्यादा सोचते हैं, वे साकार होकर आपकी ज़िंदगी में उतनी ही तेज़ी से आती हैं।

जीवन के हर पहलू में अपने लक्ष्यों के बारे में सवाल करने की प्रक्रिया से आपकी सोच स्पष्ट हो जाती है। इससे आप ज़्यादा एकाग्र तथा लगनशील हो जाते हैं। जैसा ज़िग ज़िग्लर कहते हैं, "आप भटकते हुए आम आदमी से सार्थक ख़ास

आदमी में बदल जाते हैं।"

सबसे बड़ी बात, आप उस बिंदु पर पहुँच जाते हैं, जहाँ आप जीवन में अपना प्रमुख निश्चित उद्देश्य तय कर सकते हैं। यही महान उपलब्धि और असाधारण सफलता का स्प्रिंगबोर्ड है।

आपका प्रमुख निश्चित उद्देश्य अगले अध्याय का शीर्षक है और इसे हासिल करने का तरीक़ा आगे के अध्यायों में बताया जाएगा।

☆ अपने सच्चे लक्ष्य तय करें

1. अपने जीवन के तीन सबसे महत्वपूर्ण लक्ष्य लिख लें।
2. इस समय आपकी तीन सबसे बड़ी समस्याएँ या चिंताएँ कौन सी हैं ?
3. अगर आप कल दस लाख डॉलर की करमुक्त लॉटरी जीत लें, तो आप अपनी ज़िंदगी में फ़ौरन क्या बदलाव लाना चाहेंगे ?
4. आपको कौन सा काम सचमुच पसंद है ? किस काम से आपको मूल्य, महत्व और संतुष्टि का सबसे ज़्यादा एहसास होता हैं ?
5. अगर आप जादू की छड़ी लहराकर अपनी मनचाही चीज़ शर्तिया पा सकें, तो आप किस चीज़ की इच्छा करेंगे ?
6. अगर आपके पास जीने के लिए सिर्फ़ छह महीने ही बचे हों, तो आप क्या-क्या करेंगे ? आप अपना समय किन क्षेत्रों में लगाएँगे ?
7. अगर कोई सीमा न हो, तो आप ज़िंदगी में सचमुच क्या करना चाहेंगे ?

6

अपना प्रमुख निश्चित उद्देश्य तय करें

जीतने के लिए हर इंसान में एक गुण होना ही चाहिए और वह है निश्चित उद्देश्य - यह ज्ञान कि वह क्या चाहता है और उसे पाने की ज्वलंत इच्छा।

- नेपोलियन हिल

चूँकि आप वही बन जाते हैं, जिसके बारे में आप ज़्यादातर वक़्त सोचते हैं, इसलिए प्रमुख निश्चित उद्देश्य आपको हर पल एकाग्र बनाए रखता है। जैसा कि पीटर ड्रकर ने कहा है, "जब भी आप कोई पूरा काम देखते हैं, तो उसके पीछे आपको मिशन पर काम करने वाला एक एकाग्रचित्त व्यक्ति मिलेगा।"

आप अपने प्रमुख निश्चित उद्देश्य और उसे साकार करने के तरीक़े के बारे में जितना ज़्यादा सोचते हैं, अपने जीवन में आकर्षण के नियम को उतना ही ज़्यादा सक्रिय कर देते हैं। आप लोगों, अवसरों, विचारों और संसाधनों को अपनी ओर आकर्षित करने लगते हैं। उनकी बदौलत आप अपने लक्ष्य की ओर ज़्यादा तेज़ी से आगे बढ़ने लगते हैं और आपका लक्ष्य ज़्यादा तेज़ी से आपकी ओर बढ़ने लगता है।

संवाद के नियमानुसार, आपके अनुभव-समझ का बाहरी क्षेत्र आपके लक्ष्य के आंतरिक क्षेत्र से संपर्क क़ायम करता है और तालमेल बैठाता है। जब आपके पास कोई बड़ा निश्चित उद्देश्य होता है, जिसके बारे में आप सोचते हैं, बात करते हैं और हर वक़्त काम करते हैं, तो आपका बाहरी क्षेत्र आईने की तरह उसे प्रतिबिंबित करता है।

प्रमुख निश्चित उद्देश्य आपके अवचेतन मन को भी आपके पक्ष में सक्रिय कर देता है। आप जिस विचार, योजना या लक्ष्य को अपने चेतन मन में स्पष्टता से रखते हैं, उसे आपका अवचेतन मन (और आपका अति चेतन मन, जिसके बारे में हम बाद में बातचीत करेंगे) फ़ौरन हक़ीक़त में बदलने लगेगा।

अपने रेटिक्युलर कॉर्टेक्स को सक्रिय करना

हर इंसान के मस्तिष्क में एक ख़ास अंग होता है, जिसे "रेटिक्युलर कॉर्टेक्स" कहा जाता है। मस्तिष्क का यह उँगली जितना छोटा सा हिस्सा उसी तरह काम करता है, जिस तरह किसी बड़े ऑफ़िस में टेलीफ़ोन स्विचबोर्ड करता है। जिस तरह सारी फ़ोन कॉल्स पहले स्विचबोर्ड पर आती हैं और बाद में उचित व्यक्ति तक पहुँचाई जाती हैं, उसी तरह आपकी इंद्रियों से आने वाली सारी जानकारी रेटिक्युलर कॉर्टेक्स द्वारा आपके मस्तिष्क या आपकी चेतना के उचित हिस्से तक पहुँचाई जाती है

रेटिक्युलर कॉर्टेक्स में आपका *रेटिक्युलर उद्दीपक* तंत्र शामिल होता है। जब आप अपने रेटिक्युलर कॉर्टेक्स को लक्ष्य का संदेश भेजते हैं, तो यह तत्काल आपके परिवेश में मौजूद ऐसे लोगों, जानकारी और अवसरों के बारे में आपको जागरूक और चौकस करने लगता है, जो लक्ष्य हासिल करने में आपकी मदद करेंगे।

लाल स्पोर्ट्स कार

मिसाल के तौर पर, कल्पना करें कि आप एक लाल स्पोर्ट्स कार चाहते हैं। आप इसे अपने लक्ष्य के रूप में लिख लेते हैं। आप इसके बारे में सोचने लगते हैं और इसकी मानसिक तस्वीर देखने लगते हैं। यह प्रक्रिया आपके रेटिक्युलर कॉर्टेक्स को संदेश भेजती है कि लाल स्पोर्ट्स कार अब आपके लिए महत्वपूर्ण है। लाल स्पोर्ट्स कार की तस्वीर फ़ौरन आपके मानसिक रेडार स्क्रीन पर पहुँच जाती है।

उस पल के बाद आप जहाँ भी जाएँगे, वहाँ आपको लाल स्पोर्ट्स कारें ही नज़र आएँगी। आप गाड़ी चलाते समय भी इन्हें देखेंगे और मोड़ मुड़ते समय कई ब्लॉक दूर भी देखेंगे। आप उन्हें पार्किंग में खड़ी देखेंगे और शोरूम में भी। आप चाहे जहाँ चले जाएँ, आपका संसार लाल स्पोर्ट्स कारों से भरा हुआ दिखेगा।

अगर आप कोई मोटर साइकल ख़रीदने का फ़ैसला करते हैं, तो आपको हर जगह मोटर साइकलें दिखने लगेंगी। अगर आप हवाई की सैर करने का फ़ैसला करते हैं, तो आपका ध्यान हवाई में छुट्टियाँ मनाने के पोस्टर्स, विज्ञापनों, ब्रोशर्स और टीवी कार्यक्रमों पर चला जाएगा। आप अपने रेटिक्युलर कॉर्टेक्स को जो भी लक्ष्य भेजते हैं, वह आपके रेटिक्युलर उद्दीपक तंत्र को प्रेरित कर देता है कि यह उस लक्ष्य को हक़ीक़त में बदलने के सभी संभावित उपायों के बारे में आपको चौकस कर देता है।

आर्थिक स्वतंत्रता हासिल करना

अगर आप आर्थिक दृष्टि से स्वतंत्र बनने का फ़ैसला करते हैं, तो आपको अचानक

अपने आस-पास सभी तरह के अवसर और संभावनाएँ दिखने लगेंगी, जिनके ज़रिए आप अपने आर्थिक लक्ष्य हासिल कर सकते हैं। आपकी नज़र अख़बारों में छपे उन लेखों पर जाएगी, जो इससे संबंधित हैं। आप जहाँ भी जाएँगे, वहाँ आपको इस विषय की पुस्तकें भी नज़र आ जाएँगी। आपको डाक में भी इस बावत जानकारी और आग्रह मिलने लगेंगे। आपके आस-पास के लोग पैसे कमाने और निवेश करने संबंधी बातचीत करते नज़र आएँगे। ऐसा लगेगा, जैसे आप उन विचारों और जानकारियों से घिर गए हों, जो आपके आर्थिक लक्ष्य हासिल करने में आपकी सहायता कर सकती हैं।

दूसरी तरफ़, अगर आप अपने रेटिक्युलर कॉर्टेक्स और अवचेतन मन को स्पष्ट निर्देश न दें, तो आप ज़िंदगी से कुछ ऐसे गुज़रेंगे, जैसे कोहरे में गाड़ी चला रहे हों। आप अपने आस-पास मौजूद ज़्यादातर अवसरों और संभावनाओं के बारे में जागरूक नहीं होंगे। आप बमुश्किल ही उन्हें देख पाएँगे।

कहा गया है, "ध्यान ही ज़िंदगी की कुंजी है।" जहाँ आपका ध्यान जाता है, वहाँ आपकी ज़िंदगी जाती है। एक प्रमुख निश्चित उद्देश्य बनाने से आप अपने ध्यान का स्तर बढ़ा लेते हैं। आप अपने परिवेश की हर उस चीज़ के प्रति ज़्यादा संवेदनशील बन जाते हैं, जो उस लक्ष्य को तेज़ी से हासिल करने में आपकी मदद कर सकती है।

आपका प्रमुख निश्चित उद्देश्य

प्रमुख निश्चित उद्देश्य की परिभाषा है एक ऐसा लक्ष्य, जो इस पल आपके लिए सबसे महत्वपूर्ण है। यह आम तौर पर वह बुनियादी लक्ष्य होता है, जो कई अन्य लक्ष्य पाने में आपकी मदद करता है। इसमें नीचे दिए गुण होने चाहिए :

1. यह ऐसा होना चाहिए, जिसे आप व्यक्तिगत रूप से वाक़ई चाहते हों। इस लक्ष्य को पाने की आपकी इच्छा इतनी गहरी होनी चाहिए कि इसे हासिल करने के विचार से ही आप रोमांचित और ख़ुश हो जाएँ।
2. यह स्पष्ट और ख़ास होना चाहिए। यह ऐसा होना चाहिए कि इसे शब्दों में व्यक्त किया जा सके और इतनी स्पष्टता से लिखा जा सके कि कोई बच्चा भी इसे पढ़कर जान जाए कि आप क्या चाहते हैं और आप उसे अब तक हासिल कर पाए हैं या नहीं।
3. यह नापने योग्य और संख्यात्मक होना चाहिए। "मैं ढेर सारा पैसा कमाना चाहता हूँ," कहने के बजाय यह कहना ज़्यादा बेहतर होगा "मैं अमुक तारीख़ तक सालाना एक लाख डॉलर कमाना चाहता हूँ।"

4. यह विश्वसनीय और संभव होना चाहिए। आपका प्रमुख निश्चित उद्देश्य कभी इतना ज़्यादा बड़ा या मूर्खतापूर्ण नहीं होना चाहिए, जिसे हासिल करना नामुमकिन हो।
5. प्रमुख निश्चित उद्देश्य तक पहुँचने में सफलता की तार्किक संभावना होनी चाहिए - शुरुआत में शायद 50 प्रतिशत। अगर आप पहले कभी प्रमुख उद्देश्य तक न पहुँच पाए हों, तो ऐसा लक्ष्य तय करें, जिसमें सफलता की संभावना 80-90 प्रतिशत हो। इसे आसान रखें, कम से कम शुरुआत में। बाद में आप सफलता की इससे काफ़ी कम संभावनाओं के साथ बड़े लक्ष्य तय कर सकते हैं और इसके बावजूद आवश्यक क़दम उठाने के लिए प्रेरित हो सकते हैं। बहरहाल, शुरुआत में ऐसे ही लक्ष्य तय करें, जो विश्वसनीय और संभव हों और जिनमें सफलता की काफ़ी संभावना हो, ताकि आपको शुरू से ही *जीत* का विश्वास हो सके।
6. आपका प्रमुख निश्चित उद्देश्य बाक़ी लक्ष्यों के *सामंजस्य* में होना चाहिए। अगर आप एक तरफ़ अपने कैरियर में आर्थिक सफलता पाना चाहते हैं, लेकिन दूसरी तरफ़ ज़्यादातर वक़्त गोल्फ खेलना चाहते हैं, तो ये दोनों लक्ष्य एक साथ नहीं चल सकते। आपके प्रमुख लक्ष्य आपके छोटे लक्ष्यों और जीवनमूल्यों के *तालमेल* में होने चाहिए।

अपने पैर ज़मीन पर रखें

मेरे एक सेमिनार एक महिला मुझसे बोली कि उसने अपना प्रमुख निश्चित उद्देश्य तय कर लिया है। मैंने पूछा कि उसका उद्देश्य क्या है। उसका जवाब था, "मैं एक साल में मिलियनेअर बनने वाली हूँ।"

जिज्ञासा से मैंने पूछा कि वर्तमान में उसकी नेट वर्थ कितनी है। पता चला कि वह कंगाल थी। मैंने उससे पूछा कि वह क्या करती है। पता चला कि अक्षमता के कारण उसे अभी-अभी नौकरी से निकाला गया था। फिर मैंने उससे पूछा कि ऐसे हालात में वह एक साल में दस लाख डॉलर हासिल करने या मिलियनेअर बनने का लक्ष्य क्यों तय कर रही है।

उसने मेरी कही बात दोहरा दी कि आप कोई भी मनचाहा प्रमुख उद्देश्य तय कर सकते हैं, बशर्ते वह बिलकुल स्पष्ट हो। उसे विश्वास था कि उसके पास सफल होने के लिए आवश्यक सभी चीज़ें हैं। मैंने उसे समझाया कि उसके मौजूदा हालात को देखते हुए उसका लक्ष्य इतना अवास्तविक और असंभव दिख रहा है कि वह इसे पूरा नहीं कर पाएगी। इसके बाद वह हताश हो जाएगी। इस तरह का लक्ष्य उसे वह काम करने के लिए प्रेरित ही नहीं करेगा, जो उसे भावी आर्थिक सफलता

पाने के लिए करना चाहिए। उसकी प्रेरणा बढ़ने के बजाय कम हो जाएगी।

ख़ुद के प्रति ईमानदार रहें

एक सेमिनार में एक आदमी ने मुझे बताया कि उसका प्रमुख निश्चित उद्देश्य "विश्व शांति स्थापित करना" है। मैंने उसे समझाया कि जब तक वह किसी बेहद शक्तिशाली देश का प्रधानमंत्री या राष्ट्रपति न हो, तब तक विश्व शांति पर ख़ास असर नहीं डाल सकता। यह विराट लक्ष्य उसे ऐसा व्यक्तिगत लक्ष्य तय करने से रोकेगा, जिसे हासिल करना संभव हो और जिस पर वह हर दिन काम कर सके। यह सुनकर वह चिढ़ गया और बाहर चला गया। अपनी फंतासी में मेरा प्रोत्साहन न मिलने से उसे ख़ुशी नहीं हुई थी।

इन दोनों मामलों में लोग लक्ष्य निर्धारण का इस्तेमाल अपने *ख़िलाफ़* कर रहे थे। वे ऐसे लक्ष्य बनाकर ख़ुद को असफलता के लिए तैयार कर रहे थे, जिन्हें हासिल करना संभव ही नहीं था। नतीजा – वे जल्दी हताश हो जाएँगे और कोशिश करना छोड़ देंगे।

लक्ष्य तय करना शुरू करते वक़्त यह बड़ा ख़तरा है और आपको इससे बचना होगा। यह एक अंधी गली है, जो उत्साह और रोमांच के बजाय हताशा और अप्रेरणा के माहौल में ले जाती है।

ख़ुद को तबाह न करें

युवावस्था में मैंने भी यही ग़लती की थी। जब मैंने पहले-पहल लक्ष्य तय किया, तो आमदनी का बहुत बड़ा लक्ष्य बना लिया। मैंने फ़ैसला किया कि मैं मेरी तब तक की सबसे ज़्यादा से भी दस गुना ज़्यादा आमदनी कमाऊँगा। बहरहाल, महीनों गुज़र गए, मगर कोई प्रगति नज़र नहीं आई। तब कहीं जाकर मुझे एहसास हुआ कि लक्ष्य मेरी मदद नहीं कर रहा है। चूँकि मैं इसके आस-पास भी नहीं पहुँच पाया था, इसलिए यह स्पष्ट था कि इसमें मुझे प्रेरित करने की शक्ति नहीं थी। हालाँकि मैं इसे पाना तो चाहता था, लेकिन दिल में मुझे पक्का यक़ीन नहीं था कि यह संभव है। और चूँकि इसके संभव होने पर मुझे *विश्वास* ही नहीं था, इसलिए मेरे अवचेतन मन ने इसे अस्वीकार कर दिया और मेरे रेटिक्युलर कॉर्टेक्स ने इस पर काम नहीं किया। अपने साथ ऐसा न होने दें।

बड़ा सवाल

आपके प्रमुख निश्चित उद्देश्य को तय करने के लिए अहम सवाल यह है : **आप**

किस एक चीज़ का सपना देखने की हिम्मत करेंगे, बशर्ते आपको पता हो कि आप असफल नहीं हो सकते?

अगर आपको किसी एक लक्ष्य को, चाहे वह छोटा हो या बड़ा, अल्पकालीन हो या दीर्घकालीन, सफलतापूर्वक हासिल करने की पूरी गारंटी दे दी जाए, तो वह लक्ष्य कौन सा होगा? अगर आप इस सवाल का जवाब लिख सकते हैं, तो शायद आप उसे हासिल भी कर सकते हैं। उसके बाद आपको सिर्फ़ एक सवाल पूछना होगा : कैसे? एकमात्र वास्तविक सीमा यह है कि आप इसे कितनी शिद्दत से चाहते हैं और इस दिशा में कितने लंबे समय तक काम करने की इच्छा रखते हैं।

नोबेल पुरस्कार विजेता

मेरे एक सेमिनार में केमिस्ट्री के एक नामी यूनिवर्सिटी प्रोफ़ेसर ने भी भाग लिया, जिन्होंने दो साल पहले दो अन्य वैज्ञानिकों के साथ केमिस्ट्री का नोबेल पुरस्कार जीता था। उन्होंने मुझे बताया कि जब उन्होंने बीस साल की उम्र में अपना यूनिवर्सिटी कैरियर शुरू किया, तो उन्होंने केमिस्ट्री के क्षेत्र में भारी योगदान देने का फ़ैसला कर लिया था। यह उनका प्रमुख निश्चित उद्देश्य था। उन्होंने 25 साल से ज़्यादा समय तक इस पर अपना पूरा ध्यान केंद्रित किया। और अंततः वे सफल हो गए।

उन्होंने मुझे बताया, "मेरा लक्ष्य शुरुआत से ही स्पष्ट था। मुझे इस बारे में कभी कोई शंका नहीं हुई कि मैं अंततः केमिस्ट्री में इतना महत्वपूर्ण योगदान दूँगा कि नोबेल पुरस्कार जीत लूँगा। नोबेल पुरस्कार मिलने पर मुझे ख़ुशी तो हुई, लेकिन हैरानी नहीं हुई।"

क़ीमत चुकाने के इच्छुक रहें

हर व्यक्ति मिलियनेअर या मल्टीमिलियनेअर बनना चाहता है। इकलौता सवाल यह है कि क्या आप उस आर्थिक लक्ष्य को हासिल करने के लिए हर ज़रूरी चीज़ करना चाहते हैं या नहीं? और क्या आप इतने वर्ष तक मेहनत करना चाहते हैं या नहीं? अगर आप इसे हर हाल में करना चाहते हैं, तो आपको कोई चीज़ नहीं रोक सकती।

दस लक्ष्यों का अभ्यास

यहाँ आपके लिए एक अभ्यास है। एक काग़ज़ पर दस ऐसे लक्ष्यों की सूची बनाएँ, जिन्हें आप निकट भविष्य में हासिल करना चाहते हैं। उन्हें वर्तमान काल में लिखें, मानों आप उन्हें पहले ही हासिल कर चुके हों। मिसाल के तौर पर, यह लिखें,

"मेरा वज़न XXX पौंड है।" या, "मैं XXX डॉलर सालाना कमाता हूँ।"

दस लक्ष्यों की सूची पूरी करने के बाद इसे देखते हुए ख़ुद से यह सवाल पूछें : इस सूची में वह कौन सा एक लक्ष्य है, जिसे तत्काल हासिल करने से मेरी ज़िंदगी पर सबसे ज़्यादा सकारात्मक असर होगा?

लगभग हर मामले में वही लक्ष्य आपका प्रमुख निश्चित उद्देश्य होता है। यही वह लक्ष्य है, जो आपकी ज़िंदगी पर सबसे ज़्यादा असर डाल सकता है और बाक़ी लक्ष्यों को हासिल करने में भी आपकी मदद कर सकता है।

आप चाहे जिस लक्ष्य को अपने प्रमुख निश्चित उद्देश्य के रूप में चुनें, उसे एक अलग काग़ज़ पर लिख लें। आप इस लक्ष्य को हासिल करने के लिए क्या-क्या कर सकते हैं? दिमाग़ में आने वाली हर चीज़ को लिख लें। फिर अपनी सूची की कम से कम एक चीज़ कर दें। इस लक्ष्य को तीन बाई पाँच के इंडेक्स कार्ड पर लिखकर हमेशा अपने साथ रखें तथा नियमित समीक्षा करते रहें। इस लक्ष्य के बारे में सुबह, दोपहर और रात, हर वक़्त सोचें। इसे हासिल करने के तरीक़ों की लगातार तलाश करते रहें। और इसके लिए आपको सिर्फ़ एक ही सवाल पूछना होगा : *कैसे?*

लक्ष्य के बारे में ही सोचते रहें

प्रमुख निश्चित उद्देश्य चुनने और उस पर एकाग्रता से ध्यान केंद्रित करने का निर्णय आपकी ज़िंदगी को इतना बदल देगा, जितना कोई दूसरा निर्णय नहीं बदल सकता। इसकी बदौलत आप रास्ते की तमाम बाधाओं और मुश्किलों को पार कर जाएँगे। आपका प्रमुख निश्चित उद्देश्य चाहे जो हो, उसे लिख लें और आज ही उस पर काम शुरू कर दें।

☆ अपना प्रमुख निश्चित उद्देश्य तय करें

1. अगर आपको पक्की गारंटी दे दी जाए कि आप असफल नहीं हो सकते, तो वह कौन सी एक चीज़ है, जिसके सपने देखने की आप हिम्मत कर सकते हैं ?
2. दस लक्ष्यों की सूची बनाएँ, जिन्हें आप आने वाले महीनों और बरसों में हासिल करना चाहेंगे। यह सूची वर्तमान काल में बनाएँ। इसमें से उस एक लक्ष्य को चुन लें, जो आपकी ज़िंदगी पर सबसे ज़्यादा सकारात्मक असर डालता हो।
3. तय करें कि आप इस लक्ष्य की दिशा में होने वाली प्रगति को कैसे मापेंगे। इसे लिख लें।
4. अपने लक्ष्य की ओर आगे बढ़ाने वाले हर संभव काम की सूची बना लें। अनमें से कम से कम एक फ़ौरन कर दें।
5. तय करें कि लक्ष्य हासिल करने के लिए आपको अतिरिक्त मेहनत, समय और समर्पण के रूप में कितनी क़ीमत चुकानी होगी और फिर चुकाने में जुट जाएँ।

7
अपने विश्वासों का विश्लेषण करें

इंसान और उसकी ख़्वाहिशों के बीच सिर्फ़ एक चीज़ खड़ी होती है - उन्हें पूरी करने के लिए कोशिश करने की इच्छा - और यह विश्वास कि उन्हें पाना संभव है।

- रिचर्ड एम. डेवॉस

विश्वास का नियम शायद सबसे महत्वपूर्ण मानसिक नियम है। यह नियम कहता है कि आप जिस चीज़ पर दृढ़ता से विश्वास करते हैं, **वह आपकी वास्तविकता बन जाती है।** आप देखी हुई चीज़ों पर विश्वास नहीं करते; दरअसल आप आपने विश्वास के अनुरूप ही देखते हैं। आप दुनिया को अपने विश्वासों, नज़रियों, पूर्वाग्रहों और पहले से तय धारणाओं के चश्मे से देखते हैं। आप वो नहीं हैं, जो आप सोचते हैं कि आप हैं। सच तो यह है कि आप वही हैं, जो आप सोचते हैं।

प्रोवर्ब 23:7 में कहा गया है, जैसा इंसान *"अपने दिल में सोचता है, वैसा ही वह होता है।"* इसका मतलब यह है कि आप बाहर हमेशा वही काम करते हैं, जो अपने बारे में आपके सबसे भीतरी विश्वासों पर आधारित होते हैं।

मैथ्यू 9:29 में ईसा मसीह कहते हैं, "तुम्हारी आस्था के अनुरूप ही तुम्हें दिया जाएगा।" इसका मतलब यह है कि आपके प्रबल विश्वास हक़ीक़त में बदल जाएँगे। उन्हीं से तय होगा कि आपके साथ क्या होता है।

हार्वर्ड के डॉ. विलियम जेम्स ने 1905 में कहा था, *"विश्वास वास्तविक तथ्य का निर्माण करता है।"* उन्होंने आगे कहा था, "मेरी पीढ़ी की सबसे क्रांतिकारी खोज यह थी कि इंसान अपने अंदरूनी नज़रिए को बदलकर अपनी ज़िंदगी के बाहरी पहलुओं को बदल सकता है।"

सोच बदलो, ज़िंदगी बदलो

ज़िंदगी में सारा सुधार अपने और अपनी संभावनाओं के बारे में विश्वास बदलने

से होता है। निजी विकास के लिए आपको यह विश्वास बदलना होगा कि आप क्या कर सकते हैं और आपके लिए क्या संभव है। क्या आप अपनी आमदनी दोगुनी करना चाहेंगे ? ज़ाहिर है, चाहेंगे! बुनियादी सवाल है : क्या आप इसे संभव मानते हैं ? क्या आप आमदनी तिगुनी करना चाहेंगे ? क्या आप इसे संभव मानते हैं ?

आपकी शंका का स्तर जो भी हो, मुझे एक सवाल पूछने की अनुमति दें। क्या पहली नौकरी में मिली पहली तनख़्वाह के बाद से अब तक आपकी आमदनी दोगुनी या तिगुनी नहीं हुई है ? आपने जब कमाना शुरू किया था, तब की तुलना में क्या इस वक़्त आप बहुत ज़्यादा नहीं कमा रहे हैं ? क्या इस तरह आप ख़ुद ही यह साबित नहीं कर चुके हैं कि अपनी आमदनी को दोगुना या तिगुना करना संभव है ? और आप पहले जो कर चुके हैं, उसे आप दोबारा - शायद बार-बार कर सकते हैं, - बशर्ते आप सीख लें कि इसे कैसे किया जा सकता है। आपको तो बस यक़ीन करना होगा कि यह संभव है।

नेपोलियन हिल ने कहा था, "इंसान का दिमाग़ जो सोच सकता है और यक़ीन कर सकता है, उसे वह हासिल भी कर सकता है।"

सफलता का आपका मास्टर प्रोग्राम

आत्म-अवधारणा (selt-concept) की खोज मानवीय क्षमता के क्षेत्र में बीसवीं सदी की शायद सबसे क्रांतिकारी खोज थी। आप ज़िंदगी में जो भी करते या हासिल करते हैं, आपका हर विचार, भावना या काम आपकी आत्म-अवधारणा से नियंत्रित और निर्धारित होता है। **आपकी आत्म-अवधारणा आपके कार्य-प्रदर्शन और प्रभाव के स्तर से पहले आती है और उसकी भविष्यवाणी करती है।** आपकी आत्म-अवधारणा आपके मानसिक कंप्यूटर का मास्टर प्रोग्राम है। यह बुनियादी ऑपरेटिंग सिस्टम है। आप बाहरी संसार में जो भी हासिल करते हैं, वह आपकी आत्म-अवधारणा का ही परिणाम है।

मनोवैज्ञानिकों ने यह पता लगा लिया है कि आपकी आत्म-अवधारणा उन सारे विश्वासों, नज़रियों, भावनाओं और रायों का महायोग होती है, जो आपकी अपने और संसार के बारे में होती हैं। इस वजह से आप हमेशा अपनी आत्म-अवधारणा के अनुरूप ही काम करते हैं, चाहे वह सकारात्मक हो या नकारात्मक।

कचरा अंदर, कचरा बाहर

आत्म-अवधारणा के बारे में एक और दिलचस्प खोज पर ग़ौर करें। भले ही आपकी

आत्म-अवधारणा आपके या संसार के बारे में *ग़लत विश्वासों* पर आधारित हो, लेकिन यही ग़लत विश्वास तथ्य बन जाते हैं। फिर आप उन्हीं के अनुरूप सोचेंगे, महसूस करेंगे और काम करेंगे।

इस तरह अपने बारे में आपके विश्वास काफ़ी हद तक व्यक्तिपरक (subjective) होते हैं। उनकी बुनियाद अक्सर तथ्यों पर टिकी ही नहीं होती। वे तो उस जानकारी का परिणाम होते हैं, जिसे आपने ज़िंदगी भर ग्रहण किया है और जिस तरीक़े से आपने उसे प्रोसेस किया है। आपका बचपन, आपके दोस्त और सहयोगी, आपका ध्यान और शिक्षण, आपके अनुभव - सकारात्मक और नकारात्मक दोनों ही - और हज़ारों अन्य चीज़ें आपके विश्वासों को आकार देती है।

ख़ुद को सीमित करने वाले विश्वास सबसे बुरे होते हैं। अगर आपको यक़ीन है कि आपकी कोई सीमा है, चाहे यह सच हो या न हो, तो यह आपके लिए सच बन जाता है। अगर आप इस पर यक़ीन कर लेते हैं, तो आप इस तरह काम करेंगे, जैसे आपमें उस क्षेत्र से संबंधित योग्यता या प्रतिभा कम हो। ख़ुद को सीमित करने वाले विश्वासों और अपनी लादी हुई सीमाओं से उबरना ही अक्सर आपके और आपकी पूरी संभावना को साकार करने के बीच खड़ी सबसे बड़ी बाधा होती है।

विशेषज्ञों को नज़रअंदाज़ कर दें

अल्बर्ट आइंस्टीन को सीखने में अक्षम क़रार देकर बचपन में ही स्कूल से घर भेज दिया गया था। उनके माता-पिता को बताया गया कि यह लड़का शिक्षित हो ही नहीं सकता। माता-पिता ने इस बात को मानने से इंकार कर दिया और अंततः ऐसी व्यवस्था की, कि आइंस्टीन को उत्कृष्ट शिक्षा मिली।

डॉ. अल्बर्ट श्वेट्ज़र को भी स्कूल में यही समस्या आई थी। दरअसल, स्कूल वालों ने उनके माता-पिता को प्रोत्साहित किया कि वे उसे किसी मोची का एप्रेंटिस बना दें, ताकि बड़े होने पर उसके पास कम से कम एक सुरक्षित काम तो रहे। आइंस्टीन और श्वेट्ज़र, दोनों ही ने बीस साल की उम्र से पहले ही डॉक्टरेट हासिल की और बीसवीं सदी के इतिहास पर अपने क़दमों के निशान छोड़े।

सीखने की अयोग्यताओं पर फ़ॉरच्यून पत्रिका में एक लेख छपा था। व्यवसायियों पर केंद्रित इस लेख का निष्कर्ष था कि फ़ॉरच्यून 500 कॉरपोरेशन्स के बहुत से प्रेसिडेंट्स और सीनियर एक्ज़ीक्यूटिव्ज़ को स्कूल में ख़ास प्रतिभाशाली या सक्षम नहीं माना जाता था। लेकिन मेहनत की बदौलत उन्होंने बाद में अपने उद्योग में भारी सफलता हासिल की।

थॉमस एडिसन को छठे ग्रेड में स्कूल से निकाल दिया गया था। टीचर्स ने उनके

माता-पिता से साफ़-साफ़ कह दिया था कि उन्हें कुछ सिखाने की कोशिश करना समय की बर्बादी है, क्योंकि वे कुछ भी नहीं सीख सकते और क़तई स्मार्ट नहीं हैं। एडिसन बाद में जाकर आधुनिक युग के सबसे महान आविष्कारक बने। इस तरह की कहानी हज़ारों बार दोहराई जा चुकी है।

ख़ुद को सीमित करने वाले विश्वास कई बार तो सिर्फ़ एक अनुभव या टिप्पणी पर ही आधारित होते हैं। दुखद बात यह है कि उनकी वजह से आप बरसों तक रुके रहते हैं। ज़्यादातर लोग जिस क्षेत्र में ख़ुद को अयोग्य मानते थे, बाद में उन्होंने उसी में महारत हासिल की। यह देखकर दूसरे तो हैरान हुए ही, उन्हें भी कोई कम हैरानी नहीं हुई। शायद आपके साथ भी ऐसा हो चुका होगा। आपको अचानक एहसास होता है कि उस क्षेत्र में अपने बारे में आपके सीमित करने वाले विचार दरअसल सच्चाई पर आधारित थे ही नहीं।

आप अपने अंदाज़े से बेहतर हैं

लेखक लुइसे हे के अनुसार जीवन में हमारी ज़्यादातर समस्याओं की जड़ इस भावना में है, "मैं पर्याप्त अच्छा नहीं हूँ।" डॉ. अल्फ्रेड एडलर ने कहा है कि पाश्चात्य व्यक्ति की नैसर्गिक विरासत "हीनता" की भावनाएँ हैं, जो बचपन में ही शुरू हो जाती हैं और अधिकांशतः आजीवन चलती रहती हैं।

अपने नकारात्मक विश्वासों, जिनमें से ज़्यादातर ग़लत होते हैं, की वजह से कई लोग *अकारण* ही अपनी बुद्धि, प्रतिभा, क्षमता, रचनात्मकता या योग्यता को सीमित मान लेते हैं। लगभग हर मामले में ये विश्वास झूठे होते हैं।

दरअसल आपमें इतनी ज़्यादा क्षमता है कि आप इसका पूरा इस्तेमाल इस ज़िंदगी में तो नहीं कर सकते। कोई भी आपसे बेहतर या स्मार्ट नहीं है। लोग तो बस अलग-अलग वक़्त पर अलग-अलग क्षेत्रों में ज़्यादा स्मार्ट या बेहतर होते हैं।

आप भी जीनियस बन सकते हैं

बहुल बुद्धियों (multiple intelligences) की अवधारणा के प्रवर्तक हार्वर्ड यूनिवर्सिटी के डॉ. हॉवर्ड गार्डनर के अनुसार आपमें कम से कम दस अलग-अलग बुद्धियाँ होती हैं, जिनमें से किसी एक में आप जीनियस हो सकते हैं।

दुर्भाग्य से, स्कूल-कॉलेजों में सिर्फ़ दो ही बुद्धियों को नापा जाता है और उन्हीं पर ध्यान दिया जाता है : शाब्दिक और गणितीय। लेकिन अन्य बुद्धियाँ भी होती हैं, जैसे *विज़ियो-स्पेशियल* बुद्धि (कला, डिज़ाइन), उद्यमी बुद्धि (बिज़नेस खड़ा करना), शारीरिक या काइनेस्थेटिक बुद्धि (खेलकूद), सांगीतिक बुद्धि (वाद्य यंत्र बजाना या

संगीत की रचना करना), *सामाजिक* बुद्धि (दूसरों के साथ मिलकर चलना), *इंट्रापर्सनल* बुद्धि (गहरे स्तर पर ख़ुद को समझना), *सहज* बुद्धि (intuitive intelligence/ सही चीज़ करने या कहने की योग्यता), कलात्मक बुद्धि (कलाकृतियाँ बनाना) या अमूर्त बुद्धि (भौतिकी, विज्ञान)। आप इनमें से किसी में भी जीनियस हो सकते हैं।

जैसा कि एक सिटी स्कूल के साइन बोर्ड पर लिखा था, "ईश्वर घटिया सामान नहीं बनाता।" हर इंसान में किसी न किसी क्षेत्र में उत्कृष्ट बनने की क्षमता होती है। इस वक़्त आपके भीतर कम से कम एक और शायद कई अलग-अलग बुद्धियों में जीनियस बनने या असाधारण स्तर पर काम करने की योग्यता है। आपका काम तो सिर्फ़ यह पता लगाना है कि वह बुद्धि कौन सी है।

अपने प्रति आपकी ज़िम्मेदारी यह है कि आप सीमित करने वाले इन सारे विश्वासों को छोड़ दें और यह मान लें कि आप असाधारण रूप से सक्षम और गुणी इंसान हैं। आपको महानता के लिए बनाया गया है और सफलता के लिए गढ़ा गया है। आपमें ऐसी क्षमताएँ और योग्यताएँ हैं, जिनका आज तक दोहन नहीं हुआ। इस वक़्त भी आपमें हर वह लक्ष्य हासिल करने की योग्यता है, जो आप अपने लिए तय कर सकते हैं, बशर्ते आप इसे पाने के लिए पर्याप्त समय तक पर्याप्त कड़ी मेहनत करना चाहते हों।

आपके विश्वास पैदाइशी नहीं होते, सीखे जाते हैं

अच्छी ख़बर यह है कि *सभी विश्वास सीखे जाते हैं।* इसलिए उन्हें छोड़ा भी जा सकता है, ख़ास तौर पर तब, जब उनसे आपको मदद न मिल रही हो। जब आप दुनिया में आते हैं, तो आपके पास कोई विश्वास नहीं होता। न अपने बारे में, न धर्म के बारे में, न अपनी राजनीतिक पार्टी के बारे में, न दूसरे लोगों के बारे में, न ही आम तौर पर दुनिया के बारे में। आज आप बहुत सी चीज़ें "जानते" हैं। लेकिन जैसा कि कॉमेडियन जॉश बिलिंग्स ने लिखा था, "इंसान जो जानता है, उससे उसे चोट नहीं पहुँचती। चोट तो वह जानने से पहुँचती है, जो उसके लिए सच नहीं है।"

आप अपने बारे में जिन चीज़ों को *सच मानते* हैं, उनमें से कई तो सच हैं ही नहीं। और ये लगभग हमेशा आपको सीमित कर देते हैं। अपनी प्रचुर संभावना का ताला खोलने का शुरुआती बिंदु अपने सीमित करने वाले विश्वासों को पहचानना और ख़ुद से पूछना है, "क्या हो, अगर ये ज़रा भी सच न हों?"

हो सकता है कि आपमें किसी ऐसे क्षेत्र से संबंधित असाधारण योग्यता हो, जिसके बारे में आप ख़ुद को ख़ास अच्छा नहीं मानते, जैसे विक्रय, उद्यमिता, लोक-संभाषण या धनार्जन?

ख़ुद के बारे में अलग सोचें

मैंने दुनिया भर के लाखों लोगों को ये सिद्धांत सिखाए हैं। मेरे फ़ाइल ड्रॉअर्स में ऐसे बहुत से लोगों के पत्र और ई-मेल्स भरे हैं, जिन्होंने सीमित करने वाले विश्वासों के बारे में कभी सुना ही नहीं था। लेकिन इसका पता चलने के बाद उन्होंने अपने बारे में अपना पूरा नज़रिया ही बदल लिया। वे ज़िंदगी के प्रमुख क्षेत्रों में ख़ुद को पहले से ज़्यादा समर्थ, सक्षम और योग्य मानने लगे।

उनकी ज़िंदगी फ़ौरन बदल गई और परिणाम भी। उनकी आमदनी दोगुनी, तिगुनी, चौगुनी हो गई। कई तो मिलियनेअर मल्टीमिलियनेअर भी बन गए। वे निचले स्तर से कंपनी के शीर्षस्थ स्तर तक पहुँच गए। वे अपनी सेल्स टीम के सबसे बुरे सेल्समैन से सबसे ज़्यादा आमदनी वाले सेल्समैन बन गए।

अपने और अपनी व्यक्तिगत क्षमताओं के बारे में विश्वास बदलने के बाद उन्होंने नई योग्यताएँ सीखीं और नई चुनौतियाँ लीं। उन्होंने ज़्यादा बड़े लक्ष्य बनाए और उन्हें हासिल करने में दिल से जुट गए। अपने विश्वासों पर सवाल करके और अपनी सीमाएँ न मानकर उन्होंने अपनी ज़िंदगी और कैरियर की बागडोर पूरी तरह अपने हाथ में ले ली और अपने सपने साकार किए। और जो अनगिनत लोग कर चुके हैं, वह आप भी कर सकते हैं।

मनचाहे विश्वास चुनें

कल्पना करें कि "विश्वास की दुकान" है, काफ़ी हद तक किसी कंप्यूटर सॉफ़्टवेयर स्टोर की तरह, जहाँ जाकर आप कोई भी विश्वास ख़रीद सकते हैं और अपने अवचेतन मन में उसकी प्रोग्रामिंग कर सकते हैं। अगर आप कोई भी विश्वास चुन सकते हों, तो कौन सा विश्वास आपकी सबसे ज़्यादा मदद करेगा?

मेरी सलाह तो है कि आप यह विश्वास चुनें : **"मुझे ज़िंदगी में महान सफलता मिलना तय है।"**

अगर आपको पूरा *विश्वास* है कि आपको महान सफलता मिलना तय है, तो आप ऐसे चलेंगे, बोलेंगे और काम करेंगे, जैसे ज़िंदगी में आपके साथ होने वाली हर घटना आपको सफल बनाने की विराट योजना का हिस्सा है। हर क्षेत्र के शीर्षस्थ लोगों का विश्वास यही होता है।

अच्छाई की तलाश करें

सफल लोग हर स्थिति में अच्छाई की तलाश करते हैं। वे जानते हैं कि यह हमेशा

मौजूद रहती है। चाहे उन्हें कितने ही झटके लगें, चाहे कितनी ही विपत्तियाँ सामने आएँ, वे हमेशा अपने साथ होने वाली हर घटना में कोई न कोई अच्छाई ख़ोजने की अपेक्षा करते हैं। उन्हें *विश्वास* होता है कि हर विपत्ति उस महान योजना का हिस्सा है, जो उन्हें अवश्यंभावी सफलता की ओर लगातार ले जा रही है।

अगर आपके विश्वास सकारात्मक हैं, तो आप हर विपत्ति या मुश्किल में मूल्यवान सबक़ खोज लेंगे। आपको यक़ीन होगा कि ऐसे कई सबक़ हैं, जो आपको सफलता हासिल करने और उसे क़ायम रखने की राह पर सीखने होंगे। इसलिए आप हर समस्या को सीखने का अनुभव मानते हैं। नेपोलियन हिल ने लिखा था, "हर मुश्किल या विपत्ति के भीतर उसके बराबर या उससे ज़्यादा बड़े लाभ का बीज होता है।"

ऐसे नज़रिए के साथ आप अपने साथ होने वाली हर चीज़ से फ़ायदा उठाते हैं, अपने प्रमुख निश्चित उद्देश्य हासिल करने की ओर तेज़ी से बढ़ते हैं।

काम करके भावना महसूस करें

मनोविज्ञान और तत्वमीमांसा (metaphysics) में उलटाव (reversibility) का नियम कहता है, "काम करने की भावना जगाने का नुस्ख़ा है, काम करके भावना को जगाना।"

इसका मतलब यह है कि शुरुआत में शायद आपको महान सफलता का एहसास नहीं होगा, जैसा आप चाहते हैं। आपके पास वह आत्मविश्वास नहीं होगा, जो सफल उपलब्धियों के पुराने रिकॉर्ड से मिलता है। आपको अक्सर अपनी योग्यताओं पर शंका होगी और असफलता का डर होगा। आपको लगेगा कि आप पर्याप्त अच्छे नहीं हैं, कम से कम उस वक़्त तो नहीं।

लेकिन अगर आप "जैसे" सिद्धांत पर काम करते हैं, जैसे आप पहले से ही वह व्यक्ति बन चुके हैं, जो आप बनना चाहते हैं, जिसमें सभी मनचाहे गुण और प्रतिभाएँ हैं, तो आपके काम ही अपने साथ पैदा होने वाली भावनाओं को जगा देंगे। दरअसल, उलटाव के नियम के अनुसार काम करके ही आप अपनी मनचाही भावना जगाते हैं।

अगर आप अपने बिज़नेस में शीर्षस्थ व्यक्ति बनना चाहते हैं, तो शीर्षस्थ व्यक्तियों जैसे कपड़े पहनें। ख़ुद को शीर्षस्थ लोगों जैसा बनाएँ। अपने काम की आदतें उनके जैसी बनाएँ। अपने क्षेत्र के सबसे सफल लोगों को अपना रोल मॉडल बनाएँ। संभव हो, तो उनसे सलाह लें कि तेज़ी से आगे बढ़ने के लिए क्या किया जाए। और वे आपको जो भी सलाह दें, उस पर फ़ौरन अमल करें। कर्म करें।

जब आप शीर्षस्थ लोगों की तरह चलना, बोलना, कपड़े पहनना और व्यवहार करना शुरू कर देते हैं, तो जल्द ही आप शीर्षस्थ लोगों जैसा महसूस भी करने लगते हैं। आप दूसरों के साथ वैसा ही व्यवहार करेंगे, जैसा शीर्षस्थ व्यक्ति करते हैं। उसी तरह से काम करेंगे, जिस तरह शीर्षस्थ व्यक्ति करते हैं। नतीजा यह होगा कि कुछ समय बाद ही आपको भी वही परिणाम मिलने लगेंगे, जो शीर्षस्थ व्यक्तियों को मिलते हैं। जल्दी ही आप ख़ुद शीर्षस्थ व्यक्ति बन जाएँगे। यह कहना घिसा-पिटा लग सकता है, "किसी चीज़ नाटक करो, जब तक कि उसकी आदत न पड़ जाए!" लेकिन इसमें बड़ी सच्चाई है।

सफल सेल्स मैनेजर का रहस्य

मेरा एक मित्र बड़ा ही सफल सेल्स मैनेजर है। वह सावधानी से इंटरव्यू लेकर एक नया सेल्समैन चुनता था, उसे कैडिलक डीलरशिप में ले जाता था और इस बात पर ज़ोर देता था कि वह अपनी पुरानी कार के बदले में एक नई कैडिलक ख़रीद ले। सेल्समैन आम तौर पर उसके इस विचार का विरोध करता था। वह कैडिलक की ऊँची क़ीमत और भारी-भरकम मासिक क़िस्त देखकर घबरा जाता था। लेकिन सेल्स मैनेजर इस बात पर पूरा ज़ोर देता था कि कैडिलक ख़रीदे बिना काम नहीं चल सकता।

आपको क्या लगता है, इसके बाद क्या होता होगा ? जब सेल्समैन घर जाता था और उसकी पत्नी उसकी ख़रीदी नई कैडिलक देखती थी, तो उसे हार्ट अटैक होते-होते बचता था। पत्नी को ख़ुश करने के लिए वह उसे नई कार में घुमाने ले जाता था। पड़ोसी उन्हें नई कैडिलक में घूमते देखते थे और वह रास्ते में उनकी तरफ़ हाथ हिलाता हुआ जाता था। वह अपनी नई कैडिलक अपने घर के सामने या ड्राइववे में खड़ी कर देता था। लोग आकर उसकी प्रशंसा करते थे। धीरे-धीरे, अनजाने में, अवचेतन स्तर पर उसका ख़ुद के प्रति और अपनी आमदनी की क्षमता के प्रति नज़रिया बदलने लगता था।

कुछ ही दिनों में वह ख़ुद को नई कैडिलक के मालिक के रूप में देखने लगता था। वह ख़ुद को अपने क्षेत्र में काफ़ी पैसा बनाने वाले के रूप में देखने लगता था। वह ख़ुद को अपने उद्योग के शीर्षस्थ लोगों में से एक मानने लगता था। और हर बार, लगभग बिना चूके, इस संगठन के सेल्सपीपुल सेल्स सुपरस्टार बनते थे। उनका सेल्स प्रदर्शन कुलाँचें भरता था और वे इतना ज़्यादा पैसा कमाते थे, जितना उन्होंने ज़िंदगी में नहीं कमाया था। जल्द ही उनकी नई कैडिलक की मासिक क़िस्तों की चिंता ख़त्म हो जाती, क्योंकि उनकी आमदनी बहुत बढ़ जाती थी।

मानसिक समतुल्य बनाएँ

आध्यात्मिक गुरु एम्मेट फ़ॉक्स ने एक बार कहा था, "ज़िंदगी में आपका प्रमुख काम अपने भीतर उस चीज़ का मानसिक समतुल्य बनाना है, जिसे आप बाहरी दुनिया में साकार करना चाहते हैं और आनंद लेना चाहते हैं।"

आपको अपने भीतर ऐसे विश्वास बनाने पर ध्यान केंद्रित करना चाहिए, जो उस बड़ी सफलता के अनुरूप हों, जो आप अपने बाहरी संसार में पाना चाहते हैं। आप यह काम कैसे करें ? ख़ुद को सीमित करने वाले विश्वासों को चुनौती देकर, उन्हें अस्वीकार करके और फिर इस तरह काम करके, जैसे उनका अस्तित्व ही न हो।

आप अपने क्षेत्र में अपना ज्ञान और योग्यताएँ बढ़ाकर नए विश्वासों के विकास को शक्ति देते हैं। तब आप उस बिंदु पर पहुँच जाते हैं, जहाँ आप किसी भी चुनौती या आवश्यकता से निबटने में ख़ुद को सक्षम मानने लगते हैं। आप हर क्षेत्र में ज़्यादा बड़े और रोमांचक लक्ष्य बनाकर नए, सकारात्मक विश्वासों के विकास की गति बढ़ा देते हैं। अंत में, आप लगातार इस तरह काम करते हैं, जैसे आप उसी वक़्त वैसे बन चुके हैं, जैसे आप बनना चाहते हैं।

आपका लक्ष्य अपने द्वारा की या कही गई हर चीज़ में *मानसिक* समतुल्य बनाकर, सफलता के लिए अपने अवचेतन मन की दोबारा प्रोग्रामिंग करना है।

अपनी नई आत्म-छवि के अनुरूप व्यवहार करें

आप नए विश्वासों के अनुरूप काम करके उन्हें विकसित करते हैं। आप इस तरह काम करते हैं, जैसे आपको पहले से ही यक़ीन हो कि आपमें वे क्षमताएँ और योग्यताएँ हैं। आप हर किसी के साथ सकारात्मक, आशावादी और सुखी व्यक्ति जैसा व्यवहार करते हैं। आप इस तरह काम करते हैं, जैसे आप असफल हो ही नहीं सकते। आप इस तरह काम करते हैं, **जैसे आपको सफलता की गारंटी मिल चुकी हो और सिर्फ़ आप ही उसके बारे में जानते हों।**

आपको एहसास हो जाता है कि आप अपने हर काम और बात से अपने चरित्र और व्यक्तित्व का लगातार विकास कर रहे हैं, उसे आकार दे रहे हैं और नियंत्रित कर रहे हैं।

चूँकि आप वही बन जाते हैं, जिसके बारे में आप सोचते हैं, इसलिए आपको वही कहना और करना चाहिए, जो आपके मनचाहे आदर्शों और दीर्घकालीन भावी परिकल्पना के सामंजस्य में हो। आपको उन गुणों और व्यवहारों के बारे में ही सोचना और बोलना चाहिए, जो आपको अपने आदर्श स्वरूप की ओर बढ़ाएँ और उन लक्ष्यों को हासिल करने की ओर ले जाएँ, जिन्हें आप पाना चाहते हैं।

निर्णय लें

आज ही ख़ुद को सीमित करने वाले विश्वासों को चुनौती देने और अस्वीकार करने का निर्णय लें, जिन्होंने आपको पीछे रोक रखा है। अपने भीतर झाँकें और ज़िंदगी के उन क्षेत्रों पर सवाल करें, जहाँ आपको अपनी योग्यताओं या गुणों के बारे में शंका हो। आप अपने मित्रों और परिवार के सदस्यों से पूछ सकते हैं कि क्या उन्हें आपमें कोई नकारात्मक विश्वास नज़र आता है।

अक्सर, दूसरे लोगों को आपके सीमित करने वाले विश्वासों का पता होता है, जबकि आपको नहीं होता। इन नकारात्मक विश्वासों को जानने के बाद ख़ुद से पूछें, क्या इसका विपरीत सच हो सकता है?

क्या हो, अगर आपमें उस क्षेत्र में असाधारण सफलता पाने की क्षमता हो, जहाँ आप वर्तमान में ख़ुद पर शंका करते हैं? क्या हो, अगर बचपन से ही किसी ख़ास क्षेत्र में आपकी प्रोग्रामिंग जीनियस जैसी की गई हो? उदाहरण के तौर पर, क्या हो अगर आपके भीतर इसी वक़्त वह सारा पैसा कमाने और इकट्ठा करने की योग्यता हो, जो आप अपनी ज़िंदगी में कमाना चाहते हैं? क्या हो, अगर पैसे के मामले में आपमें "पारस पत्थर का स्पर्श" (midas touch) हो?

अगर आप इन विचारों पर पूरा विश्वास कर लें और इन्हें सच मान लें, तो आप आज जो कर रहे हैं, उससे क्या-क्या अलग करेंगे?

अपने शब्दों और कामों में तालमेल रखें

आपके विश्वास हमेशा आपके शब्दों और कामों में प्रकट होते हैं। यह सुनिश्चित करें कि आप आगे जो भी कहें और करें, वह आपके वांछित विश्वासों के अनुरूप हो और उस मनचाहे व्यक्तित्व के भी, जिसे आप पाना चाहते हैं। वक़्त के साथ आप सीमित करने वाले विश्वासों की जगह, जीवन बढ़ाने वाले विश्वास रखने लगेंगे। समय के साथ आप सफलता की प्रोग्रामिंग कर लेंगे। जब यह होगा, तो आपके बाहरी जीवन का इतना ज़बर्दस्त कायाकल्प होगा कि आपके आस-पास के लोग और आप ख़ुद हैरान रह जाएँगे।

☆ अपने विश्वासों का विश्लेषण करें :

1. "इस तरह काम करें जैसे!" अगर आप अपने क्षेत्र के सबसे योग्य और सम्मानित व्यक्तियों में से एक होते, तो वर्तमान से किस तरह अलग सोचते, काम करते और महसूस करते ?
2. कल्पना करें कि पैसे के मामले में आपमें "पारस पत्थर जैसा स्पर्श" है। अगर आप बेहद योग्य मनी मैनेजर होते, तो अपनी आर्थिक स्थिति को कैसे सँभालते ?
3. ख़ुद को सीमित करने वाले विश्वासों को पहचानें, जिन्होंने आपको पीछे रोक रखा है। अगर वे ग़लत हों, तो आप कैसे काम करेंगे ?
4. एक विश्वास चुनें, जिसे आप दिल की गहराई में सबसे ज़्यादा पसंद करेंगे। ऐसा नाटक करें, जैसे आप इसे अपने बारे में इसी वक़्त सच मानते हों और इसमें विश्वास करते हों।
5. इस वक़्त अपने सामने की सबसे मुश्किल स्थिति पर ग़ौर करें। इसमें कौन से मूल्यवान सबक़ छिपे हो सकते हैं, जो भविष्य में बेहतर बनने में आपकी मदद कर सकते हैं ?

8

शुरुआत से शुरू करें

आप आज जहाँ हैं और भविष्य में जिन लक्ष्यों तक पहुँचने का इरादा रखते हैं, उनके बीच एक खाई है। और आपकी समस्या है उस पर पुल बनाना।

- अर्ल नाइटिंगेल

कल्पना करें कि आप किसी देश की लंबी यात्रा पर जाने वाले हैं। इसके लिए आपको सबसे पहले तो अपनी मंज़िल चुननी होगी। फिर आपको नक़्शा लाकर वहाँ पहुँचने का सबसे अच्छा तरीक़ा खोजना होगा। हर दिन सफ़र शुरू करने से पहले आप नक़्शे में अपनी स्थिति को देखेंगे कि आप कहाँ हैं और शाम तक कहाँ पहुँचना चाहते हैं। ज़िंदगी भी काफ़ी हद तक ऐसी ही होती है।

एक बार जब आप अपने जीवनमूल्यों, भविष्य-दृष्टि, मिशन, उद्देश्य और लक्ष्य तय कर लेते हैं, तो आपका अगला क़दम होता है अपने शुरुआती बिंदु का विश्लेषण करना। ज़िंदगी के हर महत्वपूर्ण क्षेत्र में आज आप ठीक-ठीक कहाँ हैं और कैसा कर रहे हैं, ख़ास तौर पर आपके लक्ष्यों के संदर्भ में ?

वास्तविकता सिद्धांत का अभ्यास करें

कई वर्षों तक जनरल इलेक्ट्रिक के सीईओ रहे जैक वेल्च ने कहा है कि लीडरशिप का सबसे महत्वपूर्ण गुण "वास्तविकता सिद्धांत" (reality principle) है। उन्होंने इसे इस तरह परिभाषित किया था, दुनिया को इसके असल स्वरूप में देखने की क्षमता, उस तरह से नहीं, जैसी आप इसे देखना चाहते हैं। वे किसी लक्ष्य या समस्या संबंधी मीटिंग इस सवाल से शुरू करते थे, "वास्तविकता क्या है ?"

पीटर ड्रकर इस गुण को "बौद्धिक ईमानदारी" कहते हैं। किसी समस्या को सुलझाने या कोई निर्णय लेने से पहले तथ्यों को ठीक उसी तरह देखना, जैसे वे हैं। अब्राहम मैस्लो ने लिखा है कि आत्म-वास्तविकीकरण करने वाले व्यक्ति का

पहला गुण होता है अपने बारे में पूरी तरह ईमानदार और निष्पक्ष होने की योग्यता। यह आप पर भी लागू होता है।

अगर आप अपने सर्वश्रेष्ठ स्वरूप और अपने लिए सचमुच संभव हर चीज़ हासिल करना चाहते हैं, तो आपको अपने और अपनी रवानगी के बिंदु के बारे में निष्ठुरता से ईमानदार होना होगा। आपको बैठकर विस्तार से अपना विश्लेषण करना होगा और यह फ़ैसला करना होगा कि हर क्षेत्र में आज आप ठीक-ठीक कहाँ हैं।

शुरुआत से शुरू करें

मिसाल के तौर पर, अगर आपने वज़न कम करने का फ़ैसला किया है, तो आपका पहला क़दम अपना वज़न तौलना होगा। उसके बाद आप लगातार उस वज़न को इस बात का पैमाना बना लेंगे कि आप अपने लक्ष्य की दिशा में तरक़्क़ी कर रहे हैं या नहीं।

अगर आपने व्यक्तिगत व्यायाम योजना शुरू करने का फ़ैसला किया है, तो आपका पहला क़दम यह तय करना है कि आज की तारीख़ में आप कितना व्यायाम कर रहे हैं। आप हर दिन या हर हफ़्ते कितने मिनट व्यायाम कर रहे हैं और कितने उत्साह से ? आप किस तरह के व्यायाम कर रहे हैं ? आपके जवाब जो भी हों, यह महत्वपूर्ण है कि आप इस मामले में ज़्यादा से ज़्यादा सटीक हों। फिर इस जवाब को शुरुआती बिंदु बनाकर इसके आधार पर भविष्य की व्यायाम योजना बनाएँ।

अपनी प्रति घंटे की आमदनी तय करें

अगर आप ज़्यादा पैसे कमाना चाहते हैं, तो आपका पहला क़दम क्या होगा ? यह ठीक-ठीक तय करें कि आप इस वक़्त कितना कमा रहे हैं। आपने पिछले साल या उसके पिछले साल कितना कमाया था ? आप इस साल कितना कमाएँगे ? आप हर महीने कितना कमा रहे हैं ? सबसे अच्छा पैमाना यह है कि आज की तारीख़ में आप हर घंटे कितना कमा रहे हैं ?

आप प्रति हर घंटे की आमदनी दर इस तरह निकाल सकते हैं। अपनी सालाना आमदनी को 2,000 से विभाजित कर लें, क्योंकि आप हर साल लगभग 2,000 घंटे ही काम करते हैं। इससे भी बेहतर यह होगा कि आप अपनी मासिक आमदनी में 172 का भाग दे दें, क्योंकि हर महीने आप औसतन इतने घंटे ही काम करते हैं।

मेरे सेमिनारों के कई सदस्य अपने घंटे की साप्ताहिक दर निकालते हैं और इसकी तुलना पिछले हफ़्तों से करके देखते हैं। फिर वे अपनी वर्तमान आमदनी

बढ़ाने के लिए अपने हर घंटे का मूल्य बढ़ाने का संकल्प करते हैं। आपको भी यही करना चाहिए।

चुस्त समय प्रबंधन या आर्थिक क़दमों से प्रदर्शन बेहतर होता है

आमदनी या किसी अन्य क्षेत्र संबंधी आपकी गणनाएँ जितनी ज़्यादा चुस्त (tight) और सटीक होती हैं, आप उस क्षेत्र में उतने ही बेहतर तरीक़े से और तेज़ी से सुधार कर सकते हैं। मिसाल के तौर पर, ज़्यादातर लोग मासिक और सालाना तनख़्वाह के संदर्भ में ही सोचते हैं। इसका विश्लेषण करना और इसे बढ़ाना मुश्किल होता है। इसके विपरीत, सफल लोग प्रति घंटे की आमदनी दर के बारे में सोचते हैं, जिससे हर मिनट के प्रदर्शन में सुधार संभव हो जाता है।

चूँकि आप अपने व्यक्तिगत सेवा कॉरपोरेशन के प्रेसिडेंट हैं, इसलिए आपको यह मान लेना चाहिए कि आप ही ख़ुद को तनख़्वाह दे रहे हैं। कल्पना करें कि आप ख़ुद को घंटे के हिसाब से पैसे दे रहे हैं। ख़ुद से उसी बेहतरीन प्रदर्शन की उम्मीद करें, जो आप अपने किसी कर्मचारी से करते। हर उस चीज़ को करने से इंकार कर दें, जिसमें आपको वांछित दर से भुगतान न मिल रहा हो।

आपकी वर्तमान नेट वर्थ

अगर आप दीर्घकालीन आर्थिक लक्ष्य तय करते हैं, तो आपका पहला क़दम सटीकता से यह तय करना है कि आर्थिक संदर्भ में आज आपकी नेट वर्थ कितनी है। अगर आपका लक्ष्य एक साल में मिलियनेअर बनना है, तो आपको सटीक गणना करनी चाहिए कि आपके पास आज की तारीख़ में कितनी दौलत है।

ज़्यादातर लोग इस गणना में ग़लती या बेईमानी कर देते हैं। आपकी सच्ची नेट वर्थ वह धनराशि होती है, जो संपत्ति में से कर्ज़ घटाने पर बचती है। इसका मतलब है कि अगर आप अपने स्वामित्व की हर चीज़ बाज़ार भाव पर बेच दें और फिर अपने सारे कर्ज़ चुका दें, तो आपके पास कितनी दौलत रहेगी।

कई लोग अपनी व्यक्तिगत संपत्तियों का मूल्य कुछ ज़्यादा ही आँक लेते हैं। वे सोचते हैं कि उनके कपड़ों, कारों, फ़र्नीचर और इलेक्ट्रॉनिक उपकरणों का मूल्य लगभग उतना ही है, जितने में उन्होंने इन्हें ख़रीदा था। बहरहाल, इन चीज़ों का वास्तविक मूल्य उनके पुराने भाव का महज़ 10-20 प्रतिशत ही होता है।

दीर्घकालीन वित्तीय योजनाएँ बनाएँ

सटीक वित्तीय नियोजन के लिए आज ही अपनी नेट वर्थ निकालें और फिर अपने

दीर्घकालीन वित्तीय लक्ष्य से यह राशि घटा लें। बची धनराशि को उतने वर्षों का भाग दे दें, जितने वर्षों में आप उस वित्तीय लक्ष्य को हासिल करना चाहते हैं। इस तरह आप ठीक-ठीक जान जाएँगे कि आर्थिक स्वतंत्रता पाने के लिए आपको हर साल कितना बचाना है, निवेश करना है और संग्रह करना है।

आज आप जहाँ हैं, वहाँ से मनचाही मंज़िल तक पहुँचने के लिए क्या आपने पर्याप्त समय आवंटित किया है ? क्या आपका लक्ष्य यथार्थवादी है ? अगर नहीं है, तो पूरी ईमानदारी का परिचय दें और अपनी गणनाओं व कल्पनाओं, दोनों को रिवाइज़ कर दें।

शून्य-आधारित सोच का अभ्यास करें

अपने दीर्घकालीन भविष्य की योजना बनाते वक़्त आप एक बहुत मूल्यवान अभ्यास कर सकते हैं, जिसे "शून्य आधारित सोच" (zero-based thinking) कहा जाता है। शून्य-आधारित सोच में आप यह सवाल पूछते हैं : आज मैं जो कर रहा हूँ, अपने वर्तमान ज्ञान के आधार पर क्या कोई ऐसी चीज़ है, जिसे मैं दोबारा शुरू नहीं करूँगा ?

आप चाहे जो हों और चाहे जो कर रहे हों, आपकी ज़िंदगी में ऐसी गतिविधियाँ और संबंध ज़रूरी होंगे, जिन्हें आप वर्तमान ज्ञान के आधार पर दोबारा शुरू नहीं करना चाहेंगे।

अगर आप अतीत में लिए गए निर्णयों से ख़ुद को रोके रखेंगे, तो ज़िंदगी में तरक़्क़ी नामुमकिन नहीं, तो मुश्किल ज़रूर हो जाएगी। अगर आपकी ज़िंदगी में कोई ऐसी चीज़ है, जिसे आप आज दोबारा नहीं करेंगे, तो आपका अगला सवाल यह होना चाहिए : आप उसे कैसे और कितनी जल्दी छोड़ सकते हैं ?

अपने जीवन के हर क्षेत्र का मूल्यांकन करें

व्यावसायिक और व्यक्तिगत दोनों क्षेत्रों में लोगों के प्रति शून्य-आधारित सोच लागू करें। क्या कोई ऐसा *संबंध* है, जिसे आप अपने वर्तमान ज्ञान के आधार पर दोबारा नहीं बनाएँगे ? क्या कोई ऐसा व्यक्ति है, जिसके साथ या जिसके लिए आप आज काम कर रहे हैं, लेकिन दोबारा उसके साथ जुड़ना नहीं चाहेंगे ? इन सवालों का जवाब देते वक़्त पूरी तरह ईमानदार रहें।

अपने कार्य जीवन और कैरियर के हर पहलू की जाँच करें। क्या आप ऐसी नौकरी कर रहे हैं, जिसे आप वर्तमान ज्ञान के आधार पर दोबारा नहीं करना चाहेंगे ? क्या आपके बिज़नेस या काम का कोई ऐसा पहलू है, जिसे आप दोबारा नहीं करना

चाहेंगे? क्या आपके बिज़नेस में कोई ऐसी गतिविधि, प्रक्रिया, प्रॉडक्ट, सेवा या ख़र्च है, जिसे अपने वर्तमान ज्ञान के आधार पर आप दोबारा नहीं करेंगे, बशर्ते आपको यह मौक़ा मिले?

लोगों और कामों के बाद अपने निवेशों पर ग़ौर करें। क्या समय, धन या भावना का कोई ऐसा निवेश है, जिसे आप अपने वर्तमान ज्ञान के आधार पर आज नहीं करेंगे? अगर जवाब हाँ है, तो आप इससे बाहर कैसे निकल सकते हैं और कितनी जल्दी?

आवश्यक परिवर्तन करने के लिए तैयार रहें

मेरा एक अच्छा दोस्त है, जो हाई स्कूल और यूनिवर्सिटी में गोल्फ़ खिलाड़ी था। कुँवारेपन में वह हफ़्ते में कई बार गोल्फ़ खेलता था। उसकी पूरी ज़िंदगी गोल्फ़ पर केंद्रित थी। यहाँ तक कि वह जाड़े में दक्षिणी इलाक़ों में पहुँच जाता था, जहाँ गोल्फ़ कोर्सों पर बर्फ़ नहीं जमती थी।

बाद में उसने एक बिज़नेस शुरू किया, शादी की और उसके बच्चे हुए। लेकिन वह अब भी हफ़्ते में कई बार गोल्फ़ खेलने के शिकंजे में "फँसा" था। अंततः गोल्फ़ में बहुत ज़्यादा समय लगाने से उसका बिज़नेस, विवाहित जीवन और बच्चों के साथ उसके संबंध प्रभावित होने लगे।

जब तनाव बहुत बढ़ गया, तो उसने अपनी गतिविधियों के बारे में शून्य-आधारित सोच का इस्तेमाल किया। तब जाकर उसे एहसास हुआ कि वर्तमान ज्ञान के आधार पर उसे गोल्फ़ को बहुत कम करना होगा, अगर वह ज़िंदगी के अन्य लक्ष्य हासिल करना चाहता था, जो अब ज़्यादा महत्वपूर्ण थे। गोल्फ़ के समय में कटौती करके उसने सिर्फ़ कुछ हफ़्तों में ही ज़िंदगी का संतुलन वापस पा लिया। यह सिद्धांत आप पर किस तरह लागू हो सकता है? किन समयसाध्य गतिविधियों को आप कम कर सकते हैं या ख़त्म कर सकते हैं?

परिस्थितियाँ लगातार बदलती रहती हैं

आप जो भी निर्णय लेते हैं, उनमें से 70 प्रतिशत समय के साथ ग़लत साबित होंगे। शायद पुरानी परिस्थितियों में आपका निर्णय या संकल्प सही रहा हो। लेकिन हो सकता है कि अब स्थिति बदल गई हो और दोबारा इसे "शून्य से शुरू" करने का समय आ गया हो।

आप आम तौर पर जान सकते हैं कि आपको शून्य आधारित सोच कब लागू करनी चाहिए। प्रायः यह बहुत तनावपूर्ण स्थिति होती है। जब भी कोई ऐसी चीज़

होती है, जिसे आप अपने वर्तमान ज्ञान के आधार पर दोबारा शुरू नहीं करना चाहेंगे, तो आपको लगातार तनाव, चिढ़ और क्रोध का अनुभव होता रहता है।

कई बार लोग किसी व्यावसायिक या निजी संबंध को सफल बनाने की कोशिश में बहुत वक़्त लगा देते हैं। लेकिन अगर आप शून्य-आधारित सोच का इस्तेमाल करें, तो ज़्यादातर मामलों में सही समाधान अक्सर यही होता है कि संबंध को पूरी तरह ख़त्म कर दिया जाए। इकलौता असल सवाल यह है कि क्या आपमें अपनी पुरानी ग़लती मानने और स्थिति को सुधारने के लिए ज़रूरी क़दम उठाने का साहस है।

आपको किस चीज़ ने रोक रखा है?

अगर आप कोई ख़ास धनराशि कमाना चाहते हैं, तो ख़ुद से पूछें, मैं इस वक़्त वह धनराशि क्यों नहीं कमा रहा हूँ? आपको किस चीज़ ने रोक रखा है? वह प्रमुख कारण क्या है, जिसकी वजह से आप इस वक़्त उतना नहीं कमा रहे हैं, जितना कमाना चाहते हैं? एक बार फिर, ख़ुद के साथ पूरी तरह ईमानदार रहें।

अपने चारों तरफ़ नज़र डालकर ऐसे लोगों को पहचानें, जो उतना पैसा कमा रहे हैं, जितना आप कमाना चाहते हैं। क्या वे आपसे अलग ढंग से काम कर रहे हैं? उन्होंने ऐसी कौन सी ख़ास योग्यताएँ और कुशलताएँ विकसित कर ली हैं, जिन्हें आप अब तक विकसित नहीं कर पाए हैं? आपको कौन सी योग्यताएँ और कुशलताएँ हासिल करने की ज़रूरत है, ताकि आप भी उनके जितना पैसा कमा सकें? अगर आपको पक्का पता नहीं है, तो उनसे पूछ लें। पता लगाएँ। यह इतना ज़्यादा महत्वपूर्ण है कि इसे अनुमान या संयोग पर नहीं छोड़ा जाना चाहिए।

अपनी योग्यताओं और कुशलताओं का स्तर तय करें

अपनी योग्यताओं की सूची बनाएँ। सबसे पहले तो अपने काम के प्रमुख परिणाम क्षेत्रों (key result areas) को पहचानें। ये वे काम हैं, जिन्हें आपको अपनी नौकरी में उत्कृष्ट तरीक़े से पूरा करना ही है - पूरी तरह, हमेशा। वे कौन से काम हैं?

हर नौकरी में शायद ही कभी पाँच-सात से ज़्यादा प्रमुख परिणाम क्षेत्र होते हों। ये काम बेहद महत्वपूर्ण होते हैं। आपको इनमें से हर एक में उत्कृष्ट होना ही चाहिए, ताकि आप वह नौकरी अच्छी तरह कर पाएँ, जिसके लिए आपको तनख़्वाह मिलती है। आपको इनमें से हर एक में माहिर होना चाहिए, अगर आप उतना पैसा कमाना चाहते हैं, जितना कमाने में आप सक्षम हैं।

यहाँ एक महत्वपूर्ण खोज यह है : आपकी सबसे कमज़ोर प्रमुख योग्यता ही उस ऊँचाई को तय करती है, जिस पर आप अपनी बाक़ी सभी योग्यताओं का

इस्तेमाल कर सकते हैं और यही आपकी आमदनी तय करती है। हो सकता है कि आप उस कमज़ोर प्रमुख योग्यता के सिवा बाक़ी सभी में बेहद उत्कृष्ट हों, लेकिन वह योग्यता आपको हमेशा पीछे रोके रखेगी।

नौकरी या काम के किस क्षेत्र, किस योग्यता में आप सर्वश्रेष्ठ हैं ? कौन सी ख़ास योग्यता या योग्यताएँ कैरियर में आपकी वर्तमान सफलता के लिए ज़िम्मेदार हैं ? वह कौन सी चीज़ है, जिसे आप दूसरों से बेहतर करते हैं ?

अपने सबसे कमज़ोर क्षेत्रों को पहचानें

एक बार जब आप इन सवालों का जवाब दे दें, तो आईने में ख़ुद को देखकर पूछें, "मेरे सबसे कमज़ोर योग्यता क्षेत्र कौन से हैं ?" वह कौन सा काम है, जिसे आप सबसे ख़राब तरीक़े से करते हैं और जिससे अन्य योग्यताओं का इस्तेमाल करने में बाधा आती है। किस काम में दूसरे लोग आपसे बेहतर हैं ? ख़ास तौर पर, आपमें किन प्रमुख योग्यताओं की कमी है, जो आपकी सफलता के लिए अनिवार्य हैं ? चाहे वे जो भी हों, आपको सटीकता और ईमानदारी से उन्हें पहचानने और फिर हर क्षेत्र में बेहतरीन की योजना बनाने की ज़रूरत है। (हम बाद वाले एक अध्याय में इस बारे में गहराई से बातचीत करेंगे।)

दोबारा शुरू करने की कल्पना करें

किसी महान लक्ष्य को पाने की यात्रा शुरू करते वक़्त आपको कल्पना करनी चाहिए कि आप कभी भी अपना कैरियर दोबारा शुरू कर सकते हैं। कभी भी अतीत के किसी ख़ास निर्णय द्वारा ख़ुद को ताले में बंद या जाल में फँसे न रहने दें। भविष्य पर केंद्रित रहें।

आज कई लोग अपनी शिक्षा, बिज़नेस, उद्योग और वर्षों के अनुभव वाले क्षेत्र को छोड़कर बिलकुल ही नई और अलग चीज़ शुरू करते हैं। वे ईमानदारी से यह पहचान लेते हैं कि वे जिस दिशा में जा रहे हैं, वहाँ उनका भविष्य सीमित है। इसलिए वे किसी ऐसी चीज़ करने का संकल्प करते हैं, जहाँ भावी संभावनाएँ ज़्यादा बड़ी होती हैं। आपको भी ऐसा ही करना चाहिए।

अपना और अपनी ज़िंदगी का बुनियादी मूल्यांकन करते वक़्त आपको तथ्यों का सामना करना चाहिए, चाहे वे जैसे भी हों। जैसा कि आईटीटी के हैरॉल्ड जेनीन ने एक बार कहा था, "तथ्य झूठ नहीं बोलते।" स्पष्ट, नज़र आने वाले, मनचाहें या लुभाने वाले तथ्यों के बजाय असल तथ्यों का पता लगाने की कोशिश करें। अच्छा निर्णय लेने के लिए आपको सच्चे तथ्यों की ज़रूरत होती है।

ख़ुद को दोबारा गढ़ने के लिए तैयार रहें

अपनी वर्तमान कंपनी, उद्योग और नौकरी को ग़ौर से देखें। अपने प्रतिस्पर्धियों की तुलना में बाज़ार में अपनी स्थिति पर स्पष्ट नज़र डालें। ख़ुद को दोबारा गढ़ने के लिए पीछे हटकर यह सोचें कि वर्तमान ज्ञान के आधार पर आज आप अपना कैरियर दोबारा कहाँ शुरू करेंगे?

कल्पना करें कि आपकी नौकरी और उद्योग रातोरात ग़ायब हो चुके हैं। कल्पना करें कि आपको कैरियर के संबंध में बिलकुल नया चुनाव करना है। अगर अपनी योग्यताओं और कुशलताओं के अनूठे समन्वय के साथ आप आज से ही दोबारा शुरुआत करें, तो अपने वर्तमान काम से अलग क्या करने का चुनाव करेंगे?

आपकी सबसे मूल्यवान संपत्ति

आमदनी की योग्यता आपकी सबसे मूल्यवान आर्थिक संपत्ति है। आमदनी की योग्यता का मतलब है अपनी योग्यताओं और कुशलताओं को बाज़ार में बेचने की योग्यता। सच तो यह है कि आपका घर, कार, बैंक अकाउंट और फ़र्नीचर सब कुछ जा सकता है और हो सकता है कि आपके पास शरीर के कपड़ों के सिवा कुछ भी न बचे। लेकिन जब तक आपकी आमदनी की योग्यता बरकरार है, आप सड़क पार कर सकते हैं और लगभग तत्काल ही दोबारा अच्छी ज़िंदगी का निर्माण शुरू कर सकते हैं।

आपकी आमदनी की योग्यता आपके लिए बहुत क़ीमती है। यह या तो *बढ़ती* हुई या फिर *घटती* हुई संपत्ति हो सकती है। अगर आप इसमें लगातार निवेश करते रहें और इसे निखारते रहें, तो आपकी आमदनी की योग्यता बढ़ सकती है। दूसरी ओर, अगर आप इसे गौण मान लें या अतीत के कामों के आधार पर घमंड करने लगें, तो यह घट सकती है।

संसाधनों का भंडार

ख़ुद को "संसाधनों" का भंडार मानें, जो बहुत सी चीज़ें करने में सक्षम है। आपके पास बहुत सी योग्यताएँ, कुशलताएँ, ज्ञान, गुण, शिक्षा और अनुभव है। ऐसे बहुत सारे काम और नौकरियाँ हैं, जिन्हें आप बहुत अच्छी तरह कर सकते हैं या सीख सकते हैं। कभी भी ख़ुद को किसी ख़ास कार्ययोजना के ताले में बंद न रखें, ख़ास तौर पर अगर आप अपने कैरियर की वर्तमान दशा और दिशा से ख़ुश नहीं हैं।

मानसिक रूप से दोबारा शुरुआत करने की कल्पना करें, जैसे आप अपना कैरियर नए सिरे से शुरू कर रहे हों। इस दौरान अपने भीतर गहराई तक देखें।

कौन सी अच्छी आदतें आपकी मदद कर रही हैं और लक्ष्यों की ओर बढ़ा रही हैं? कौन सी बुरी आदतें आपको पीछे रोके हुए हैं? आपके चरित्र और व्यक्तित्व के सबसे अच्छे गुण कौन से हैं? आपके सबसे कमज़ोर गुण कौन से हैं? आपको किन नई आदतों और गुणों को विकसित करने की ज़रूरत है, ताकि आप अपनी अधिकतम क्षमता को उजागर कर सकें और इस बारे में आपकी योजना क्या है? आपको कौन सी बुरी आदतें छोड़ने और उनकी जगह पर अच्छी आदतें रखने की ज़रूरत है?

अच्छे से महान तक जाएँ

जिम कॉलिन्स ने अपनी बेस्टसेलिंग बिज़नेस पुस्तक *गुड टु ग्रेट* में कहा है कि अगर आप उन बाधाओं को पहचानना और दूर करना चाहते हैं, जो आपको आगे बढ़ने से रोक रही हैं तो आपके मन में अपने और अपने बिज़नेस के बारे में "निर्मम सवाल" पूछने की इच्छा होनी चाहिए। पूरे उत्साह से अपने लक्ष्यों का पीछा करने के लिए आपको कौन से निर्मम सवाल पूछने चाहिए?

जब भी मैं किसी कंपनी के लिए रणनीतिक योजना बनाता हूँ, तो हम चार सवालों से अपना सत्र शुरू करते हैं। सबसे पहले तो हम यह पूछते हैं, हम इस वक़्त कहाँ हैं? हम कंपनी के पूरे आँकड़े और जानकारी इकट्ठी करते हैं, ताकि हमारे शुरुआती बिंदु की एकदम साफ़ तस्वीर हमारे सामने आ जाए, ख़ास तौर पर सेल्स, मार्केट पोज़ीशन और मुनाफ़े के संबंध में।

दूसरा सवाल हम यह पूछते हैं, हमें भविष्य में आदर्श रूप से कहाँ होना चाहेंगे? हम भावी दिशाबद्धता का आदर्शीकरण और अभ्यास करते हैं। हम कल्पना करते हैं कि आने वाले वर्षों में हम कंपनी को जैसा चाहे वैसा बना सकते हैं। हम एक आदर्श सपना तैयार करते हैं कि हर दृष्टि से सफल होने पर कंपनी कैसी दिखेगी।

तीसरा सवाल हम यह पूछते हैं कि आज हम जहाँ हैं, वहाँ कैसे पहुँचे? हमने कौन से सही काम किए? हम कौन से काम अलग करेंगे? अब तक हमारी सबसे बड़ी सफलताएँ क्या हैं और वे क्यों मिलीं? हम किन चीज़ों में असफल हुए और किस वजह से? जैसा जॉर्ज संतायन ने लिखा था, "जो लोग अतीत को याद नहीं रख पाते, वे उसे दोहराने के लिए अभिशप्त होते हैं।"

चौथा सवाल जो हम पूछते हैं, वह हमेशा यही होता है : हम अपनी वर्तमान स्थिति से अपनी मनचाही मंज़िल तक पहुँचने के लिए इस वक़्त क्या कर सकते हैं? अपने अनुभव के आधार पर हमें कौन से काम ज़्यादा करने चाहिए और कौन से कम? हमें कौन से काम शुरू करने चाहिए, जिन्हें हम आज नहीं कर रहे हैं? हमें कौन से काम पूरी तरह छोड़ देने चाहिए?

अपनी ख़ुद की रणनीतिक योजना बनाएँ

अच्छी ख़बर यह है कि अगर हम पहले तीन सवालों के सटीक जवाब दे देते हैं, तो रणनीतिक योजना या ब्लूप्रिंट ज़्यादा आसानी से बन जाता है। अगर योजना बनाने से पहले हम यह स्पष्ट नहीं करते कि हम कहाँ हैं या हम वहाँ कैसे पहुँचे तो बड़ी मुश्किल हो जाती है।

एक पुरानी कहावत है, “अच्छी शुरुआत का मतलब है आधा काम होना।” डॉक्टर कहते हैं, “सटीक निदान यानी आधा उपचार।” अपने लक्ष्य की ओर यात्रा शुरू करने से पहले अपनी स्थिति के हर पहलू का ईमानदारी से मूल्यांकन करने से आपका महीनों, यहाँ तक कि बरसों का समय बचेगा। कई मामलों में तो यह आपको मजबूर कर देगा कि आप श्रेष्ठ विश्लेषण और ज्ञान की रोशनी में अपने लक्ष्यों का दोबारा मूल्यांकन करें। इससे आपके लक्ष्य तेज़ी से हासिल होने लगेंगे, बशर्ते आप काम शुरू कर दें।

☆ शुरुआत से शुरू करें

1. अपने प्रमुख लक्ष्यों के संबंध में अपनी वर्तमान स्थिति की वास्तविकता की जाँच करें। आप इस वक़्त कहाँ हैं और कहाँ पहुँचना चाहते हैं ?
2. अपनी ज़िंदगी के हर क्षेत्र में शून्य आधारित सोच के सिद्धांत को लागू करें। आप आज ऐसा क्या कर रहे हैं, जिसे आप वर्तमान ज्ञान के आधार पर दोबारा नहीं करना चाहेंगे ?
3. अपने जीवन का पूर्ण आर्थिक विश्लेषण करें। आप आज कितना कमा रहे हैं और आपकी नेट वर्थ कितनी है ? इन क्षेत्रों में आपके लक्ष्य क्या हैं ?
4. अपना और अपनी काम संबंधी योग्यताओं का पूरा विश्लेषण करें। आप कहाँ अच्छे हैं ? कहाँ सुधार की ज़रूरत है ?
5. ठीक-ठीक तय करें कि आप हर घंटे कितना कमाते हैं और उसे कमाने के लिए क्या करते हैं। आगे आने वाले महीनों में हर घंटे की आमदनी दर बढ़ाने के लिए आपको क्या करना होगा ?
6. कल्पना करें कि आपका भविष्य हर मायने में आदर्श हो चुका है। उस सपने को साकार करने के लिए आपको क्या होने, बनने या करने की ज़रूरत है ?

☆ 9

अपनी प्रगति मापें

कोई भी राह उस इंसान के लिए ज़्यादा लंबी नहीं है, जो सोच-समझकर और बिना जल्दबाज़ी किए आगे बढ़ता है; कोई भी सम्मान उस व्यक्ति के लिए दूर नहीं हैं, जो उसके लिए ख़ुद को धैर्य के साथ तैयार करता है।

-जीन डे ला ब्रूयर

आपमें अविश्वसनीय मानसिक शक्तियाँ हैं, जिनका पूरा इस्तेमाल करने में आप आदतन असफल होते हैं। अपने जीवन के सुनियोजित लक्ष्य तय करके और उन्हें हासिल करने की विस्तृत योजना बनाकर आप जल्दी सफल हो सकते हैं और बरसों की कड़ी मेहनत से बच सकते हैं। लक्ष्य तय करने से आप ज़्यादातर लोगों के मुक़ाबले अपनी विचार शक्तियों का बहुत ज़्यादा इस्तेमाल करने में समर्थ बनते हैं।

आपका चेतन मन आपके जीवन का "हेड ऑफ़िस" है। इसकी भूमिका आपके परिवेश की जानकारी से निबटना है, इसे पहचानना, इसका विश्लेषण करना, दूसरी जानकारी से इसकी तुलना करना और फिर यह फ़ैसला करना है कि कौन सा काम करना है।

लेकिन आपके अवचेतन मन में महान शक्तियाँ छिपी हुई हैं। यह आपको पहले से बहुत ज़्यादा हासिल करने में समर्थ बना सकता है। आपकी 90 प्रतिशत से भी ज़्यादा शक्तियाँ "सतह के नीचे" छिपी होती हैं। यह अनिवार्य है कि आप अपने लक्ष्यों की ओर बढ़ने की प्रेरणा के लिए इन शक्तियों का दोहन करना सीख लें।

लक्ष्यों की प्रोग्रामिंग करें

आपका अवचेतन मन स्पष्ट लक्ष्यों, विशिष्ट कामों, सोचे-विचारे क़दमों और तय समयसीमा के साथ सबसे अच्छी तरह काम करता है। आप अपने अवचेतन कंप्यूटर

में इन चीज़ों की जितनी ज़्यादा प्रोग्रामिंग करते हैं, यह उतनी ही अच्छी तरह काम करेगा और आप कम समय में ज़्यादा चीज़ें हासिल कर पाएँगे।

अपने लक्ष्य बनाते समय और उनकी ओर बढ़ते समय यह अनिवार्य है कि आप ऐसे पैमाने बना लें, जिनके माध्यम से आप हर दिन, हर घंटे अपनी प्रगति का मूल्यांकन कर सकें। ये पैमाने जितने ज़्यादा स्पष्ट और विशिष्ट होंगे, समयसीमा में लक्ष्य हासिल करने की उतनी ही ज़्यादा संभावना होगी।

आपके अवचेतन मन को एक "विवशता तंत्र" की ज़रूरत होती है, जिसमें काम पूरा करने और लक्ष्य हासिल करने की एक समयसीम हों। विवशता के तंत्र के बिना आपके लिए टालमटोल करना और देर करना आसान बन जाता है और आप महत्वपूर्ण कामों को टालते रहते हैं तथा उन्हें शायद ही कभी कर पाते हैं।

सर्वश्रेष्ठ प्रदर्शन की तीन कुंजियाँ

लक्ष्यों हासिल करने के लिए सर्वश्रेष्ठ या शिखर प्रदर्शन की तीन कुंजियाँ हैं : *संकल्प*, *पूर्णता* और *समाप्ति*।

जब आप किसी ख़ास लक्ष्य को हासिल करने का दृढ़ संकल्प कर लेते हैं और सारे बहानों को एक तरफ़ रख देते हैं, तो यह काफ़ी हद तक अवचेतन मन के एक्सीलरेटर को दबाने जैसा होता है। आप ज़्यादा रचनात्मक, संकल्पवान और एकाग्र बन जाएँगे। वे ही स्त्री-पुरुष महान बने हैं, जिन्होंने स्पष्ट, अटूट संकल्प लिए और फिर विषम परिस्थितियों के बावजूद उनसे एक इंच भी नहीं हटे।

पूर्णता, सर्वश्रेष्ठ या शिखर प्रदर्शन का दूसरा तत्व है। किसी काम को 95 प्रतिशत करने और 100 प्रतिशत करने में बहुत फ़र्क़ होता है। दरअसल, आम तौर पर यही देखा जाता है कि लोग 90 या 95 प्रतिशत स्तर तक बहुत कड़ी मेहनत करते हैं और फिर ढीले पड़ जाते हैं और काम को पूरा करने में देर कर देते हैं। आपको इस प्रलोभन से जूझना होगा। आपको ख़ुद को लगातार विवश करना होगा, अनुशासित करना होगा, इस स्वाभाविक प्रवृत्ति का प्रतिरोध करना होगा और काम को पूर्णता तक ले जाना होगा।

प्रकृति की चमत्कारी दवा

जब भी आप कोई काम पूरा करते हैं, आपका मस्तिष्क एंडॉर्फ़िन्स की थोड़ी सी मात्रा रक्त में पहुँचा देता है। यह प्राकृतिक मॉर्फ़ीन स्फूर्ति, शांति और ख़ुशी का एहसास पैदा करता है। आपकी रचनात्मकता को प्रेरित करता है और आपके व्यक्तित्व को निखारता है। यह प्रकृति की "चमत्कारी दवा" (wonder drug) है।

आप जितना ज़्यादा महत्वपूर्ण काम पूरा करते हैं, आपका मस्तिष्क एंडॉर्फ़िन्स की उतनी ही ज़्यादा मात्रा मुक्त करता है – जो एक तरह से सफलता और उपलब्धि का पुरस्कार है। समय के साथ आपको इस "एंडॉर्फ़िन रश" से प्राप्त सुखद भावनाओं की सकारात्मक लत पड़ सकती है।

जब आप कोई *छोटा* काम पूरा करते हैं, तो आप ख़ुशी महसूस करते हैं। जब कोई बड़ा काम पूरा करते हैं, तो ज़्यादा ख़ुशी महसूस करते हैं। जब किसी बड़े काम को पूरा करने की राह में आप कई पायदानों को पार करते हैं, तो हर उपलब्धि पर आपको एंडॉर्फ़िन प्रवाह के लाभ मिलते हैं। जब आप किसी महत्वपूर्ण कार्य को पूरा करने के लिए निरंतर काम करते हैं, तो आपको लगातार ख़ुशी और उल्लास का एहसास होता है।

विजयी भावना पैदा करना

हर व्यक्ति विजेता महसूस करना चाहता है। विजेता महसूस करने के लिए *जीत* की ज़रूरत होती है। किसी काम को 100 प्रतिशत पूरा करने पर ही मन में विजेता की भावना आती है। बार-बार काम पूरे करने से अंततः काम पूरे करने की आदत पड़ जाती है। जब काम पूरे करने की आदत पड़ जाएगी, तो आपका जीवन इस तरह सुधरने लगेगा, जिसकी आप इस समय कल्पना भी नहीं कर सकते।

मनोविज्ञान में इसका विपरीत भी हमेशा सच होता है। "अधूरा काम" तनाव और चिंता का एक बड़ा स्रोत होता है। दरअसल, आज लोगों के ज़्यादातर दुख का कारण यही है कि वे किसी महत्वपूर्ण काम को पूरा करने या ज़िम्मेदारी को निभाने के लिए ख़ुद को अनुशासित नहीं कर पाए।

टाल-मटोल का दर्द

अगर आपको कभी कोई ऐसा महत्वपूर्ण असाइनमेंट मिला हो, जिसे आपने अलग रख दिया हो, तो आप मेरा मतलब समझ जाएँगे। किसी असाइनमेंट को शुरू करने के लिए आप जितना ज़्यादा इंतज़ार करते हैं और डेडलाइन जितनी क़रीब आती जाती है, आपको उतना ही ज़्यादा तनाव होने लगता है। यह आपकी रातों की नींद उड़ा सकता है और आपके व्यक्तित्व पर बुरा असर डाल सकता है। लेकिन जब आप आख़िरकार अंतिम समय पर काम पूरा कर देते हैं, तो आपको राहत और ख़ुशी का बेहतरीन एहसास होता है।

इसका यह मतलब भी निकाला जा सकता जा है कि प्रकृति आपको हर उस सकारात्मक चीज़ के लिए पुरस्कार देती है, जो आप जीवन को विस्तार देने के

लिए करते हैं। लेकिन दूसरी तरफ़, जब आप अपने महत्वपूर्ण लक्ष्यों और परिणामों की ओर ले जाने वाले काम करने में असफल रहते हैं तो प्रकृति आपको तनाव और असंतुष्टि के रूप में दंड भी देती है।

संतुलित स्कोरकार्ड

आधुनिक प्रबंधन में "संतुलित स्कोरकार्ड" की मुहिम बड़ी लोकप्रिय है। इन स्कोरकार्ड्स के माध्यम से कंपनी के हर स्तर के हर व्यक्ति को प्रोत्साहित किया जाता है। ताकि वह सफलता का संकेत देने वाले प्रमुख क़दमों को पहचाने और फिर इन प्रमुख क्षेत्रों में से प्रत्येक में ख़ुद को हर दिन और हर सप्ताह अंक दे।

यहाँ पर एक महत्वपूर्ण बिंदु है। स्कोर पता करने और उस पर क़रीबी निगाह रखने भर से ही उस क्षेत्र में आपका प्रदर्शन बेहतर हो जाएगा। उदाहरण के लिए, अगर किसी मीटिंग से पहले कोई आपको बताए कि आपका मूल्यांकन इस बात से होगा कि आप उस मीटिंग में हर बात कितनी अच्छी तरह सुनते हैं, तो कुछ ही पलों में आपकी सुनने की योग्यता नाटकीय रूप से बेहतर हो जाएगी। आप मीटिंग के दौरान ज़्यादा सावधानी और ग़ौर से सुनेंगे, क्योंकि आप जानते हैं कि मूल्यांकन का आधार यही है।

इसी तरह, आप जब भी कोई लक्ष्य, महत्वपूर्ण क़दम या गतिविधि चुनते हैं, और अपने दैनिक जीवन में उस पर नज़र रखते हैं, तो उस क्षेत्र में आपका प्रदर्शन सुधर जाता है।

पैमाने तय करने से आपको अपने कैरियर में बहुत मदद मिल सकती है। हर प्रमुख काम के लिए स्कोरकार्ड, पैमाने और समयसीमा तय करें। इस तरह आप अपने अवचेतन विवशता तंत्र को सक्रिय कर देते हैं। फिर यह विवशता तंत्र अवचेतन स्तर पर आपको प्रेरित करेगा और आगे धकेलेगा, ताकि आप जल्दी शुरू करें, कड़ी मेहनत करें, देर तक रुकें और काम पूरा कर दें।

लूप को बंद करना

संकल्प और पूर्णता के बाद तीसरी "कुंजी" है समाप्ति। यह "खुले लूप" और "बंद लूप" के बीच का फ़र्क़ है। अपने व्यक्तिगत या व्यावसायिक जीवन में किसी मुद्दे को समाप्ति तक लाना अनिवार्य है, ताकि आप ख़ुश और नियंत्रण में महसूस करें।

अगर समाप्ति न हो यानी बिज़नेस या कोई भी काम अधूरा रह जाए, तो यह तनाव, असंतुष्टि और व्यावसायिक असफलता का प्रमुख स्रोत बन जाता है। यह बहुत सी शारीरिक और भावनात्मक ऊर्जा छीन लेता है।

प्रमुख योग्यता

शायद कामकाजी दुनिया की सबसे महत्वपूर्ण योग्यता है "विश्वसनीयता" (dependability)। कोई भी चीज़ आपको इतने पैसे नहीं दिलाएगी या इतनी तेज़ी से तरक़्क़ी नहीं दिलाएगी, जितनी यह छवि कि आप अपने काम जल्दी से, अच्छी तरह और समय पर पूरे करते हैं।

आपके लक्ष्य जो भी हों, उन सभी कामों की सूची बनाएँ, जो आपको लक्ष्य हासिल करने के लिए पूरे करने होंगे। उनमें से हर काम की समयसीमा तय कर लें। फिर उस समयसीमा पर कार्य पूरा करने के लिए हर दिन और हर घंटे काम करें। हर दिन अपनी प्रगति की जाँच करें। ज़रूरत के हिसाब से अपनी गति तेज़ या धीमी कर दें। लेकिन याद रखें, आप उस टारगेट पर निशाना नहीं मार सकते, जिसे आप देख ही न सकते हों। आप समयसीमा और पैमानों के संबंध में जितने स्पष्ट होंगे, उतना ही हासिल कर पाएँगे और उतनी ही ज़्यादा तेज़ी से काम कर पाएँगे।

समयसीमा के बिना लक्ष्य या निर्णय सिर्फ़ बकवास है। इसके पीछे कोई ऊर्जा नहीं होती। यह तो उस कारतूस की तरह है, जिसमें बारूद ही न हो। जब तक आप समयसीमा तय नहीं करते और उसके प्रति समर्पित नहीं होते, तब तक आप अपनी ज़िंदगी और कामकाज में "ख़ाली कारतूस" दाग़ कर रहे हैं।

कई बार लोग पूछते हैं, "मान लीजिए, मैं एक समयसीमा तय करता हूँ, लेकिन उस समयसीमा तक लक्ष्य हासिल नहीं कर पाता, तो ऐसी स्थिति में क्या करूँ ?"

जवाब सरल है। दूसरी समयसीमा तय कर लें और अगर ज़रूरत पड़े, तो तीसरी भी। समयसीमा इस बात का "सर्वश्रेष्ठ अनुमान" है कि काम कब तक पूरा कर लिया जाएगा। आप जितनी ज़्यादा समयसीमाएँ तय करेंगे और उनकी दिशा में काम करेंगे, आपको उतना ही ज़्यादा सटीक अंदाज़ा होता चला जाएगा कि उन्हें पूरा करने के लिए कितने समय की ज़रूरत होगी। इससे आप अपने लक्ष्य को हासिल करने और समय पर काम पूरे करने में उतने ही बेहतर बनते जाएँगे।

हाथी को खाना

आपने यह सवाल ज़रूर सुना होगा, "हाथी को कैसे खाया जा सकता है ?"

जवाब है, "एक बार में एक निवाला।"

यह उपमा किसी बड़े लक्ष्य को हासिल करने पर भी लागू होती है। आप उस लक्ष्य को कैसे हासिल करते हैं ? आप उसे एक बार में एक क़दम, एक काम, एक पायदान की तकनीक से हासिल करते हैं।

अपने दीर्घकालीन लक्ष्यों को सालाना, मासिक, साप्ताहिक, यहाँ तक कि हर घंटे के छोटे-छोटे लक्ष्यों में तोड़ लें। अगर आपका दीर्घकालीन लक्ष्य आर्थिक स्वतंत्रता पाना है, तो इसे छोटे-छोटे टुकड़ों में तोड़ने के लिए यह देखें कि अगले दिन हर घंटे का आप कैसा उपयोग करेंगे, ताकि आपके लिए दीर्घकालीन आर्थिक स्वतंत्रता पाना ज़्यादा संभव हो जाए।

अगर आप अपनी आमदनी बढ़ाना चाहते हैं, तो यह आसान है। आप जानते हैं कि सारी आमदनी "मूल्य बढ़ाने" का परिणाम होती है। अपने हर काम पर ग़ौर करें और खुद से पूछें कि आप अपना मूल्य कैसे बढ़ा सकते हैं, ताकि आप आज जितना कमा रहे हैं, आपका मूल्य उससे ज़्यादा बढ़ सके।

अपने सबसे मूल्यवान काम को पहचानें

अपने बॉस से पूछें, "मैं वह कौन सा एक काम करता हूँ, जो बाक़ी किसी भी चीज़ से ज़्यादा मूल्यवान है?" जवाब जो भी हो, उस काम को ज़्यादा से ज़्यादा करने के तरीक़े खोजें और उसे करने में बेहतर बनते जाएँ।

यह बेहद आश्चर्यजनक है कि आप कितना ज़्यादा हासिल कर सकते हैं, अगर आप अपने कामों को छोटे-छोटे टुकड़ों में तोड़ लें, समयसीमा तय कर लें और फिर एक समय में एक टुकड़ा काम पूरा करें - हर दिन। आपने यह पुरानी कहावत तो सुनी ही होगी, "एक मील की दूरी तय करना मुश्किल है, लेकिन इंच दर इंच यह आसान है।"

लगातार और अंतहीन सुधार

अगर आप अपनी आमदनी बढ़ाना चाहते हैं, तो हर दिन अपने सबसे महत्त्वपूर्ण कामों में थोड़े बेहतर बनने के तरीक़ों की तलाश करें। हर दिन एक घंटे अपने क्षेत्र से संबंधित सामग्री पढ़ें। ऑफ़िस आते-जाते समय ऑडियो टेप सुनें। यदि संभव हो, तो अतिरिक्त कोर्स कर लें। ये गतिविधियाँ आपके कैरियर को तीव्र मार्ग पर पहुँचा देंगी। अगर आप हर दिन आत्म-सुधार में एक-दो घंटे निवेश करते हैं, तो परिणाम पाने की आपकी योग्यता पर इसका असाधारण असर पड़ सकता है।

स्वस्थ और फ़िट बनें

अगर आप वज़न कम करना चाहते हैं, तो पाँच शब्दों का एक सरल फ़ॉर्मूला है : कम भोजन और ज़्यादा व्यायाम।

अगर आप थोड़ा कम खाने का अनुशासन बरतें, स्वस्थ भोजन करें और साथ ही पर्याप्त व्यायाम करें, तो आप हर दिन एक औंस वज़न कम करने की लय में आ सकते हैं। आपका वज़न आज चाहे जितना हो, अगर आप हर दिन एक औंस कम करते हैं, तो इसका मतलब है एक महीने में दो पौंड। हर महीने दो पौंड के हिसाब से एक साल में आपका वज़न चौबीस पौंड कम हो जाएगा। कुछ ही समय में आप अपने शरीर और भूख की नई आदतें डाल सकते हैं, ताकि आपका वज़न कम होता रहे और ज़िंदगी भर आदर्श बना रहे।

चवन्नियाँ बचाएँ; रुपए अपनी परवाह ख़ुद कर लेंगे

अगर आप दौलतमंद बनना चाहते हैं, तो ख़र्च की पड़ताल करें। हर दिन 3, 5 या 10 डॉलर बचाने का लक्ष्य तय करें। इस पैसे को एक बचत ख़ाते में अलग रख दें और इसे कभी न छुएँ। जब बचत की रक़म बढ़ जाए, तो इसका निवेश किसी अच्छे म्युचुअल फ़ंड या इंडेक्स फ़ंड में कर दें। बचत तथा निवेश की दैनिक, साप्ताहिक और मासिक आदत डाल लें और उसे ज़िंदगी भर क़ायम रखें।

कुछ ही समय में आप वर्तमान से थोड़े कम ख़र्च में भी आरामदेह ज़िंदगी जी रहे होंगे। जब भी आपकी आमदनी बढ़े, बचत की राशि को भी बढ़ा लें। कुछ हफ़्तों, महीनों या वर्षों में आप कर्ज़ से बाहर निकल आएँगे और आपके पास बहुत सारा पैसा होगा, जो आपके लिए काम कर रहा होगा। कुछ साल बाद आप आर्थिक दृष्टि से स्वतंत्र बन जाएँगे।

ज्ञानी बनें

अगर आप हर शाम को टीवी देखने के बजाय पंद्रह मिनट पढ़ें, तो हर साल पंद्रह पुस्तकें पढ़ लेंगे। अगर आप हर दिन पंद्रह मिनट अंग्रेजी साहित्य के महान उपन्यास पढ़ते हैं, तो सात सालों में आप सौ बेहतरीन पुस्तकें पढ़ चुके होंगे। आप अपनी पीढ़ी के सबसे अच्छे शिक्षित और ज्ञानी व्यक्तियों में से एक बन जाएँगे। और यह काम आप हर रात सिर्फ़ पंद्रह मिनट पढ़कर ही कर सकते हैं।

अपनी आमदनी बढ़ाएँ

अगर आप सेल्स लाइन में हैं और अपनी आमदनी बढ़ाना चाहते हैं, तो इस बात पर ग़ौर करें कि आप हर दिन, हर हफ़्ते और हर महीने कितने कॉल्स कर रहे हैं, कितनी प्रस्तुतियाँ दे रहे हैं, कितने प्रस्ताव दे रहे हैं और कितनी बिक्री कर रहे हैं। फिर अपने कॉल्स, प्रस्तुतियों और प्रस्तावों की दैनिक संख्या बढ़ाने का लक्ष्य बनाएँ।

हर हफ़्ते और हर महीने अपनी बिक्री की संख्या बढ़ाने का लक्ष्य तय करें। अपने पैमानों पर हर दिन ख़ुद की जाँच करें।

अगर आप इसे नाप सकते हैं, तो आप इसका प्रबंधन भी कर सकते हैं

जीवन के हर क्षेत्र में अपनी गतिविधियों का ग़ौर से विश्लेषण करें और फिर एक विशिष्ट संख्या चुनें, जो उस क्षेत्र में आपकी सफलता के स्तर को सबसे ज़्यादा तय करती हो। फिर दिन भर अपना सारा ध्यान उसी ख़ास संख्या पर केंद्रित करें। एकाग्रचित्त होने भर से ही आप उस क्षेत्र में बेहतर काम करने लगेंगे - चेतन रूप से भी और अवचेतन रूप से भी।

अगर आप ज़्यादा स्वस्थ बनना चाहते हैं, तो आपको किस बात पर ध्यान केंद्रित करना चाहिए ? हर सप्ताह व्यायाम के मिनटों की संख्या पर और हर दिन खाई गई कैलोरियों की संख्या पर। अगर आप आर्थिक दृष्टि से सफल होना चाहते हैं, तो आप उस धनराशि पर ध्यान केंद्रित कर सकते हैं, जो आप हर घंटे कमाते हैं। या फिर आप हर महीने बचाई गई धनराशि पर भी यह काम कर सकते हैं। अगर आप सेल्स में सफल बनना चाहते हैं, तो आप हर दिन अपने द्वारा किए गए कॉल्स या फिर हर महीने की सेल्स की संख्या या आकार पर ध्यान केंद्रित कर सकते हैं। अगर आप अपने संबंधों में सफल होना चाहते हैं, तो आप उन मिनटों की संख्या पर ध्यान केंद्रित कर सकते हैं, जो आप हर दिन और हर सप्ताह अपने जीवन के सबसे महत्वपूर्ण लोगों के साथ बिताते हैं।

आपने यह कहावत सुनी होगी, "जिसे नापा जाता है, उसे ही किया जाता है।" एक और कहावत है, "अगर आप इसे नाप नहीं सकते, तो इसका प्रबंधन भी नहीं कर सकते।" लक्ष्यों से संबंधित विशिष्ट पैमाने तय करने, सटीक रिकॉर्ड रखने और हर दिन अपने प्रदर्शन का मूल्यांकन करने की योग्यता से यह सुनिश्चित हो जाएगा कि आप अपने लक्ष्य तय समय तक - या उससे जल्दी हासिल कर लें, जब आपने उन्हें हासिल करने का लक्ष्य बनाया हो।

☆ अपनी प्रगति मापें

1. एक पैमाना तय करें, जिसके माध्यम से आप अपने जीवन के हर क्षेत्र में अपनी प्रगति और सफलता का मूल्यांकन कर सकें। हर दिन इस पर ग़ौर करें।
2. अपने काम के सबसे महत्वपूर्ण हिस्से को तय करें, जो आपकी आमदनी को प्रभावित करता हो और फिर उस क्षेत्र में अपनी दैनिक गतिविधियों का मूल्यांकन करें।
3. दैनिक, साप्ताहिक, मासिक बचत और निवेश के लिए न्यूनतम, निश्चित राशि तय करें और फिर इस काम के लिए ख़ुद को अनुशासित करें।
4. हर बड़े लक्ष्य को नापे जा सकने वाले, नियंत्रित किए जा सकने वाले हिस्सों में तोड़ लें और फिर पर हर हिस्से को तय समयसीमा में हासिल करने पर ध्यान केंद्रित करें।
5. एक खेल बना लें कि आप हर लक्ष्य के लिए पैमाने, पायदान, स्कोरकार्ड्स, टारगेट्स और डेडलाइन्स तय करेंगे। फिर उन संख्याओं और तिथियों पर ध्यान केंद्रित करें। लक्ष्य अपनी परवाह ख़ुद कर लेंगे।
6. हर दिन किसी बड़े लक्ष्य का कम से कम एक ख़ास हिस्सा हासिल करने का संकल्प लें और इसमें एक दिन की भी चूक न करें।

★ **10**

राह की बाधाओं को हटा दें

सफलता में दिलचस्पी रखने वाले व्यक्ति को असफलता को इस तरह देखना सीखना पड़ता है कि यह शिखर पर पहुँचने की प्रक्रिया का स्वस्थ, अवश्यंभावी हिस्सा है।

- जॉयस ब्रदर्स

आपके हिसाब से लोग हार मानने से पहले अपने नए लक्ष्य कितनी बार हासिल करने की कोशिश करते हैं? आपको क्या लगता है? दरअसल, औसत एक से भी कम है। ज़्यादातर लोग तो पहली कोशिश करने से पहले ही हार मान लेते हैं। और वे इसलिए हार मान लेते हैं, क्योंकि जैसे ही वे कोई नया काम करने का फ़ैसला करते हैं, तमाम किस्म की बाधाएँ, मुश्किलें, समस्याएँ और अवरोध सामने प्रकट हो जाते हैं और वह भी फ़ौरन।

सच्चाई यह है कि सफल लोग असफल लोगों से कहीं ज़्यादा बार असफल होते हैं। सफल लोग ज़्यादा चीज़ें आज़माते हैं, गिरते हैं, उठते हैं और फिर दोबारा कोशिश करते हैं - बार-बार करते हैं - जब तक कि वे आख़िरकार सफल नहीं हो जाते। दूसरी ओर असफल लोग अगर आज़माते भी हैं, तो बहुत कम चीज़ें आज़माते हैं, और बहुत जल्दी छोड़ देते हैं और दोबारा लौटकर वहीं पहुँच जाते हैं, जो वे पहले कर रहे थे।

सफलता से पहले हमेशा अस्थायी असफलता आती है

यह तय मानें कि लक्ष्य हासिल करने से पहले आप कई बार असफल होंगे। असफलता और अस्थायी पराजय को उस सफलता की क़ीमत मानें, जिसे आप अनिवार्य रूप से हासिल करेंगे। जैसा कि हेनरी फ़ोर्ड ने एक बार कहा था, "असफलता ज़्यादा समझदारी से दोबारा शुरुआत करने का अवसर है।"

लक्ष्य तय करने के बाद ख़ुद से पूछें, मैं इस वक़्त वहाँ क्यों नहीं हूँ? कौन सी चीज़ या व्यक्ति मुझे पीछे रोके हुए है? मैंने अब तक वह लक्ष्य हासिल क्यों नहीं किया है?

अपने और लक्ष्य के बीच खड़ी तमाम बाधाओं को पहचान लें। हर उस चीज़ को लिख लें, जो आपके ख़याल से आपका रास्ता रोक रही है या आपको धीमा कर रही है या आगे बढ़ने की राह में बाधा डाल रही है।

समाधानों के संदर्भ में सोचें

याद रखें, "आप वही बन जाते हैं, जिसके बारे में आप ज़्यादातर वक़्त सोचते हैं।" समस्याओं और मुश्किलों के मामले में सफल लोग एक ख़ास तरीक़े से सोचते हैं, जिसे "समाधान केंद्रित तरीक़ा" कहा जाता है।

सफल लोग ज़्यादातर वक़्त समाधानों के बारे में सोचते हैं। असफल लोग ज़्यादातर वक़्त समस्याओं और मुश्किलों के बारे में सोचते हैं। समाधान केंद्रित लोग हमेशा अपने रास्ते की बाधाओं को ऊपर से, बग़ल से और नीचे से पार करने के रास्ते खोजते रहते हैं। समस्या-केंद्रित लोग लगातार अपनी समस्याओं के बारे में ऐसी बातें करते हैं कि उनके लिए कौन सा व्यक्ति या वस्तु ज़िम्मेदार है, वे कितने दुखी या नाराज़ हैं और यह कितना दुर्भाग्यपूर्ण है। दूसरी ओर, समाधान केंद्रित लोग बस यह सवाल पूछते हैं, हम इसे कैसे सुलझा सकते हैं? फिर वे समस्या से निबटने के लिए ज़रूरी क़दम उठा लेते हैं।

आप जो चीज़ हासिल करना चाहते हैं, उसके और आपके बीच हमेशा किसी न किसी तरह की समस्या या बाधा ज़रूर होगी। इसीलिए कई बार सफलता की परिभाषा यह दी जाती है : समस्याएँ सुलझाने की योग्यता। लीडरशिप समस्याएँ सुलझाने की योग्यता है। यही प्रभावकारिता है। महत्वपूर्ण चीज़ें उन्हीं स्त्री-पुरुषों ने हासिल की हैं, जिन्होंने अपने और लक्ष्यों के बीच खड़ी समस्या को सुलझाने की योग्यता विकसित कर ली है।

समस्या सुलझाना एक योग्यता है

सौभाग्य से, समस्या सुलझाना एक योग्यता है। ठीक उसी तरह, जैसे साइकल चलाना या टाइपिंग करना। हर योग्यता की तरह इसे भी सीखा जा सकता है। आप समाधानों पर जितना ध्यान केंद्रित करेंगे, आपके दिमाग़ में उतने ही ज़्यादा और बेहतर समाधान आएँगे। आप समस्याएँ सुलझाने में जितने बेहतर बनते जाएँगे, हर अगली समस्या को उतनी ही तेज़ी से सुलझाने लगेंगे। जब आप समस्याएँ सुलझाने में बेहतर और

ज़्यादा तेज़ बन जाते हैं, तो आप ज़्यादा बड़ी समस्याएँ भी सुलझाने लगेंगे। अंततः आप महत्वपूर्ण आर्थिक समस्याएँ भी सुलझाने लगेंगे, जिनका आप पर और दूसरों पर काफ़ी असर हो सकता है। दुनिया इसी तरह काम करती है।

सच तो यह है कि आपमें अपने लक्ष्य की राह में खड़ी हर बाधा को पार करने या हर समस्या को सुलझाने की योग्यता है, बशर्ते आप अपने लक्ष्य को पर्याप्त प्रबलता से चाहते हों। आपमें इसी वक़्त वह सारी बुद्धि और योग्यता है, जिसकी ज़रूरत आपको अपनी राह की हर बाधा को पार करने के लिए होगी।

अड़चनों का सिद्धांत

पिछले कुछ दशकों में एक बहुत महत्वपूर्ण क्रांतिकारी अवधारणा उत्पन्न हुई है, जिसका वर्णन एलियाहू गोल्डरैट ने अपनी पुस्तक द गोल में "अड़चनों का सिद्धांत" (Theory of Constraints) के रूप में किया है। इस सिद्धांत के अनुसार, आप जो चीज़ हासिल करना चाहते हैं, उसके और आपके बीच कोई न कोई अड़चन या सीमित करने वाला तत्व मौजूद होता है, जो यह तय करता है कि आप कितनी तेज़ी से अपनी मंज़िल पर पहुँचेंगे।

मिसाल के तौर पर, अगर आप फ्रीवे पर गाड़ी चला रहे हैं और ट्रैफ़िक कंस्ट्रक्शन सभी कारों को एक ही लेन में सँकरा कर रहा है, तो वह बिंदु ही वह अड़चन है, जो यह तय करती है कि आप कितनी तेज़ी से अपनी मंज़िल तक पहुँचेंगे। आप इस अड़चन से जितनी तेज़ी से गुज़रते हैं, काफ़ी हद तक उसी से आपकी पूरी यात्रा की गति तय होगी।

किसी भी प्रमुख लक्ष्य को हासिल करने में हमेशा कोई न कोई अड़चन या बाधा होती है, जिसे आपको पार करना होता है। आपका काम है कि आप इसे सटीकता से पहचान लें और फिर अपनी समूची ऊर्जा इस प्रमुख अड़चन को ख़त्म करने पर केंद्रित कर लें। इस अड़चन को हटाने या इस सीमित करने वाले घटक से निबटने की योग्यता आपको जितनी तेज़ी से आगे बढ़ा सकती है, उतना शायद कोई दूसरा क़दम नहीं कर सकता।

भीतरी बनाम बाहरी अड़चन

८०/२० का नियम आपके और लक्ष्यों के बीच की अड़चनों पर भी लागू होता है। यह नियम कहता है कि आपकी ८० प्रतिशत अड़चनें आपके भीतर होती हैं। आपकी सिर्फ़ २० प्रतिशत अड़चनें आपके बाहर, यानी दूसरे लोगों तथा स्थितियों में निहित होती हैं। इसे दूसरी तरह से कहें, तो आम तौर पर आप ही अपनी सबसे प्रमुख

अड़चन हैं, जिससे तय लक्ष्य हासिल करने की गति निर्धारित होती है।

ज़्यादातर लोगों को यह स्वीकार करने में मुश्किल आती है। लेकिन सफल लोग इस बारे में ज़्यादा चिंता नहीं करते कि कौन सही है। उन्हें तो इस बात की ज़्यादा चिंता होती है कि क्या सही है। अपने अहं की रक्षा करने के बजाय सफल लोग स्थिति की वास्तविकता की ज़्यादा परवाह करते हैं और इस बात की भी कि वे समस्या को सुलझाने के लिए क्या कर सकते हैं।

अपने भीतर देखें

ख़ुद से पूछें, मुझमें ऐसा क्या है, जो मुझे पीछे रोके हुए है? दिल की गहराई में झाँकें और अपने व्यक्तित्व, स्वभाव, योग्यताओं, कुशलताओं, आदतों, शिक्षा या अनुभव संबंधी प्रमुख अड़चनों को पहचानें, जो शायद आपको अपने तय लक्ष्य हासिल करने से रोक रही हैं। निर्मम सवाल पूछें। अपने प्रति पूरी तरह ईमानदार रहें।

आपके और लक्ष्यों के बीच मूलभूत बाधाएँ आम तौर पर मानसिक होती हैं। उनकी प्रकृति मूलतः मनोवैज्ञानिक और भावनात्मक होती है। वे आपके आस-पास की स्थिति के भीतर नहीं, वे तो आपके भीतर होती हैं। और अगर आप अपने लिए संभव हर चीज़ को हासिल करना चाहते हैं, तो इन्हीं मानसिक बाधाओं से शुरू करें।

सफलता की राह की दो प्रमुख बाधाएँ

सफलता और उपलब्धि की राह की दो प्रमुख बाधाएँ हैं, डर और शंका। सबसे पहले तो असफलता, ग़रीबी, नुक़सान, शर्म या अस्वीकृति का डर होता है, जो ज़्यादातर लोगों को कोशिश करने से भी रोकता है। इसीलिए नया लक्ष्य हासिल करने की लोगों की कोशिश औसतन एक से भी कम होती है। लक्ष्य के बारे में सोचते ही ये डर उन पर हावी हो जाते हैं। जिस तरह ज़रा सी आग लगने पर पानी की बाल्टी डालने से वह बुझ जाती है, उसी तरह ये डर उनकी इच्छा को पूरी तरह बुझा देते हैं।

दूसरी मानसिक बाधा है आत्म-शंका, जो डर के बहुत क़रीब है। हमें अपनी योग्यताओं पर विश्वास नहीं होता, बल्कि शक होता है। हम अपनी तुलना दूसरों से करके सोचते हैं कि दूसरे लोग हमसे ज़्यादा बेहतर, स्मार्ट और कार्यकुशल हैं। हम सोचते हैं, "मैं पर्याप्त अच्छा नहीं हूँ।" हम अपने मनचाहे बड़े लक्ष्य हासिल करने की चुनौतियों के सामने अक्षम और हीन महसूस करते हैं।

नकारात्मक भावनाएँ छोड़ी भी जा सकती हैं

सौभाग्य से, अगर शंका और डर के बारे में कोई अच्छी चीज़ है, तो वह यह है कि ये दोनों सीखी हुई भावनाएँ हैं। क्या आपने कभी कोई नकारात्मक शिशु देखा है? बच्चे जब इस दुनिया में आते हैं, तो उनमें कोई डर या शंका नहीं होती। वे इन्हें सीखते हैं और हर सीखी हुई चीज़ को अभ्यास और दोहराव से छोड़ा जा सकता है।

शंका और डर के मूल उपचार हैं साहस और आत्मविश्वास। आपके साहस और आत्मविश्वास का स्तर जितना ऊँचा होगा, डर और शंका का स्तर उतना ही नीचा होगा और ये नकारात्मक भावनाएँ आपके प्रदर्शन और व्यवहार पर उतना ही कम असर डालेंगी।

साहस और आत्मविश्वास की कुंजियाँ

साहस तथा आत्मविश्वास, ज्ञान और कुशलता के साथ बढ़ता है। ज़्यादातर डर और शंकाएँ अज्ञान और अक्षमता की भावना से पैदा होते हैं। आप अपने लक्ष्यों को हासिल करने की राह में ज़रूरी चीजें जितनी ज़्यादा सीखते हैं, आपको उतना ही कम डर लगेगा और उतना ही ज़्यादा साहस व आत्मविश्वास महसूस होगा।

ज़रा उस वक़्त को याद करें, जब आपने पहली बार कार चलाना सीखा था। आप शायद बहुत तनाव में थे और घबरा रहे थे। आपसे बहुत सारी ग़लतियाँ हुई थीं। शायद आप ग़लत तरीक़े से कार चला रहे थे और अपने साथ-साथ दूसरों के लिए भी ख़तरा बन गए थे। लेकिन समय बीतने के साथ आप कार चलाने के ज्ञान और कुशलताओं में माहिर बन गए। आप बेहतर बनते गए और आपका आत्मविश्वास बढ़ता चला गया।

आज आप आराम से कार चलाकर बिना किसी डर या चिंता के देश के पार जा सकते हैं। आप कार चलाने में इतने निपुण हो चुके हैं कि आप इस बारे में सोचे बिना भी इसे अच्छी तरह कर सकते हैं। यही सिद्धांत हर उस योग्यता पर लागू होता है, जिसे आपको लक्ष्य हासिल करने के लिए सीखना है।

शक्तिशाली बनाम शक्तिहीन

पेनसिल्वेनिया यूनिवर्सिटी के डॉ. मार्टिन सेलिगमैन ने 25 साल से ज़्यादा समय तक उस प्रवृत्ति का अध्ययन किया, जिसे उन्होंने "सीखी हुई असहायता" (learned helplessness) का नाम दिया। सेलिगमैन ने हज़ारों लोगों से बातचीत करने और अध्ययन करने के बाद यह निष्कर्ष निकाला कि 80 प्रतिशत से ज़्यादा लोग

किसी न किसी हद तक सीखी हुई असहायता के शिकार होते हैं और कभी-कभार तो काफ़ी हद तक।

सीखी हुई असहायता से पीड़ित लोग यह महसूस करते हैं कि वे अपने लक्ष्य हासिल करने या जीवन को बेहतर बनाने में अक्षम हैं। सीखी हुई असहायता का सबसे आम स्पष्टीकरण इन शब्दों में निहित हैं "मैं नहीं कर सकता।" ऐसे लोगों को जब भी कोई अवसर, संभावना या नया लक्ष्य दिया जाता है, तो वे तत्काल प्रतिक्रिया करते हैं, "मैं नहीं कर सकता।" फिर वे तमाम कारण गिनाने लग जाते हैं कि वह ख़ास लक्ष्य या उद्देश्य उनके लिए संभव क्यों नहीं है।

"मैं अपने कैरियर में आगे नहीं बढ़ सकता। मुझे बेहतर नौकरी नहीं मिल सकती। मैं पढ़ने का समय नहीं निकाल सकता। मैं पैसे नहीं बचा सकता। मैं वज़न कम नहीं कर सकता। मैं अपना ख़ुद का बिज़नेस शुरू नहीं कर सकता। मैं दूसरी आमदनी वाला बिज़नेस शुरू नहीं कर सकता। मैं अपने संबंधों को बदल नहीं सकता या बेहतर नहीं बना सकता। मैं अपने समय पर क़ाबू नहीं रख सकता।"

काम चाह जो भी हो, उनके पास हमेशा ख़ुद को रोकने वाला कोई न कोई कारण होता है, जो फ़ौरन उनकी संभावना पर ब्रेक लगा देता है। यह नए लक्ष्य तय करने की कोशिश या इच्छा को ख़त्म कर देता है और किसी भी तरह से परिस्थितियों को बदलने की अनुमति नहीं देता। हेनरी फ़ोर्ड ने एक मशहूर वाक्य कहा था, "अगर आपको विश्वास है कि आप कोई काम कर सकते हैं या आपको विश्वास है कि आप कोई काम नहीं कर सकते, तो दोनों मामलों में आप सही हैं।"

असहायता को छोड़ना

सीखी हुई असहायता आम तौर पर बचपन की विनाशकारी आलोचना, बड़े होते समय हुए नकारात्मक अनुभवों और वयस्क जीवन की असफलताओं का परिणाम होती है। ख़ुद को सस्ते में बेचने की इस स्वाभाविक प्रवृत्ति से उबरने का तरीक़ा यह है कि शुरुआत में आप छोटे लक्ष्य तय करें, योजना बनाएँ और हर दिन योजना के हिसाब से काम करें। इस तरह से आप धीरे-धीरे ज़्यादा साहस और आत्मविश्वास विकसित करने लगते हैं, जैसा कि मांसपेशियाँ बनाते वक़्त होता है। जब आपको ख़ुद पर और अपनी योग्यताओं पर ज़्यादा विश्वास होने लगे, तो आप ज़्यादा बड़े लक्ष्य तय कर सकते हैं। समय के साथ आपकी शंकाएँ और डर कमज़ोर हो जाएँगे। आपका साहस और आत्मविश्वास इस हद तक बढ़ जाएँगे कि वे आपकी सोच की सबसे प्रबल शक्ति बन जाएँगे। अंततः आपके पास सफलता का रिकॉर्ड होगा और बहुत कम समय में ही आप अदमनीय बन जाएँगे।

आरामदेह दायरे का जाल

आपको जो दूसरी मानसिक बाधा पार करने की ज़रूरत है, वह है "आरामदेह दायरा।" कई लोग अपनी वर्तमान स्थिति से ही संतुष्ट रहते हैं। वे किसी ख़ास नौकरी या संबंध में या किसी ख़ास तनख़्वाह या ज़िम्मेदारी के स्तर पर इतना आरामदेह महसूस करने लगते हैं कि वे उसमें किसी भी तरह का परिवर्तन नहीं करना चाहते, भले ही वह परिवर्तन बेहतरी के लिए ही क्यों न हो।

आरामदेह दायरा महत्वाकांक्षा, इच्छा, संकल्प और उपलब्धि की राह में एक बड़ी बाधा है। आरामदेह दायरे में फँसे लोगों में अगर सीखी हुई असहायता भी हो, तो किसी भी तरह से उनकी मदद करना लगभग असंभव है। अपने साथ ऐसा न होने दें।

बड़े, चुनौतीपूर्ण लक्ष्य तय करें

अपने आरामदेह दायरे और सीखी हुई असहायता के जाल से बाहर निकलने का तरीक़ा यह है कि आप बड़े और चुनौतीपूर्ण लक्ष्य तय करें। फिर आप उन लक्ष्यों को स्पष्ट कामों में विभाजित करें, समयसीमा तय करें और हर दिन उन पर काम करें। जिस तरह गर्मियों में बर्फ़ पिघलती है, उसी तरह सीखी हुई असहायता और आरामदेह दायरे का आलस भी पिघलने लगता है और आप अपने लिए संभव चीज़ों को ज़्यादा तेज़ी से हासिल करने लगते हैं।

अपनी बाधाओं को प्राथमिकता के क्रम में जमाएँ

जब आप अपने प्रमुख लक्ष्यों की राह में खड़ी तमाम बाधाओं की सूची बना लें, तो उन्हें प्राथमिकता के क्रम में जमा लें। सबसे बड़ी बाधा कौन सी है ? अगर आप जादू की छड़ी लहराकर अपने रास्ते की एक बड़ी बाधा को हटा सकें, तो वह कौन सी बाधा होगी, जिसे हटाने से आपको तेज़ी से आगे बढ़ने में सबसे ज़्यादा मदद मिलेगी।

मैनेजमेंट कंसल्टेंट इयान मिटरॉफ़ ने समस्याओं को सुलझाने और बाधाओं को हटाने के संदर्भ में एक दिलचस्प बात कही है। वे कहते हैं, "समस्या जो भी हो, उसे सुलझाने की कोशिश करने से पहले उसे कई अलग-अलग तरीक़ों से परिभाषित करें। किसी भी ऐसी समस्या से सावधान रहें, जिसकी सिर्फ़ एक ही परिभाषा हो या समाधान हो।"

" मैं इस वक़्त वहाँ क्यों नहीं हूँ ?" जब आप अपने लक्ष्य के संदर्भ में यह सवाल पूछते हैं, तो आपके दिमाग़ में कौन सा जवाब आता है ? आपको कौन सी

चीज़ रोके हुए है ? आपकी राह में कौन सी बाधा खड़ी है ? सही बाधा का पता लगाने के लिए आपको गहराई तक ड्रिलिंग कर लेनी चाहिए, इसके बाद ही उसे हटाने के क़दम उठाने चाहिए।

इसे करने का तरीक़ा क्या है ? समस्या की हर परिभाषा के बाद हर बार यह सवाल पूछें, "और कौन सी चीज़ समस्या की वजह हो सकती है" ?

सेल्स विश्लेषण करना

कॉरपोरेशन्स और लोगों के साथ काम करते वक़्त मैं मुनाफ़े या आमदनी को दोगुना करने के लक्ष्य के साथ शुरुआत करता हूँ। मैं सुझाव देता हूँ कि वे ख़ुद से यह सवाल पूछें, हमारा मुनाफ़ा या आमदनी पहले से ही दोगुनी क्यों नहीं हैं ? बार-बार यह सवाल पूछकर हमें अक्सर ऐसा जवाब मिलता है, जो स्पष्ट जवाब से बिलकुल अलग होता है।

यहाँ पर सवाल की इस प्रक्रिया का एक उदाहरण देखें :

"बिक्री पर्याप्त नहीं हो रही है।" और कौन सी चीज़ समस्या की वजह हो सकती है ?

"प्रति ग्राहक सेल्स का आकार पर्याप्त बड़ा नहीं है।" और कौन सी चीज़ समस्या की वजह हो सकती है ?

"हमारे विज्ञापन पर्याप्त ग्राहकों को आकर्षित नहीं कर रहे हैं।" और कौन सी चीज़ समस्या की वजह हो सकती है ?

जैसा आप देख सकते हैं, इनमें से जो भी बाधा सही समस्या के रूप में उभरकर सामने आएगी, उसे सुलझाने के लिए एक बिलकुल अलग कार्ययोजना की ज़रूरत होगी। अगर बिक्री पर्याप्त नहीं है, तो हमारा समाधान बिक्री की संख्या बढ़ाना है। अगर प्रति ग्राहक सेल्स का आकार पर्याप्त बड़ा नहीं है, तो हमारा समाधान प्रति ग्राहक सेल्स का आकार बढ़ाना है। अगर हमारे विज्ञापन पर्याप्त ग्राहकों को आकर्षित नहीं कर रहे हैं, तो हमारा समाधान विज्ञापनों की गुणवत्ता को सुधारना है।

ज़्यादा गहराई तक ड्रिलिंग करते रहें

आप कह सकते हैं, "हमारे ग्राहक हमसे पर्याप्त सामान नहीं ख़रीद रहे हैं।" और कौन सी चीज़ समस्या की वजह हो सकती है ?

"हमारे ग्राहक हमसे पर्याप्त बार नहीं ख़रीद रहे हैं।" और कौन सी चीज़ समस्या की वजह हो सकती है ?

"हमारे सेल्सपीपुल हमारे ग्राहकों को पर्याप्त नहीं बेच रहे हैं।" इसका समाधान बेहतर नियुक्ति, प्रशिक्षण और प्रबंधन द्वारा सेल्स फ़ोर्स की गुणवत्ता में कायाकल्प करना हो सकता है। और कौन सी चीज़ समस्या की वजह हो सकती है?

"हमारे ग्राहक प्रतिस्पर्धियों से हमारे बहुत सारे प्रॉडक्ट्स ख़रीद रहे हैं।" और कौन सी चीज़ समस्या हो सकती है?

"प्रतिस्पर्धी हमारे ग्राहकों को उनके बहुत सारे प्रॉडक्ट्स बेच रहे हैं।" यह जवाब आपको यह पूछने के लिए विवश करता है, "संभावित ग्राहकों को हमारे प्रतिस्पर्धियों से ख़रीदने में कौन सा मूल्य या लाभ नज़र आता है? हम इस लाभ की बराबरी कैसे कर सकते हैं?" और कौन सी चीज़ समस्या की वजह हो सकती है?

"हमें सेल्स पर पर्याप्त मुनाफ़ा नहीं हो रहा है।" और कौन सी चीज़ समस्या की वजह हो सकती है?

"हमारी हर बिक्री की लागत बहुत ज़्यादा है।" और कौन सी चीज़ समस्या की वजह हो सकती है? और इसी तरह। समस्या की हर नई परिभाषा ज़्यादा बिक्री या मुनाफ़े के लक्ष्य को हासिल करने के अलग-अलग उपाय सुझाती है।

सही समस्या पर सही समाधान लागू करें

द मैकिन्सी वे नामक पुस्तक में मैकिन्सी एंड कंपनी की प्रबंधन परामर्शदात्री आदतों का वर्णन किया गया है। लेखकों के अनुसार ग़लत समस्या पर ग़लत समाधान लागू करना समय और पैसे की बहुत बड़ी बर्बादी है। यही बात आपकी समस्याओं और बाधाओं के बारे में भी सही है।

जब आप अपने सामने की उन अड़चनों को पहचान लेते हैं या उन कारणों का पता लगा लेते हैं, जिनकी वजह से आप अपनी आमदनी के लक्ष्य हासिल नहीं कर पा रहे हैं, तो अड़चन या कारण आपको अलग समाधानों की ओर ले जाएगा। हर मामले में अलग तरीक़े से सोचने की ज़रूरत होती है।

आपके व्यक्तिगत जीवन में भी यही है। आप जितनी सटीकता से ख़ुद को पीछे रोककर रखने वाली बाधाओं या अड़चनों को पहचान लेते हैं, समाधान उतने ही सही होंगे, जिनसे आप उन बाधाओं को दूर कर सकते हैं।

अपनी आमदनी बढ़ाना

आप समस्या को इस तरह व्यक्त करके भी शुरू कर सकते हैं : "मैं पर्याप्त पैसे नहीं कमा रहा हूँ।" और कौन सी चीज़ समस्या की वजह है?

"मैं ज़्यादा पैसे लायक़ पर्याप्त मूल्य का योगदान नहीं दे रहा हूँ।" और कौन सी चीज़ समस्या की वजह हो सकती है ?

"मेरी आमदनी शायद इसलिए नहीं बढ़ रही है, क्योंकि मैं वर्तमान से ज़्यादा मूल्य के परिणाम देने में पर्याप्त अच्छा नहीं हूँ।" और कौन सी चीज़ समस्या की वजह हो सकती है ?

"मैं ऑफ़िस में अपने समय का कार्यकुशलता से प्रयोग नहीं करता हूँ।" और कौन सी चीज़ समस्या की वजह हो सकती है ?

"मैं अपनी शामें टीवी देखने और वीकएंड लोगों से मिलने-जुलने में बिता देता हूँ। नौकरी में बेहतर बनने के लिए मैं शायद ही कभी कुछ पढ़ता या सीखता हूँ।"

अहा! अब आपको असली समस्या मिली। अब आपको यह स्पष्ट पता चल चुका है कि ज़्यादा पैसा कमाने की अपनी मूल समस्या को सुलझाने के लिए आपको क्या करना है।

बाधा को लक्ष्य के रूप में परिभाषित करें

जब आप एक बार अपनी प्रमुख बाधा को तय कर लें, तो उस बाधा को सकारात्मक लक्ष्य के रूप में दोबारा लिख लें। मिसाल के तौर पर, आप इस वक़्त कह सकते हैं, "मेरा लक्ष्य अपनी योग्यताओं और दक्षताओं को लगातार बढ़ाना है, ताकि मैं अपने क्षेत्र में पैसे कमाने वाले 10 प्रतिशत शीर्ष लोगों के समूह में रहूँ।"

फिर आप उन सभी क़दमों की सूची बनाते हैं, जिनसे आप अपने ज्ञान और योग्यताओं को बढ़ा सकते हैं, समय प्रबंधन को सुधार सकते हैं, अपनी कार्यकुशलता और प्रभावकारिता को बढ़ा सकते हैं और अपनी कंपनी की बिक्री बढ़ा सकते हैं।

आप हर क़दम के सामने समयसीमा और पायदानें तय कर दें। फिर आप एक प्रमुख काम चुनें और उसे तत्काल करने लगें। उसके बाद अंगारों पर चलें। ख़ुद के लिए तानाशाह बन जाएँ। ख़ुद को अनुशासित और प्रेरित करें, ताकि आप अपने तय लक्ष्य हासिल कर लें और उस तरह के व्यक्ति बन जाएँ, जैसा आपको बनना ही चाहिए।

आपको कौन सी चीज़ रोके हुए है, यह पहचानने और फिर उस बाधा को हटाने का स्पष्ट, लिखित लक्ष्य तय करने के अभ्यास से आपकी ज़िंदगी की बागडोर आपके हाथ में आ जाती है।

संकल्प पर अमल करने से आपकी सफलता और हर तय लक्ष्य की प्राप्ति लगभग पक्की हो जाती है।

सटीकता की कोशिश करें

समस्या की परिभाषा सटीक है या नहीं, अगर इस बारे में आपके मन में कोई सवाल या चिंता हो, तो इस बारे में किसी विश्वस्त व्यक्ति से बातचीत करें। अपने अहं को एक तरफ़ रख दें। ईमानदार प्रतिक्रिया और आलोचना का आग्रह करें। इस संभावना को स्वीकार करें कि आपमें बुनियादी दोष और कमज़ोरियाँ हो सकती हैं, जो पूर्ण क्षमता को साकार करने की राह में बाधा डाल रही हों। पूरी निष्ठुरता से ईमानदार बनें।

एक बार जब आपकी समस्या या बाधा आपके सामने स्पष्ट हो जाती है, तो विचार, अवसर और जवाब विभिन्न स्रोतों से आपके पास आने लगेंगे। आप उन संसाधनों को आकर्षित करने लगेंगे, जो उस बाधा या मुश्किल को पार करने में आपकी मदद करेंगे - या तो आपके भीतर या आपके आस-पास की स्थिति के भीतर - और आपको ज़्यादा तेज़ी से अपने लक्ष्य की ओर बढ़ाएँगे।

लगभग हर समस्या सुलझाई जा सकती है

पुरानी कविता याद करें, "इस धरती की हर समस्या का कोई समाधान या तो है या फिर नहीं है। अगर समाधान है, तो इसे खोज लो। अगर नहीं है, तो इसकी चिंता मत करो।"

आपके और आपकी उपलब्धि के बीच खड़ी हर समस्या या बाधा का आम तौर पर कहीं न कहीं, किसी न किसी तरह का समाधान ज़रूर होता है। आपका काम इस बारे में पूरी तरह स्पष्ट रहना है कि कौन सी चीज़ आपके लक्ष्य हासिल करने की गति को तय करती है। फिर अपना समय और ध्यान उस अड़चन को दूर करने पर केंद्रित करें। अपनी प्रमुख बाधा या अड़चन दूर करके आप अक्सर कुछ ही महीनों में इतनी ज़्यादा तरक़्क़ी कर लेंगे, जितनी ज़्यादातर लोग कई सालों में भी नहीं कर पाते।

☆ राह की बाधाओं को हटा दें

1. एक प्रमुख लक्ष्य चुन लें और फिर पूछें, "मैं इस वक़्त वहाँ क्यों नहीं हूँ? कौन सी चीज़ या व्यक्ति मुझे पीछे रोके हुए है?" जो भी चीज़ दिमाग़ में आए उसकी सूची बना लें।
2. अपने भीतर झाँकें और इस संभावना को ध्यान में रखें कि आपके डर और शंकाएँ ही सफलता की राह में आपकी सबसे बड़ी बाधाएँ हैं।
3. अपने भीतर और बाहर की अड़चन या सीमित करने वाले तत्व को पहचानें, जो आपके लक्ष्य हासिल करने की गति को तय करता है।
4. अपनी प्रमुख समस्या या बाधा की कई परिभाषाएँ गढ़ें। बार-बार पूछते रहें, "और कौन सी चीज़ समस्या की वजह हो सकती है?"
5. अपने सर्वश्रेष्ठ समाधान को लक्ष्य के रूप में परिभाषित करें, एक समयसीमा तय कर लें, एक कार्ययोजना बना लें और फिर अपनी योजना पर काम करने में जुट जाएँ। हर दिन इस पर तब तक काम करें, जब तक कि समस्या सुलझ न जाए या बाधा दूर न हो जाए।

11

अपने क्षेत्र में विशेषज्ञ बनें

असाधारण व्यक्ति साधारण व्यक्ति ही होता है, जो सफलता के बारे में सोचता और सपने देखता है तथा ज़्यादा लाभदायक क्षेत्रों में ऐसा करता है।

- मेल्विन पॉवर्स

सेना में भर्ती होने के लिए प्रेरित करने वाले पोस्टर की तरह आपका एक लक्ष्य है "वह सब बनना, जो आप बन सकते हैं।" बाज़ार सिर्फ़ उत्कृष्ट प्रदर्शन के लिए ही उत्कृष्ट पुरस्कार देता है। औसत प्रदर्शन के लिए वह औसत पुरस्कार देता है और औसत से कमतर प्रदर्शन के लिए असफलता, कम उपलब्धि व कुंठा देता है।

हमारी अर्थव्यवस्था में आमदनी तीन घटकों से तय होती है : पहला, आप क्या करते हैं; दूसरा, आप उसे कितनी अच्छी तरह करते हैं; और तीसरा, किसी दूसरे द्वारा आपका स्थान लेना कितना मुश्किल है।

सबसे सफल लोगों का एक गुण यह होता है कि अपने कैरियर में एक निश्चित बिंदु पर उन्होंने "उत्कृष्टता के प्रति समर्पित होने" का फ़ैसला कर लिया। उन्होंने अपने कार्य क्षेत्र में सर्वश्रेष्ठ बनने का फ़ैसला कर लिया। उन्होंने कोई भी क़ीमत चुकाने, कोई भी त्याग करने और कितना भी समय लगाने का फ़ैसला कर लिया, ताकि वे अपने चुने हुए क्षेत्र में बहुत अच्छे बन जाएँ। इस निर्णय का परिणाम यह हुआ कि वे औसत लोगों की भीड़ से ऊपर उठ गए और आमदनी की उस ऊँची श्रेणी में पहुँच गए, जहाँ वे अपने असमर्पित साथियों से तीन, चार, पाँच या दस गुना कमाने लगे।

एक बार फिर 80/20 का नियम

कई साल पहले जब मैंने अपना सेल्स कैरियर शुरू किया, तो किसी ने मुझे सेल्स में लागू होने वाला 80/20 का नियम बताया। उसने कहा कि 20 प्रतिशत सेल्सपीपुल

80 प्रतिशत पैसा कमाते हैं। इसका मतलब है कि बचे हुए 80 प्रतिशत सेल्सपीपुल सिर्फ़ 20 प्रतिशत पैसा कमाते हैं और यह उनके बीच बँट जाता है। यह सुनकर मैंने फ़ैसला कर लिया कि मैं नीचे के 80 प्रतिशत के बजाय ऊपर के 20 प्रतिशत वाले समूह का सदस्य होना चाहूँगा। इस निर्णय ने मेरी ज़िंदगी हमेशा के लिए बदल दी।

चूँकि मेरा बचपन मुश्किलों से भरा था और मुझे स्कूल में औसत से कम ग्रेड मिले थे, इसलिए मेरी आत्म-छवि .ख़राब थी और मेरे आत्म-विश्वास का स्तर भी कम था। यह मुझे कभी सूझा ही नहीं कि मैं किसी चीज़ में माहिर हो सकता हूँ। अगर मैं कभी किसी चीज़ को अच्छी तरह करता था, तो मैं फ़ौरन इसे संयोग या ख़ुशक़िस्मती मान लेता था। बरसों तक मैंने ख़ुद को औसत या औसत से कम माना - अपने हर काम में।

गूढ़ ज्ञान

फिर एक दिन अचानक मुझे ज्ञान की कौंध दिखी। मुझे एहसास हुआ कि शीर्षस्थ 10 प्रतिशत की श्रेणी में शामिल हर व्यक्ति शुरुआत में 10 प्रतिशत की निचली श्रेणी में भी रहा था। आज बहुत अच्छा काम करने वाला व्यक्ति कभी बहुत .ख़राब काम कर रहा था। आज जीवन की सबसे सामने वाली क़तार में खड़े व्यक्ति ने अपना जीवन सबसे पीछे की क़तार से शुरू किया था। और इससे भी ज़्यादा महत्वपूर्ण बात, मुझे यह समझ में आ गया कि दूसरों ने जो भी किया है, तार्किक सीमाओं में मैं भी वह कर सकता हूँ। और यह लगभग हर एक के बारे में सही है।

कोई भी आपसे बेहतर नहीं है और कोई भी आपसे ज़्यादा स्मार्ट नहीं है। लोग तो बस अलग-अलग क्षेत्रों में बेहतर या ज़्यादा स्मार्ट होते हैं। इसके अलावा बिज़नेस की सभी योग्यताएँ सीखी जा सकती हैं। जो लोग बिज़नेस के किसी क्षेत्र में बेहतर प्रदर्शन कर रहे हैं, उन्होंने आपसे पहले ज़रूरी मूलभूत योग्यताएँ सीख ली हैं। अगर आप दूसरों जितना हासिल नहीं कर पा रहे हैं, तो इसका सिर्फ़ यह मतलब है कि आप वे योग्यताएँ अब तक नहीं सीख पाए हैं।

आत्म-विकास का फ़ौलादी नियम

यहाँ पर मेरे लिए एक और क्रांतिकारी एहसास था : *आप अपने तय किए गए किसी भी लक्ष्य को हासिल करने के लिए हर ज़रूरी चीज़ सीख सकते हैं।* आप क्या हासिल कर सकते हैं, इस बारे में कोई वास्तविक सीमा नहीं है। आपकी सीमाएँ सिर्फ़ वही हैं, जो आपने अपने दिमाग़ और कल्पना में बना रखी हैं। अगर आप

उत्कृष्ट बनने और अपने क्षेत्र के शीर्षस्थ 10 प्रतिशत लोगों के समूह में पहुँचने का फ़ैसला करते हैं, तो पृथ्वी की कोई चीज़ आपको वहाँ पहुँचने रोक नहीं सकती, सिवाय आपके।

क्या यह काम आसान होगा? ज़ाहिर है नहीं! मैंने इस पुस्तक में "आसान" शब्द का ज़्यादा इस्तेमाल नहीं किया है। हर सार्थक चीज़ पाने में बहुत समय लगता है और बहुत मेहनत करनी पड़ती है। लेकिन अगर आप इसे पूरी शिद्दत से चाहें और पर्याप्त समय तक मेहनत करने के इच्छुक हों, तो इसे पाना संभव है। और यह सफलता इतनी बड़ी होती है कि इसके लिए हर संभव कोशिश करनी चाहिए।

प्रेरक वक्ता लेस ब्राउन कहते हैं, "जिस चीज़ को आपने पहले कभी हासिल नहीं किया, उसे हासिल करने के लिए आपको वैसा व्यक्ति बनना होगा, जैसे आप पहले कभी नहीं थे।"

जर्मन दार्शनिक जोहानन वॉल्फ़गैंग वॉन गेटे ने कहा था, "ज़्यादा पाने के लिए आपको पहले ज़्यादा बनना होगा।"

जब आप अपने क्षेत्र के सर्वश्रेष्ठ लोगों में से एक बनने का फ़ैसला कर लेते हैं, तो इसके बाद आप यह सवाल पूछते हैं, मैं इसे कैसे हासिल करूँ? हर क्षेत्र में लाखों लोग शून्य से शिखर पर पहुँचे हैं। यह इस बात का सबूत है कि आप भी यह काम कर सकते हैं। इनमें से कई लोगों में शायद आपके जितने नैसर्गिक गुण और योग्यताएँ नहीं होंगी। बहरहाल, जीवन के अधिकांश क्षेत्रों में उत्कृष्टता और महान सफलता पाने के लिए नैसर्गिक योग्यता और गुण के बजाय कड़ी मेहनत और समर्पण ज़्यादा महत्वपूर्ण होते हैं।

क्या सफलता के लिए शिक्षा अनिवार्य है?

फ़ोर्ब्स 400 के सदस्यों यानी अमेरिका के 400 सबसे अमीर स्त्री-पुरुषों के बारे में कुछ साल पहले एक अध्ययन किया गया। इसमें शोधकर्ताओं ने पाया कि जो व्यक्ति हाई स्कूल की पढ़ाई अधूरी छोड़कर *फ़ोर्ब्स 400* में आया था, उसके पास कॉलेज या यूनिवर्सिटी की पढ़ाई पूरी करने वाले लोगों से औसतन 333 मिलियन डॉलर ज़्यादा संपत्ति थी।

मैं इसका ज़िक्र इसलिए कर रहा हूँ, क्योंकि कई लोग महसूस करते हैं कि अगर उन्हें स्कूल में अच्छे ग्रेड नहीं मिले, तो उनकी संभावनाएँ सीमित हैं और वे जीवन में कुछ भी हासिल नहीं कर पाएँगे। कोई भी चीज़ सच्चाई से इतनी दूर नहीं है। अमेरिका और दुनिया भर के कई सबसे दौलतमंद और सफल स्त्री-पुरुषों का प्रदर्शन स्कूल में बहुत ख़राब रहा था।

यह सवाल याद रखें, "आप हाथी को खाते हैं?" और यह जवाब भी, "एक बार में एक निवाला।" हर काम में उत्कृष्ट बनने का भी यही तरीक़ा है। आप एक-एक क़दम, एक-एक योग्यता, एक बार में एक छोटा सा सुधार करके शिखर की ओर बढ़ते हैं।

बढ़ती या घटती संपत्ति?

तथ्य यह है कि आपके ज्ञान और योग्यता का वर्तमान स्तर आज पहले से ज़्यादा तेज़ी से दक़ियानूसी बनता जा रहा है। मैं पहले ज़िक्र कर चुका हूँ कि आपकी "आमदनी की योग्यता" बढ़ती या घटती संपत्ति हो सकती है, जो इस बात पर निर्भर करता है कि आप इसे बढ़ा रहे हैं या फिर इसे दक़ियानूसी बनने दे रहे हैं। यह चुनाव आप हर दिन कर रहे हैं या नहीं कर रहे हैं।

अच्छी ख़बर यह है कि जब आप उत्साह से अपने ज्ञान और योग्यताओं को बढ़ाना शुरू करते हैं और अपने क्षेत्र में सर्वश्रेष्ठ बनने की राह पर चल पड़ते हैं, तो ऐसा लगेगा जैसे आप किसी रेस में हों, जिसमें सिर्फ़ आप ही दौड़ रहे हों। आप बहुत जल्दी बाक़ी लोगों की भीड़ से आगे निकल जाते हैं और नेतृत्व करने लगते हैं। इस दौरान आपके ज़्यादातर प्रतिस्पर्धी सिर्फ़ टहल रहे होंगे और नौकरियाँ बचाने के लिए अनिवार्य न्यूनतम काम कर रहे होंगे। उत्कृष्टता के प्रति समर्पित होने का विचार उनके दिमाग़ में कभी आया ही नहीं।

पहचानें कि आपको किस ज्ञान की ज़रूरत होगी

आप उत्कृष्टता की यात्रा यह सवाल पूछकर शुरू करते हैं कि, महीनों या वर्षों बाद अपने क्षेत्र में नेतृत्व करने के लिए मुझे किस अतिरिक्त ज्ञान, योग्यता और जानकारी की ज़रूरत होगी?

ख़ुद को तीन से पाँच साल आगे ले जाकर कल्पना करें कि आप अपने उद्योग के सर्वश्रेष्ठ, सबसे ज़्यादा भुगतान पाने वाले व्यक्तियों में से एक हैं। इसके लिए आपको क्या बनना होगा? इस बिंदु तक पहुँचने के लिए आपको क्या करना, सीखना या हासिल करना होगा? अपने क्षेत्र में नेतृत्व करने के लिए आपको किन योग्यताओं में माहिर बनने की ज़रूरत होगी?

कैरियर की सही योजना बनाएँ

एक समय की बात है। मेरा एक अच्छा दोस्त एक छोटी कंपनी में वकील था। उसके पिता भी एक वकील थे, इसलिए यूनिवर्सिटी पहुँचने पर उसने भी वकालत

का पेशा चुन लिया। पढ़ाई पूरी होने के बाद वह अपने दोस्तों और सहयोगियों के साथ वकालत करने लगा। लेकिन जल्द ही वह इस नतीजे पर पहुँचा कि वकालत उसके लिए उपयुक्त पेशा नहीं है। इसके बजाय उसने बिज़नेस में अपना कैरियर बनाने का फ़ैसला किया।

तब तक उसकी उम्र छब्बीस साल हो चुकी थी। काफ़ी विरोध का सामना करते हुए उसने अपने सभी संसाधन जुटाए और समर्पण भाव के साथ हार्वर्ड यूनिवर्सिटी में एमबीए प्रोग्राम में दाख़िला ले लिया। इसमें दो साल का समय लगा, लेकिन आख़िरकार उसने इसे पूरा कर लिया। उसे हार्वर्ड की प्रतिष्ठित एमबीए डिग्री लेने और अपेक्षित कोर्स करने में दो साल का समय और लगा।

वह अपने गृह नगर लौटा और नौकरियों के लिए इंटरव्यू देने लगा। आख़िरकार उसने तीव्र विकास करने वाली एयरलाइन में शुरुआती मैनेजर का पद चुन लिया। उसके लिए यह आदर्श कैरियर का दाँव साबित हुआ। दस साल के भीतर वह उस एयरलाइन का प्रेसिडेंट बन गया और आज वह अपने साथ पढ़ने वाले किसी भी वकील से दस गुना ज़्यादा कमाता है। वह एक बड़ी राष्ट्रीय कंपनी के युवा और सबसे सम्मानित एक्ज़ीक्यूटिव्ज़ में से एक बन चुका है।

आपके पास कई नौकरियाँ और कैरियर होंगे

अनुमान है कि आज काम शुरू कर रहा व्यक्ति औसतन चौदह पूर्णकालिक नौकरियाँ करेगा, जो दो साल या अधिक चलेंगी। उसके पास चार-पाँच पूर्णकालिक कैरियर होंगे, जो अलग-अलग व्यवसायों या उद्योगों में होंगे। चार करोड़ अमेरिकी अपने अधिकांश कैरियर में अस्थायी कर्मचारी होंगे। वे एक कंपनी के लिए कभी लंबे समय तक काम नहीं करेंगे, बल्कि इसके बजाय प्रोफ़ेशनल या तकनीकी काम करते हुए एक कंपनी से दूसरी कंपनी में आते-जाते रहेंगे।

यह लगभग अपरिहार्य है कि जब आप विकास करेंगे और परिपक्व बनेंगे, तो आपका कैरियर भी लगातार बदलेगा। आपको लगातार सड़क पर आगे देखते रहना होगा और उन योग्यताओं तथा दक्षताओं के बारे में सोचते रहना होगा, जिनकी ज़रूरत आपको उतना पैसा कमाने के लिए होगी, जितना आप आने वाले वर्षों में कमाना चाहते हैं।

अपने प्रमुख परिणाम क्षेत्रों को पहचानें

जैसा कि मैंने पहले ज़िक्र किया था, हर काम में पाँच से सात प्रमुख परिणाम क्षेत्र होते हैं। मिसाल के तौर पर, सेल्स के सात प्रमुख परिणाम क्षेत्र ये हैं : पहला,

प्रॉस्पेक्टिंग; दूसरा, तालमेल स्थापित करना; तीसरा, आवश्यकताओं को पहचानना; चौथा, समाधान प्रस्तुत करना; पाँचवाँ, आपत्तियों का जवाब देना; छठा, सेल क्लोज़ करना; और सातवाँ, संतुष्ट ग्राहकों को दोबारा बिक्री करना और संदर्भ (referrals) पाना।

अगर आप सेल्स लाइन में हैं, तो आपको इनमें से हर क्षेत्र में एक से दस के ग्रेड पर अपना मूल्यांकन करना चाहिए, जिसमें एक न्यूनतम और दस सर्वोच्च है। सातों श्रेणियों में आपका स्कोर कम से कम 7 होना चाहिए, तभी आप अपने क्षेत्र के शीर्षस्थ 20 प्रतिशत लोगों के समूह में पहुँच सकते हैं।

एक बार जब आप इन सातों क्षेत्रों में अपनी ग्रेडिंग कर लें, तो आपको यह सूची अपने बॉस, या इससे भी बेहतर है कि अपने किसी ग्राहक, के पास ले जाना चाहिए और उससे ख़ुद को ग्रेड देने का अनुरोध करना चाहिए। इससे आपकी आँखे खुल सकती हैं। अक्सर, आप अपना जो मूल्यांकन करते हैं, वह दूसरों के मूल्यांकन से बहुत अलग और ज़्यादा ऊँचा हो सकता है।

चाहे आपके अंतिम ग्रेड जो भी हों, आपको पता चल जाएगा कि किस प्रमुख योग्यता में आप सबसे कमज़ोर हैं। अब आपको इस कमज़ोर योग्यता पर मेहनत करनी चाहिए, ताकि यह बाक़ी योग्यताओं के बराबर या उनसे भी ज़्यादा हो जाए। आपकी सबसे कमज़ोर प्रमुख योग्यता ही आपकी आमदनी की ऊँचाई तय करती है और यह भी तय करती है कि आप अपने कैरियर में कितनी तेज़ी से और कितनी दूर जाते हैं।

तेज़ मार्ग पर पहुँचें

आपके भावी कैरियर के लिए एक बड़ा सवाल यह है : **वह कौन सी एक योग्यता है, जिसे अगर आप विकसित कर लें और उत्कृष्ट अंदाज़ में करें, तो उसका आपके कैरियर पर सबसे सकारात्मक असर पड़ेगा?** यह व्यक्तिगत और व्यावसायिक विकास के लिए आपका केंद्रबिंदु होना चाहिए।

अगर आपको इस सवाल के जवाब को लेकर दुविधा हो, तो अपने बॉस से पूछें। अपने सहकर्मियों से पूछें। अपने स्टाफ़ से पूछें। अपने जीवनसाथी और दोस्तों से पूछें। यह बिलकुल अनिवार्य है कि आप इस सवाल का जवाब खोज लें और फिर अपनी सारी ऊर्जा इस ख़ास क्षेत्र में प्रदर्शन को बेहतर बनाने में लगा दें।

व्यक्तिगत और व्यावसायिक बेहतरी के लिए यह आपका प्रमुख निश्चित उद्देश्य बन जाता है। इसे लिख लें, समयसीमा तय करें, योजना बनाएँ, उस पर काम करें और फिर हर दिन इस ख़ास योग्यता में बेहतर बनने के लिए कुछ न कुछ करें।

एक बार जब आप अपने सबसे कमज़ोर प्रमुख परिणाम क्षेत्र में महारत हासिल कर लें, तो फिर ख़ुद से दोबारा सवाल पूछें : अब वह कौन सी एक योग्यता है, जो मेरी सबसे ज़्यादा मदद करेगी ? इस सवाल का जवाब चाहे जो हो, उस योग्यता पर तब तक काम करें, जब तक कि आप उस क्षेत्र में भी माहिर न हो जाएँ।

हर क्षेत्र में सबसे ज़्यादा भुगतान पाने वाले लोगों का स्कोर हर प्रमुख परिणाम क्षेत्र में आठ, नौ या दस होता है। आपका भी यही लक्ष्य होना चाहिए।

उत्कृष्ट एक्ज़ीक्यूटिव

अगर आप मैनेजमेंट में हैं, तो सात प्रमुख परिणाम क्षेत्र आपके काम में आपकी सफलता या असफलता को तय करते हैं। ये हैं (1) नियोजन (planning), (2) व्यवस्थापन (organizing), (3) स्टाफ़ की नियुक्ति (staffing), (4) काम सौंपना (delegating), (5) निरीक्षण करना (supervising), (6) मूल्यांकन करना (measuring), और (7) रिपोर्ट बनाना (reporting)।

सभी सफल मैनेजर इन सभी में उत्कृष्ट होते हैं। सभी असफल मैनेजर इनमें से एक या ज़्यादा में कमज़ोर होते हैं। अगर आप इन प्रमुख परिणाम क्षेत्रों में से किसी एक में भी काफ़ी कमज़ोर हैं, तो यह कमज़ोरी आपकी सफलता के लिए घातक हो सकती है।

मिसाल के तौर पर, अगर आप काम सौंपने के अलावा प्रबंधन के हर हिस्से में उत्कृष्ट हैं, तो यह आपके कैरियर में हर दिन आपको रोके रहेगा। मैंने ऐसे मैनेजर्स के साथ काम किया है, जो काम सौंपने के मामले में इतने कमज़ोर थे कि कुछ भी नहीं करवा पाते थे। अंततः कंपनी को उन्हें नौकरी से निकालना पड़ा, क्योंकि उनकी वजह से बिज़नेस को बहुत नुक़सान हो रहा था।

इन प्रमुख परिणाम क्षेत्रों में से प्रत्येक में ख़ुद को एक से दस तक ग्रेड दें। आस-पास के लोगों से भी अपनी ग्रेडिंग करने को कहें। और ईमानदार रहें। विनम्र सहकर्मी के कूटनीतिक जवाब को स्वीकार न करें। सच्चाई की तलाश करें।

360 डिग्री का विश्लेषण करें

"360 डिग्री का विश्लेषण" आज प्रयुक्त होने वाले लोकप्रिय प्रबंधन साधनों में से एक है। इस तरह के विश्लेषण में किसी ख़ास मैनेजर के अधीन काम करने वाले लोगों से उसके बारे में ग़ुमनाम रिपोर्ट माँगी जाती है। सर्वे की सारी रिपोर्ट्स एक बाहरी परामर्शदाता को सौंप दी जाती हैं, जो जवाबों को संक्षेप में प्रस्तुत करता है। फिर यह संक्षेप उस मैनेजर को दे दिया जाता है, ताकि वह देख सके कि दूसरे

उसका कैसा मूल्यांकन करते हैं। इससे अक्सर उस मैनेजर को सदमा लगता है।

मिसाल के तौर पर, मैनेजर कहेगा, "मैं सावधानी से और सोच-विचारकर निर्णय लेता हूँ।" लेकिन स्टाफ़ कहेगा, "निर्णय लेने के मामले में बॉस कमज़ोर, अनिर्णयशील और असुरक्षित है।"

हाल की एक मैनेजमेंट स्टडी में 75 प्रतिशत मैनेजर्स ने प्रभावकारिता के मामले में अपनी ग्रेडिंग शीर्षस्थ 25 प्रतिशत में की। अधिकांश मैनेजर्स ने व्यक्तित्व और बुद्धि के संदर्भ में अपनी ग्रेडिंग शीर्ष 20 प्रतिशत में की। चाहे गुण या लक्षण जो भी हो, हममें अपना ऊँचा मूल्यांकन करने की स्वाभाविक प्रवृत्ति होती है। इसीलिए साथियों को नियमित मूल्यांकन से बहुत मदद मिलती है।

व्यक्तिगत विकास का लक्ष्य बना लें

एक बार जब आप उस प्रमुख परिणाम क्षेत्र को तय कर लें, जहाँ आप सबसे ज़्यादा सुधार करना चाहते हैं और जिसकी सबसे ज़्यादा ज़रूरत है, तो इसका लक्ष्य बना लें, योजना बना लें, पैमाना निर्धारित कर लें और समयसीमा भी तय कर लें। फिर हर दिन उस क्षेत्र में बेहतर बनने के लिए काम करें। एक हफ़्ते, महीने या साल में आप उस क्षेत्र में पूरी तरह उत्कृष्ट बन जाएँगे। आप विशेषज्ञ बन जाएँगे।

आप जैसे हैं, ख़ुद को उसी रूप में स्वीकर करें

हाल के वर्षों में एक बहुत लोकप्रिय बिज़नेस पुस्तक आई है, जिसका शीर्षक है *नाउ, डिस्कवर युअर स्ट्रेंथ्स!* यह पुस्तक पुरानी बेस्टसेलर *फ़र्स्ट, ब्रेक ऑल द रूल्स* के बाद आई है! इन दोनों पुस्तकों का आम निष्कर्ष यह है कि "लोग नहीं बदलते हैं।"

आप कुछ निश्चित नैसर्गिक योग्यताओं, दक्षताओं, प्रवृत्तियों, शक्तियों, कमज़ोरियों और गुणों के साथ पैदा हुए हैं। ये जीवन में जल्दी ही प्रकट हो जाते हैं और आम तौर पर किशोरावस्था ख़त्म होते-होते स्थायी बन जाते हैं। ये बाद में बहुत ज़्यादा नहीं बदलते।

आप अपने कैरियर में एक बहुत महत्वपूर्ण क़दम उठा सकते हैं। यह पहचान लें कि आप सचमुच किस चीज़ में अच्छे हैं या अच्छे बन सकते हैं और फिर पूरे दिल से उस क्षेत्र में उत्कृष्ट बनने में जुट जाएँ।

1920 के दशक में मैनेजमेंट परामर्शदाता मैरी पार्कर फ़ोलेट ने लिखा था, "घोड़े पर सवारी करने की सबसे अच्छी दिशा वही है, जिधर घोड़ा जा रहा हो।" ख़ुद को विकसित करने का सबसे अच्छा तरीक़ा अपने प्राकृतिक गुणों और रुचियों

की दिशा में है। लेखक और वक्ता जिम कैथकार्ट कहते हैं, "अपने स्वभाव को पोषण दें।" यह बहुत महत्वपूर्ण सलाह है और आपको अपने कैरियर में इसका पालन करना चाहिए।

आपको इस धरती पर कुछ ख़ास गुणों और योग्यताओं के साथ भेजा गया है, जो आपको बाक़ी लोगों से अलग और अनूठा बनाती हैं। ज़िंदगी भर आप अक्सर ही गतिविधि के ऐसे क्षेत्र की ओर आकर्षित होते हैं, जहाँ आपके ख़ास गुणों और योग्यताओं ने आपको ज़्यादा हासिल करने में समर्थ बनाया हो और ऊँचे स्तर पर काम करने का आनंद दिया हो - बाक़ी चीज़ों से ज्यादा। जीवन में आपका एक महान लक्ष्य ऐसी एक-दो योग्यताओं को पहचानना है, जिनमें आप बाक़ी किसी से भी बेहतर काम कर सकते हैं और ज़्यादा आनंद ले सकते हैं। फिर इन क्षेत्रों में पूरी तरह उत्कृष्ट बनने के लिए ध्यान एकाग्र कर लें।

अपने गुणों का विकास करें

बास्केटबॉल खिलाड़ी माइकल जॉर्डन ने एक बार कहा था, "गुण (talent) हर एक में होता है, लेकिन योग्यता (ability) के लिए कड़ी मेहनत की ज़रूरत होती है।" कवि लाँगफ़ेलो ने लिखा है, "आम आदमी की बड़ी त्रासदी यह है कि वह जब अपनी क़ब्र में पहुँचता है, तब भी उसका संगीत उसके भीतर ही रहता है।"

हो सकता है कि आप बरसों तक किसी ऐसी नौकरी में जूझते रहें, जिसके लिए आप उपयुक्त नहीं हैं और फिर अपने आदर्श क्षेत्र में पहुँच जाएँ जहाँ कुछ ही वर्षों में आप इतनी ज़्यादा तरक़्क़ी कर लें, जितनी इससे पहले बीस बर्ष में भी नहीं कर पाए थे।

नेपोलियन हिल ने एक बार लिखा था कि अमेरिका में सफलता की कुंजी "यह पता लगाना है कि आपको सचमुच किस काम से प्रेम है और फिर उसे करते हुए अच्छी आजीविका कमाने का तरीक़ा खोजना है।"

ज़्यादातर स्वनिर्मित मिलियनेअर्स कहते हैं, "मैंने कभी ज़िंदगी में एक दिन भी काम नहीं किया।" उन्होंने तो बस यह पता लगा लिया कि उन्हें सचमुच किसमें आनंद आता था और फिर उन्होंने उस चीज़ को ज़्यादा से ज़्यादा किया।

अपने ख़ास गुणों को पहचानें

अपने ख़ास गुणों को पहचानने और तय करने के आठ तरीक़े हैं। इनसे आपको यह पता लग जाएगा कि आप क्या करने के लिए अनूठे रूप से उपयुक्त हैं। ये हैं:

पहला, आप हमेशा उस काम में सर्वश्रेष्ठ और सबसे सुखी होंगे, जिसे करना

आपको पसंद है। अगर आप आर्थिक दृष्टि से सक्षम हों, तो आप उसे बिना तनख़्वाह के भी करना चाहेंगे। वह चीज़ आपके सर्वश्रेष्ठ स्वरूप को बाहर निकालती है और वह ख़ास काम करते समय आपको बहुत ज़्यादा संतुष्टि तथा आनंद मिलता है।

दूसरा, *आप* इसे अच्छी तरह करते हैं। आपमें इस क्षेत्र में स्वाभाविक योग्यता नज़र आती है।

तीसरा, इसी गुण की जीवन में अब तक *आपको* ज़्यादातर सफलता और ख़ुशी मिली है। बचपन से ही इसे करना आपको पसंद था और इसकी वजह से आपको सबसे बड़े पुरस्कार और प्रशंसा मिली है।

चौथा, यह ऐसी चीज़ है, *जिसे सीखना और करना आपके लिए आसान था।* दरअसल, इसे सीखना इतना आसान था कि आप भूल ही चुके हैं कि आपने इसे कब और कैसे सीखा था। आपने तो बस एक दिन ख़ुद को वह काम आसानी से और अच्छी तरह करते पाया।

पाँचवाँ, *इसमें आपका मन लगता है।* यह आपको आकर्षित और मंत्रमुग्ध करता है। आप इसके बारे में सोचना पसंद करते हैं, पढ़ना पसंद करते हैं, बातें करना पसंद करते हैं और इसके बारे में ज़्यादा से ज़्यादा पता लगाते हैं। यह आपको उसी तरह आकर्षित करता है, जिस तरह शमा पतंगे को आकर्षित करती है।

छठा, *आप इसके बारे में सीखना पसंद करते* हैं और आप ज़िंदगी भर इसमें बेहतर बनते जाते हैं। आपमें इस ख़ास क्षेत्र में सचमुच उत्कृष्ट बनने की गहरी आंतरिक इच्छा होती है।

सातवाँ, जब आप इसे करते हैं, *तो वक़्त ठहर सा जाता है।* आपमें बिना खाए या सोए लंबे समय तक इसे करने का गुण होता है, क्योंकि आप इसमें खो या डूब जाते हैं।

और आठवाँ, जिस काम के लिए आप सबसे ज़्यादा उपयुक्त होते हैं, उस क्षेत्र के विशेषज्ञों की आप सचमुच प्रशंसा और सम्मान करते हैं। आप उनके जैसा बनना चाहते हैं, उनके आस-पास रहना चाहते हैं और हर तरह से उनका अनुकरण करना चाहते हैं।

अगर ऊपर दिए गए वर्णन किसी चीज़ पर लागू होते हैं, जो आप इस वक़्त कर रहे हैं या जिसे आप अतीत में कर चुके हैं, तो यही वह काम - आपके "हृदय की इच्छा" - है, जिसे करने के लिए आपको इस पृथ्वी पर भेजा गया है।

आप उत्कृष्ट बनने के लिए पैदा हुए हैं

आपके नैसर्गिक गुण जन्मजात हैं और उन्हें विकसित करना आसान है। उनकी

प्रोग्रामिंग आपके अवचेतन मन में की गई है। इनका संबंध उन कामों से है, जिन्हें करने के लिए आपको इस धरती पर भेजा गया है। आपका काम अपने नैसर्गिक गुणों और योग्यताओं के क्षेत्र का पता लगाना है और फिर उसे ज़िंदगी भर विकसित करना है।

कई योग्यताएँ एक- दूसरे की पूरक होती हैं। वे परस्पर निर्भर होती हैं। इसका मतलब है कि आपके पास एक योग्यता निश्चित स्तर पर होनी चाहिए, तभी आप दूसरी योग्यताओं का ज़्यादा ऊँचे स्तर पर प्रयोग कर पाएँगे। इसीलिए कई बार आपको वे योग्यताएँ सीखनी और विकसित करनी होती हैं, जिन्हें आप ख़ास पसंद नहीं करते हैं, या जिनमें आपको ज़्यादा मज़ा नहीं आता है। लेकिन यह तो चुनिंदा क्षेत्र में उत्कृष्टता हासिल करने की क़ीमत है, जो आपको चुकानी होती है।

एक योग्यता दूर

यहाँ पर एक नियम देखें : हो सकता है कि आप अपनी उत्पादकता, प्रदर्शन और आमदनी को दोगुना करने से सिर्फ़ एक योग्यता भर दूर हों। हो सकता है कि आपको एक क्षेत्र में अपनी योग्यता का स्तर थोड़ा सा ऊपर उठाने की ज़रूरत हो, जिसके बाद आप अपनी बाक़ी योग्यताओं का ज़्यादा ऊँचे स्तर पर प्रयोग करने में समर्थ हो जाएँगे।

याद रखें, व्यवसाय संबंधी सभी योग्यताएँ सीखी जा सकती हैं। व्यावसायिक योग्यताएँ आनुवंशिकी द्वारा तय नहीं होतीं। अगर आपको अपनी पूर्ण क्षमता तक पहुँचने और उसका प्रयोग करने के लिए किसी व्यावसायिक योग्यता को सीखने की ज़रूरत है, तो आप अभ्यास और दोहराव के ज़रिये इसे सीख सकते हैं।

ख़राब प्रदर्शन के जाल से बचें

आम तौर पर देखा जाता है कि अगर आप किसी ख़ास योग्यता में कमज़ोर हैं, तो आप उससे संबंधित हर काम करने से कतराएँगे। आप "सीखी हुई असहायता" के जाल में फँस जाएँगे। आप कहेंगे, "मैं दरअसल इस क्षेत्र में बहुत अच्छा नहीं हूँ।" या, "मुझमें इस योग्यता संबंधी कोई नैसर्गिक गुण या प्रतिभा नहीं है।"

लेकिन यह सिर्फ़ बहाना या ख़ुद को तर्कसंगत सिद्ध करने की कोशिश है। अगर वह योग्यता आपके लिए महत्त्वपूर्ण है, तो आप उसे सीख सकते हैं। सबसे बुरा निर्णय यह है कि आप किसी छोटी सी योग्यता की कमी के कारण ख़ुद को महीनों या बरसों तक पीछे रखें, जिसे समर्पण और संकल्प द्वारा बड़ी जल्दी सीखा जा सकता है। ऐसा अपने साथ न होने दें।

उत्कृष्टता एक यात्रा है

एक पुरानी कहावत है : "कोई भी अच्छी तरह करने लायक़ चीज़ पहले ख़राब तरीक़े से करने लायक़ होती है।" अभ्यास आदर्श नहीं बनाता; दोषपूर्ण (imperfect) अभ्यास अंततः आदर्श (perfect) बनाता है।

जब भी आप कोई नई चीज़ शुरू करते हैं, तो यह तय मानकर चलिए कि पहलेपहल आप इसे ख़राब तरीक़े से करेंगे। शुरुआत में आप फूहड़ और अजीब महसूस करेंगे। आप अक्सर मूर्ख और शर्मिंदा महसूस करेंगे। लेकिन आपको अपने क्षेत्र में उत्कृष्टता हासिल करने के लिए यह क़ीमत तो चुकानी ही होती है। आपको हमेशा सफलता की क़ीमत चुकानी होगी और उस क़ीमत में अक्सर किसी मुश्किल योग्यता में महारत हासिल करने की कड़ी मेहनत शामिल होती है, जिसकी ज़रूरत आपको अपने क्षेत्र में शिखर पर पहुँचने के लिए होगी।

अपनी जादू की छड़ी लहराएँ

जादू की छड़ी वाली तकनीक का इस्तेमाल करें। कल्पना करें कि आप जादू की छड़ी लहराकर किसी ख़ास योग्यता में पूरी तरह उत्कृष्ट बन सकते हैं। यह कौन सी योग्यता होगी ? अगर आप जादू की छड़ी लहरा सकें और अपने गुणों तथा योग्यताओं के संदर्भ में कोई भी इच्छा पूरी कर सकें, तो आप किस चीज़ की इच्छा करेंगे ?

इन सवालों का जवाब अक्सर नए लक्ष्यों का संकेत देगा। आपको प्रमुख अविकसित योग्यताओं और दक्षताओं के संदर्भ में नए लक्ष्य तय करने होंगे, तब कहीं जाकर आप अपने काम में सर्वश्रेष्ठ बन पाएँगे।

"अपने-साथ-यह-करें" प्रोजेक्ट में आजीवन लगे रहें। किसी अति महत्वपूर्ण क्षेत्र में पूरी तरह : उत्कृष्ट बनने के लिए एक, दो या तीन साल का निवेश करने के लिए तैयार रहें। आप जो भी करते हों, उसमें सर्वश्रेष्ठ बनने के लिए कोई भी क़ीमत चुकाने, कोई भी त्याग करने के इच्छुक रहें।

तीन-धन-एक फ़ॉर्मूला

किसी भी योग्यता में महारत हासिल करने का तीन-धन-एक फ़ॉर्मूला सरल है और यह हर बार काम करता है। सबसे पहले तो योग्यता वाले क्षेत्र में हर दिन अध्ययन करें, भले ही सिर्फ़ पंद्रह या तीस मिनट। ज्ञान का संग्रह होता है। आप जितना ज़्यादा पढ़ते और सीखते हैं, आपमें उतना ही ज़्यादा आत्मविश्वास आएगा कि आप उस काम को उत्कृष्ट तरीक़े से कर सकते हैं।

दूसरा, उस विषय पर अपनी कार में शैक्षणिक ऑडियो टेप सुनें। औसत व्यक्ति हर साल ड्राइविंग करते समय अपनी कार में पाँच सौ से एक हज़ार घंटे बिताता है। ड्राइविंग के समय को सीखने के समय में बदल लें। आप अगर अपनी कार में संगीत के बजाय शैक्षणिक ऑडियो टेप सुनते हैं, तो सिर्फ़ इसी से अपने क्षेत्र के सबसे शिक्षित लोगों में से एक बन सकते हैं।

तीसरे, उस विषय पर होने वाले सेमिनारों और वर्कशॉप्स में शिरकत करें। कई लोगों की ज़िंदगी पूरी तरह बदल गई है, क्योंकि उन्होंने किसी प्रमुख विषय पर एक या दो दिन के सेमिनार में भाग लिया था। इसके बाद उस क्षेत्र में उनका कायाकल्प हो गया।

और आख़िरी तत्व है, सीखी गई चीज़ का जल्दी से जल्दी, पहले मौक़े पर अभ्यास करें। जब भी आप कोई अच्छा विचार सुनें, उस पर काम करें। जो व्यक्ति एक विचार सुनता है और उस पर काम करता है, वह उस व्यक्ति से ज़्यादा मूल्यवान है, जो सौ विचार सुनता है, लेकिन उनमें से किसी पर भी काम नहीं करता।

अभ्यास आदर्श बनाता है

आप जो सीख रहे हैं, उसका जितना ज़्यादा अभ्यास करते हैं, आप उतनी ही तेज़ी से उस क्षेत्र में सक्षम और योग्य बनेंगे। आप जितना ज़्यादा अभ्यास करते हैं, आप उतना ही ज़्यादा आत्मविश्वास हासिल करेंगे, आप उस क्षेत्र में अक्षमता की भावनाओं से उतनी ही तेज़ी से उबरेंगे और आप उतनी ही जल्दी इसमें माहिर बनेंगे। जब आप उस योग्यता को अपने मानसिक टूलबॉक्स में जोड़ लेते हैं, तो आप उसे अपने कैरियर में हमेशा के लिए हासिल कर लेंगे।

आज ही, इसी समय संकल्प करें कि आप अपने क्षेत्र के 10 प्रतिशत शीर्षस्थ लोगों के समूह में शामिल होंगे। पता लगाएँ कि वे कौन हैं, वे कितना कमाते हैं और वे आपसे अलग क्या करते हैं। उस ख़ास ज्ञान और योग्यताओं को तय करें, जो उन्होंने विकसित की हैं। फिर उन्हें विकसित करने का संकल्प करें। याद रखें कि किसी भी व्यक्ति ने जो काम किया है, उसे तार्किकता की सीमा में आप भी कर सकते हैं। कोई भी आपसे बेहतर नहीं है; कोई भी आपसे ज़्यादा स्मार्ट नहीं है। आपके क्षेत्र के शीर्षस्थ व्यक्ति किसी वक़्त आपके क्षेत्र में थे भी नहीं। यह तथ्य इस बात का सबूत है कि उन्होंने जो भी हासिल किया है, उसे आप भी हासिल कर सकते हैं, बशर्ते आप लक्ष्य बना लें और इस पर पर्याप्त लंबे समय तक कड़ी मेहनत करें। कोई सीमा नहीं है।

☆ अपने क्षेत्र में विशेषज्ञ बनें

1. आज ही संकल्प करें कि आप अपने क्षेत्र के शीर्षस्थ 10 प्रतिशत लोगों के समूह में शामिल होंगे। उत्कृष्टता के प्रति आजीवन समर्पण कर दें।
2. अपनी नौकरी के प्रमुख परिणाम क्षेत्रों को पहचानें, जिन्हें आपको अपने काम में सफल होने के लिए "पूरी तरह, बिलकुल" अच्छी तरह करना होगा।
3. अपने सबसे कमज़ोर प्रमुख क्षेत्र को पहचानें और उस क्षेत्र में उत्कृष्ट बनने के लिए "अपने-साथ-यह-करें" प्रोजेक्ट शुरू कर दें।
4. पता लगाएँ कि आपको अपने क्षेत्र में शिखर पर पहुँचने के लिए किस अतिरिक्त ज्ञान की ज़रूरत है और फिर उस ज्ञान को हासिल करने की योजना बनाएँ।
5. आजीवन सीखने के प्रति समर्पित हो जाएँ। पुस्तकें पढ़ें, ऑडियो टेप सुनें, कोर्स और सेमिनार में भाग लें और फिर जल्दी से जल्दी सीखी हुई बातों पर काम करें।

★ **12**

सही लोगों से जुड़ें

जीवन के बारे में आपका दृष्टिकोण, ख़ुद के बारे में आपका आकलन, अपने मूल्य के बारे में आपका जो भी अनुमान है, उसमें आपका परिवेश काफ़ी हद तक रंग भरता है। आपके आस-पास का माहौल आपके पूरे कैरियर को ढालता है, आकार देता है और बदलता है। यह हर दिन आपके संपर्क में आने वाले लोगों के चरित्र को बदल देता है।

- ओरिसन स्वेट मार्डन

ज़िंदगी और बिज़नेस में संबंध ही सब कुछ हैं। आप जो भी चीज़ हासिल करते हैं या हासिल नहीं कर पाते, वह किसी न किसी तरह से दूसरे लोगों ये जुड़ी हुई है। जीवन और कैरियर के हर पड़ाव पर सही लोगों के साथ सही संबंध बनाने की योग्यता आपकी सफलता और उपलब्धि तय करने में बहुत महत्वपूर्ण साबित होगी। इसका इस बात पर भी बहुत असर होगा कि आप अपने लक्ष्य कितनी जल्दी हासिल करते हैं।

आप जितने ज़्यादा लोगों को जानते हैं और जितने ज़्यादा लोगों के मन में आपकी सकारात्मक छवि है, आप अपने हर काम में उतने ही ज़्यादा सफल होंगे। सही समय पर, सही जगह पर एक व्यक्ति आपके लिए ऐसा दरवाज़ा खोल सकता है, जो आपकी ज़िंदगी बदल सकता है और बरसों की कड़ी मेहनत बचा सकता है।

कोई भी यह काम अकेले नहीं करता

लक्ष्य निर्धारण का एक प्रमुख हिस्सा यह है कि आप उन लोगों, समूहों और संगठनों को पहचानें, जिनकी मदद की ज़रूरत आपको अपने लक्ष्यों तक पहुँचने के लिए होगी ? किसी भी तरह के लक्ष्यों को हासिल करने के लिए आपको बहुत से लोगों की मदद की ज़रूरत होगी। वे कौन हैं ?

लोगों की तीन आम श्रेणियाँ होती हैं, जिनकी मदद और सहयोग की ज़रूरत आपको आने वाले वर्षों में होगी। ये आपके बिज़नेस के और उसके आस-पास के लोग हैं, आपके परिवार वाले और दोस्त हैं, आपके व्यावसायिक या सामाजिक दायरे के बाहर के समूहों और संगठनों के लोग हैं। आपको हर समूह के साथ प्रभावी अंदाज़ में काम करने की रणनीति बनानी होगी।

आपके प्रमुख व्यावसायिक संबंध

अपने बिज़नेस से शुरुआत करें। आपके व्यावसायिक जीवन में सबसे महत्वपूर्ण लोग कौन से हैं? उनके साथ ज़्यादा अच्छे संबंध बनाने की आपकी क्या योजना है? आपने बिज़नेस के भीतर और बाहर काम करने वाले हर व्यक्ति की सूची बनाएँ - आपका बॉस, सहकर्मी, साथी, अधीनस्थ और ख़ास तौर पर, आपके ग्राहक, सप्लायर्स और वेंडर्स। इनमें से कौन से लोग आपके बिज़नेस या कैरियर के लक्ष्य हासिल करने में आपकी सबसे ज़्यादा मदद कर सकते हैं या चोट पहुँचा सकते हैं?

कई बार मैं अपने श्रोताओं से पूछता हूँ कि उनमें से कितने लोग *ग्राहक* सेवा (customer service) में हैं? सिर्फ़ कुछ हाथ ही ऊपर उठते हैं। फिर मैं यह बताता हूँ कि हर व्यक्ति ग्राहक सेवा के बिज़नेस में है, चाहे वह इसे जो भी कहता हो या जो भी करता हो।

अपने ग्राहकों को पहचानें

ग्राहक की परिभाषा है वह व्यक्ति, जिस पर आप अपने काम या बिज़नेस में सफलता और तरक्की के लिए निर्भर हों। ग्राहक को ऐसे व्यक्ति के रूप में भी परिभाषित किया जा सकता है, जो किसी तरह से आप पर निर्भर हो। इन दोनों परिभाषाओं से, आपके आस-पास का लगभग हर व्यक्ति किसी न किसी रूप में ग्राहक है।

उदाहरण के तौर पर, आपका बॉस काम के मामले में आपका *प्राथमिक* ग्राहक होता है। अपने बॉस को संतुष्ट करने की आपकी योग्यता का आपके भविष्य, आपकी आमदनी और आपके कैरियर पर जितना ज़्यादा असर पड़ेगा, उतना किसी दूसरी योग्यता का नहीं पड़ेगा। अगर आप बाक़ी सबको नाख़ुश कर दें, लेकिन आपका बॉस आपसे ख़ुश हो, तो आपकी नौकरी सुरक्षित बनी रहेगी। अगर आप अपनी कंपनी के भीतर और बाहर के हर व्यक्ति को ख़ुश कर दें, लेकिन आपका बॉस ही आपसे ख़ुश न हो, तो यह इकलौती समस्या भी आपके भविष्य में शॉर्ट सर्किट कर सकती है।

आपकी ग्राहक सेवा रणनीति

आप इसके लिए एक बहुत अच्छी रणनीति बना सकते हैं। हर उस चीज़ की सूची बना लें, जिसके बारे में आपका मानना है कि आपको उसे करने के लिए नौकरी पर रखा गया है। इस सवाल का जवाब दें, **"मुझे नौकरी पर क्यों रखा गया है?"** और फिर हर वह चीज़ लिख लें, जिसके बारे में आप सोच सकते हैं। फिर वह सूची अपने बॉस के पास ले जाएँ और उनसे कहें कि वे इस सूची को अपनी प्राथमिकता के हिसाब से जमा दें। आपके बॉस के लिए सबसे महत्वपूर्ण क्या है? उनके लिए दूसरी सबसे महत्वपूर्ण चीज़ क्या है? तीसरी सबसे महत्वपूर्ण चीज़ क्या है? और आगे भी इसी तरह।

इसके बाद ख़ुद को अनुशासित करें और दिन भर अपने बॉस के शीर्षस्थ काम पर मेहनत करें। जब भी आपके बॉस आपको दिखें या आपसे बात करें, तो उन्हें यह बता दें कि आप उनकी शीर्ष प्राथमिकता पर काम कर रहे हैं। इससे आपको अपने कैरियर में जितनी ज़्यादा मदद मिलेगी, उतनी किसी दूसरे निर्णय से नहीं मिलेगी।

तरक़्क़ी पाने के दो प्रमुख गुण

सक्सेस मैग्ज़ीन में कुछ साल पहले एक सर्वे रिपोर्ट छपी थी। 104 चीफ़ एक्ज़ीक्यूटिव ऑफ़िसर्स को आदर्श कर्मचारी के बीस गुणों में से सबसे महत्वपूर्ण गुण चुनने को कहा गया। 86 प्रतिशत सीनियर एक्ज़ीक्यूटिव्ज़ ने दो गुणों को कैरियर की सफलता और तरक़्क़ी के लिए सबसे ज़्यादा महत्वपूर्ण बताया। पहला था, प्राथमिकताएँ तय करने की योग्यता यानी महत्वपूर्ण को महत्वहीन से अलग करना। दूसरा था काम को तेज़ी से करने की योग्यता, तत्काल अमल करना।

कोई भी चीज़ आपके कैरियर में इतनी ज़्यादा मदद नहीं करेगी, जितनी यह छवि कि आप सबसे महत्वपूर्ण काम तेज़ी से और अच्छी तरह करते हैं।

गलत काम पर कड़ी मेहनत?

लेकिन यहाँ पर एक पेंच है। कई लोग अपनी नौकरियों में बहुत कड़ी मेहनत कर रहे हैं, लेकिन वे उस काम को नहीं कर रहे हैं, जिसे उनका बॉस सबसे महत्वपूर्ण मानता है। दुखद सच्चाई यह है कि अगर आप महत्वहीन काम को बहुत अच्छी तरह करते हैं, तो इससे आपके कैरियर को चोट पहुँच सकती है और आपकी नौकरी पर भी आँच आ सकती है।

जब परिस्थितियाँ बदलें, तो अपने बॉस के साथ संप्रेषण जारी रखें। पता लगाते

रहें कि कहीं आपके बॉस की प्राथमिकताएँ बदल तो नहीं गई हैं। हमेशा वही काम करें, जो आपके बॉस की शीर्ष प्राथमिकता हो। और फिर इसे तेज़ी से करने का संकल्प करें। कोई भी चीज़ बॉस को इतना ख़ुश नहीं करती, जितना कि शीर्ष प्राथमिकता वाले काम को फटाफट निबटाने वाला कर्मचारी। यह सुनिश्चित करें कि वह व्यक्ति आप ही हों।

आपके अन्य प्रमुख ग्राहक

आपके सहकर्मी भी आपके काम पर निर्भर होते हैं। यानी वे भी आपके ग्राहक हैं। उनमें से हर एक से पूछें कि क्या आप उनकी मदद करने के लिए कुछ कर सकते हैं। उनसे पूछें कि क्या कोई ऐसी चीज़ है, *जिसे आप ज़्यादा कर सकते हैं या कम कर सकते हैं, जिसे आप शुरू कर सकते हैं या छोड़ सकते हैं,* ताकि उन्हें अपने काम को बेहतर करने में मदद मिले।

सच्चाई यह है कि लोग दिन भर अपने और अपने काम के बारे में ही सोचते रहते हैं। जब भी आप बेहतर या तेज़ तरीक़े से काम करने में लोगों की मदद करने का प्रस्ताव रखते हैं, तो वे भी बाद में आपकी मदद करने के लिए आतुर होंगे। बस यह ध्यान रखें कि बोने और काटने का नियम काटने और बोने का नियम नहीं है। आपको इस नियम के क्रम को याद रखना होगा। पहले आप भीतर डालते हैं और फिर आप बाहर निकालते हैं। पहले आप बोते हैं और इसके बाद ही आप काटते हैं।

आपको अपने काम में दूसरों की मदद करने और उनका भला करने के हर अवसर की तलाश करनी चाहिए। आप दूसरों की मदद करने के लिए ईमानदारी से जो कोशिश करते हैं, किसी न किसी समय, किसी न किसी रूप में आपको उसका लाभ मिलेगा और अक्सर तब, जब आपको इसकी उम्मीद नहीं होगी। हर संगठन में सबसे लोकप्रिय व्यक्ति वही होते हैं, जो हमेशा दूसरों की मदद करने के लिए तत्पर होते हैं।

आपके साथ वाले, आपके ऊपर वाले और आपके नीचे वाले लोग आपको जितना ज़्यादा पसंद करेंगे और आपका जितना ज़्यादा साथ देंगे, आपको उतना ही ज़्यादा वेतन मिलेगा और आपकी तरक़्क़ी भी उतनी ही तेज़ होगी। "पाने वाले" (go-getter) के साथ ही "देने वाले" (go-giver) की भी छवि बनाएँ।

अपने आस-पास के लोगों के मूल्यवान सहयोगी बनने के तरीक़े खोजें। इसका परिणाम यह होगा कि जब आपको मदद की सबसे ज़्यादा ज़रूरत होगी, तब वे अपने आप आपकी मदद करेंगे।

टीम खिलाड़ी बनें

अपने बिज़नेस में दीर्घकालीन सफलता पाने के लिए आप जो सबसे महत्वपूर्ण गुण विकसित कर सकते हैं, वह है अच्छा टीम खिलाड़ी बनना। स्टैनफ़ोर्ड यूनिवर्सिटी में कई साल तक हुए एक अध्ययन में शोधकर्ताओं ने पाया कि टीम में सबसे अच्छी तरह काम करने की योग्यता, तेज़ तरक़्क़ी करने वाले व्यक्ति का सबसे स्पष्ट गुण था।

टीमवर्क के समीकरण बड़े दिलचस्प होते हैं। सबसे पहली बात तो यह है कि टीम के 20 प्रतिशत सदस्य 80 प्रतिशत काम करते हैं। बाक़ी 80 प्रतिशत मीटिंग्स में बहुत कम योगदान देते हैं, अपने हाथ बहुत कम उठाते हैं और किसी काम के लिए स्वेच्छा से आगे नहीं आते। आपका काम शीर्षस्थ 20 प्रतिशत लोगों समूह में पहुँचना है।

टीम खिलाड़ी बनने के लिए हर मीटिंग में हमेशा पूरी तैयारी के साथ जाएँ। मीटिंग का संचालन करने वाले व्यक्ति के ठीक सामने बैठें और उससे नज़रें मिलाएँ। जल्दी ही बोलें और सवाल पूछें। स्वेच्छा से काम माँगें। और जब आपको कोई काम करने का मौक़ा दिया जाए, तो उसे जल्द और अच्छी तरह करें, ताकि सभी के सामने यह स्पष्ट हो जाए कि कंपनी में ऐसा कौन है, जो काम को अच्छी तरह पूरा कर सकता है।

निर्भर-योग्यता सबसे महत्वपूर्ण योग्यता है

आप अपने आस-पास ऊर्जा का सकारात्मक, आकर्षक शक्ति क्षेत्र (force field) बना सकते हैं। इसके लिए आपको अपनी छवि ऐसे व्यक्ति के रूप में बनानी पड़ेगी, जिस पर हर कोई काम करवाने के लिए निर्भर हो सके। परिणाम यह होगा कि आपको ज़्यादा काम सौंपे जाएँगे, आपको बड़े काम सौंपे जाएँगे और इन कामों के साथ आपको अधिकार और पुरस्कार अपने आप ही मिलेंगे।

अपने अधीनस्थों और नीचे के पायदान के लोगों से जान-पहचान करने का समय निकालें। उनसे बातचीत करें और सवाल पूछें। अगर संभव हो, तो उनकी मदद करने का प्रस्ताव रखें। उनके साथ ख़ास तौर पर दयालु और शिष्ट रहें। उनकी तारीफ़ करने और श्रेय देने की भरसक कोशिश करें। इससे आपके कैरियर पर इतना ज़्यादा फ़र्क़ पड़ेगा कि आप हैरान रह जाएँगे।

संबंध बनाने में निवेश करना

हर संगठन में सबसे ज़्यादा लोगों को जानने वाला व्यक्ति ही आम तौर पर मलाई

की तरह सबसे ऊपर पहुँचता है। शुरुआत में ऐसा लग सकता है कि संबंध बनाने में बहुत समय लगता है, लेकिन आने वाले महीनों और वर्षों में इससे बार-बार लाभ होगा।

आपको अपनी कंपनी से बाहर अपने उद्योग के एसोसिएशन्स में शामिल होना चाहिए। सबसे सफल एक्ज़ीक्यूटिव्ज़ और सेल्स प्रोफ़ेशनल्स नियमित रूप से दूसरे बिज़नेसमैन और दूसरे बिज़नेस समूहों के साथ नेटवर्किंग करते हैं। वे अपने व्यावसायिक संपर्क और मित्रताएँ बढ़ाते रहते हैं।

अपने समुदाय के बिज़नेस संगठनों पर नज़र डालें। एक या दो संगठन चुनें, जिनके लोगों से जान-पहचान होने से आपको आने वाले वर्षों में मदद मिलने की संभावना हो। इन संगठनों की मीटिंग्स में जाएँ और अपना परिचय दें। जब आप यह फ़ैसला कर लें कि इनमें से किसी संगठन का सदस्य बनने से लाभ होगा, तो उस संगठन में शामिल हो जाएँ और उसकी हर मीटिंग में हिस्सा लें।

व्यावसायिक नेटवर्क बनाएँ

यहाँ पर नेटवर्किंग की सबसे अच्छी रणनीति सुझाई जा रही है। संगठन की कोई महत्वपूर्ण कमेटी चुनें और उसमें स्वेच्छा से काम करने की पहल करें। ऐसी कमेटी चुनें, जिसके सदस्यों से आप जान-पहचान बढ़ाना चाहते हों। ऐसी गतिविधियों वाली कमेटी चुनें, जिसकी बदौलत आप प्रमुख लोगों के संपर्क में आएँ - संगठन के भीतर भी और बाहर भी।

एक बार जब आप कमेटी में शामिल हो जाएँ, तो स्वेच्छा से काम माँगने की पहल करें। हालाँकि इस काम के पैसे नहीं मिलेंगे, लेकिन इससे आपको ऐसे महत्वपूर्ण लोगों के साथ काम करने का मौक़ा मिलेगा, जो भविष्य में किसी समय आपके कैरियर में आपकी मदद कर सकते हैं।

अमेरिका में 85 प्रतिशत नए पद मौखिक अनुशंसा और व्यक्तिगत संपर्क से भरे जाते हैं। आप अपने उद्योग में जितने ज़्यादा लोगों को जानते हैं और उनके साथ काम करते हैं, सही समय आने पर आपके लिए अवसरों के उतने ही ज़्यादा दरवाज़े खुल जाएँगे।

दीर्घकालीन सोच रखें और योजना बनाएँ

अपने कैरियर के बारे में दीर्घकालीन दृष्टिकोण रखें। स्थानीय अख़बार पढ़कर अपने समुदाय के शीर्षस्थ लोगों की सूची बनाएँ। अपने शहर के सौ "सफल खिलाड़ियों" के नाम, पदनाम और बिज़नेस की सूची बना लें।

सूची बनाने के बाद इनमें से हर एक को पत्र लिखें और उन्हें कोई ऐसी चीज़ भेजें, जो बिज़नेस से संबंधित न हो। आपने उनके बारे में जो पढ़ा हो, उसके आधार पर उन्हें कोई छोटी पुस्तक, कविता, अख़बार की कटिंग या उनकी दिलचस्पी की कोई दूसरी चीज़ भेजें।

हर बार जब आप उस व्यक्ति से संप्रेषण का कोई कारण देखें, तो उसे पत्र लिख दें। जब किसी एक्ज़ीक्यूटिव के उल्लेखनीय काम के बारे में प्रेस में ख़बर छपती है, तो अक्सर मैं उसे फ़ोन करता हूँ या पत्र लिखता हूँ। आम तौर पर मेरा उससे सीधे संपर्क नहीं हो पाता। लेकिन मैं बीज बोता रहता हूँ और देर-सबेर "जो क़रीब रहता है, वह कामयाब हो जाता है।" अंततः मैं किसी सामाजिक कार्यक्रम में या बिज़नेस के सिलसिले में महत्वपूर्ण लोगों से मिलूँगा और उन्हें यह बात याद होगी कि मैंने उन्हें एक हफ़्ते, एक महीने या एक साल पहले चिट्ठी लिखी थी।

मेरे एक सबसे महत्वपूर्ण ग्राहक को याद था कि तीन साल पहले मैंने उन्हें एक पत्र लिखा था, जब मैं एक बिज़नेस कनवेंशन में उनसे पहली बार मिला था। उन्होंने कहा, "क्या आप वही हैं, जिन्होंने मुझे ऐसा-ऐसा पत्र लिखा था?" इससे बातचीत शुरू हो गई, और फिर मीटिंग और फिर उनके संगठन के साथ कई बरसों का काम भी।

अपना दान दें

एक नियम कहता है, **"आप लाभ की आशा के बिना खुद को जितना ज़्यादा देते हैं, बिलकुल अप्रत्याशित स्रोतों से आपके पास उतना ही ज़्यादा लौटेगा।"**

आप अपने संपर्कों को फैलाने की जो भी कोशिश करेंगे, वह पूरी तरह कभी ग़ुम नहीं होगी। बीजों की तरह अलग-अलग संपर्कों को फलने-फूलने के लिए अलग-अलग अवधियों की ज़रूरत होती है। कुछ तत्काल परिणाम देंगे। कुछ कई महीनों या वर्षों तक परिणाम नहीं देंगे। आपको धैर्यवान बनने के लिए तैयार रहना चाहिए।

हार्वर्ड यूनिवर्सिटी के डॉ. डेविड मैक्क्लीलैंड ने हमारे समाज में उच्च उपलब्धि पाने वाले व्यक्तियों के गुणों और लक्षणों पर शोध किया। उन्होंने यह पाया कि "संदर्भ समूह" (reference group) का चुनाव (जिन लोगों के साथ आप अक्सर रहते हैं) आपकी सफलता या असफलता को तय करने में किसी भी अन्य तत्व से कहीं ज़्यादा महत्वपूर्ण होता है। जैसा कि ज़िग ज़िग्लर कहते हैं, "अगर आप सचमुच बाज़ों के साथ उड़ना चाहते हैं, तो आप मुर्गियों के साथ दाना चुगना जारी नहीं रख सकते।"

सही लोगों के आस-पास रहें

जिन लोगों को आप पसंद करते हैं, जिनकी आप प्रशंसा या सम्मान करते हैं और आप भविष्य में जिन लोगों जैसा बनना चाहते हैं, उनके साथ जुड़ने का लक्ष्य बना लें। इस तरह के लोगों से मिलें-जुलें, जिनका आप सम्मान करते हों, जिनका अपने दोस्तों तथा सहयोगियों से परिचय करवाने पर आपको गर्व का एहसास हो। सकारात्मक, लक्ष्य-केंद्रित संदर्भ समूह का चुनाव आपके कैरियर को तेज़ी से बढ़ाने के लिए इतना कुछ कर सकता है, जितना कोई दूसरी चीज़ नहीं कर सकती।

बाज़ों के साथ उड़ें

अनगिनत उदाहरण हैं, जहाँ औसत काम करने वाले, औसत परिणाम पाने वाले और औसत तनख़्वाह पाने वाले व्यक्ति ने पद बदला और वह बहुत ही प्रगतिशील कंपनी में काम करने लगा। कुछ ही हफ़्तों में उस व्यक्ति का पूरा नज़रिया ही बदल गया। आशावादी, परिणाम-केंद्रित, आगे बढ़ने वाले व्यक्तियों के साथ लगातार रहने की बदौलत पहले औसत काम करने वाला यह व्यक्ति असाधारण स्तरों पर प्रदर्शन करने लगता है। यह जान लें कि आपके जीवन में लगभग हर महत्वपूर्ण परिवर्तन तभी होता है, जब आपके साथ रहने या काम करने वाले लोगों में बदलाव होता है।

मोड़

आपके जीवन के हर मोड़ पर कोई आम तौर पर खड़े होकर आपको एक या दूसरी दिशा में मार्गदर्शन देता है, आपके लिए एक दरवाज़ा बंद करता या खोलता है या किसी दूसरे तरीक़े से आपकी मदद करता है। बैरन द रॉथ्सचाइल्ड ने एक बार लिखा था, "बेकार के परिचित न बनाएँ।" अगर आप सर्वश्रेष्ठ बनने के बारे में सचमुच गंभीर हैं और अपने क्षेत्र में शिखर पर पहुँचना चाहते हैं, तो आप ऐसे लोगों के साथ समय बर्बाद नहीं कर सकते, जो अपने जीवन में कहीं नहीं जा रहे हैं, चाहे वे कितने भी अच्छे हों। इस मायने में आपको अपने तथा अपनी भावी महत्वाकांक्षाओं के बारे में स्वार्थी होना चाहिए। आपको अपने दोस्तों और सहयोगियों के लिए ऊँचे मानदंड तय करने चाहिए तथा इस मामले में समझौता कतई नहीं करना चाहिए।

कई लोग अपने कैरियर की शुरुआत में ही बुरे संबंधों में फँस जाते हैं और बेकार की दोस्तियाँ कर लेते हैं। यह सामान्य और स्वाभाविक है। ग़लतियाँ करने में कोई बुराई नहीं है, ख़ास तौर पर अगर आप युवा और अनुभवहीन हों। लेकिन

आगे भी ऐसी स्थिति में बने रहना अक्षम्य है, जो आपको अपनी पूरी संभावना तक पहुँचने से रोक रही हो। जिन लोगों के साथ आप रहते हैं, उनका चुनाव ही इस बात पर सबसे ज़्यादा असर डालेगा कि आप क्या बनेंगे।

आपके सबसे महत्वपूर्ण संबंध

आपको जिन लोगों की मदद और सहयोग की ज़रूरत होगी, उनकी तीसरी श्रेणी है आपका परिवार और मित्र। जैसा कि बेंजामिन डिज़राइली ने कहा था, "सार्वजनिक जीवन की कोई भी सफलता घरेलू जीवन की असफलता की भरपाई नहीं कर सकती।"

यह बहुत महत्वपूर्ण है कि आप उत्कृष्ट घरेलू जीवन बनाने और क़ायम रखने के लिए ज़रूरी समय और भावना का निवेश करें। जब आपका पारिवारिक जीवन ठोस और सुरक्षित होता है, जब परिवार के सदस्यों में प्रेमपूर्ण संबंध होते हैं, तो आप बाहरी संसार में हर चीज़ ज़्यादा अच्छी तरह कर पाएँगे।

लेकिन अगर लापरवाही या उपेक्षा के कारण आपके घरेलू जीवन में कोई चीज़ गड़बड़ हो जाती है, तो इसका आपके कामकाजी जीवन के परिणामों पर भी बुरा असर पड़ने लगेगा। घरेलू समस्याएँ आपका ध्यान भटकाती हैं और आपकी ऊर्जा चूस डालती हैं। वे आपके कैरियर को तबाह कर सकती हैं।

सुविचारित अतियाँ

अगर आपको अपने क्षेत्र में शुरुआत में कड़ी मेहनत करनी हो, तो अपने परिवार वालों यह बात साफ़-साफ़ बता दें और इस पर अच्छी तरह बातचीत कर लें। अपने कैरियर में कई बार आपको "सुविचारित अतियों" पर जाने की ज़रूरत होगी। आपको किसी अवसर का लाभ उठाने या किसी प्रोजेक्ट को पूरा करने के लिए हर दिन लंबे घंटों और अक्सर कई दिनों तक बिना ब्रेक या छुट्टियों के काम करने की ज़रूरत पड़ सकती है।

यह सुनिश्चित करें कि आप इन सुविचारित अतियों के बारे में पहले से ही अपने परिवार के सदस्यों से बातचीत कर लें, ताकि वे समझ जाएँ कि क्या हो रहा है और आप ऐसा क्यों कर रहे हैं। बाद में इसकी भरपाई कर दें और पारिवारिक छुट्टियों पर जाकर या उनके साथ ज़्यादा समय बिताकर हिसाब बराबर कर दें। अपने जीवन को संतुलन में रखें।

संबंधों के विशेषज्ञ बनें

जब आप यह तय कर लें कि अपने लक्ष्य हासिल करने के लिए आपको किन लोगों,

समूहों और संगठनों की मदद और सहयोग की ज़रूरत है, तो संबंध विशेषज्ञ बनने का संकल्प करें। हमेशा लोगों के साथ भलाई, शिष्टता और करुणा का व्यवहार करें। स्वर्णिम नियम का अभ्यास करें : दूसरों के साथ वैसा ही करें, जैसा आप अपने साथ करवाना चाहते हों।

सबसे बढ़कर, घर हो या ऑफ़िस, हर मिलने वाले व्यक्ति से व्यवहार करने की सबसे सरल रणनीति है : उससे "मिलियन डॉलर के ग्राहक" जैसा व्यवहार करें। लोगों के साथ ऐसा व्यवहार करें, जैसे वे दुनिया के सबसे महत्वपूर्ण लोग हों। उनके साथ ऐसा व्यवहार करें, जैसे वे आपके दस लाख डॉलर के प्रॉडक्ट या सेवा को ख़रीदने में सक्षम हों।

जैसा कि एम्मेट फ़ॉक्स ने एक बार कहा था, "अगर आपको बदतमीज़ी करनी हो, तो अजनबियों के साथ करें, लेकिन अपने परिवार के लिए अपनी कंपनी का शिष्टाचार सुरक्षित रखें।"

हर दिन ऐसे तरीक़े खोजें, जिनसे दूसरों का बोझ हल्का हो और दूसरों को अपने काम बेहतर करने तथा ज़्यादा आसानी से जीवन जीने में मदद मिले। इससे आपके प्रति सकारात्मक भावनाओं का एक वृहद भंडार बन जाएगा, जो हर साल आपको लाभ पहुँचाएगा।

☆ सही लोगों से जुड़ें

1. अपने काम-धंधे और व्यावसायिक जीवन के सबसे महत्वपूर्ण लोगों की सूची बनाएँ। हर व्यक्ति की मदद करने की योजना बनाएँ।
2. अपने व्यक्तिगत जीवन के सबसे महत्वपूर्ण लोगों की सूची बनाएँ। तय करें कि आप उनके साथ कैसे संबंध चाहते हैं और इसके लिए आपको क्या करना होगा।
3. अपने समुदाय और क्षेत्र के ऐसे समूहों और संगठनों को पहचानें, जिनमें शामिल होने से आपको मदद मिलेगी। आज ही फ़ोन करें और अगली मीटिंग में हिस्सा लें।
4. अपने समुदाय या क्षेत्र के शीर्ष लोगों की सूची बना लें और उनसे जान-पहचान बढ़ाने की योजना बना लें।
5. अपने सामाजिक और व्यावसायिक दायरे का विस्तार करने का एक भी अवसर न चूकें। लोगों को पत्र, कार्ड, फ़ैक्स और ई-मेल भेजें। हर मौक़े पर पुल बनाएँ।

13
कार्ययोजना बनाएँ

संपूर्णता (thoroughness) सफल व्यक्तियों का गुण है। प्रतिभा, असीमित दर्द झेलने की कला है ... हर महान उपलब्धि बेहद सर्तकता, यहाँ तक कि हर छोटे विवरण को तय करने के असीम कष्ट द्वारा परिभाषित होती है।

- अल्बर्ट हबार्ड

लक्ष्य तय करने और उन्हें पाने की योजना बनाने की आपकी योग्यता सफलता की "प्रमुख योग्यता" है। आप जो चीज़ें हासिल करने में समर्थ हैं, उन्हें हासिल करने की संभावना को साकार करने में कोई भी दूसरी योग्यता आपकी इतनी ज़्यादा मदद नहीं करेगी।

आज सभी प्रमुख उपलब्धियाँ "मल्टीटास्क जॉब" का परिणाम होती हैं। पायदानों की एक श्रृंखला होती है, जिन्हें महत्वपूर्ण परिणाम पाने के लिए एक निश्चित क्रम में उठाना होता है। रेसिपी के आधार पर किचन में सब्ज़ी बनाने जैसी सरल चीज़ भी मल्टीटास्क (कई कामों वाला) जॉब या काम है। मल्टीटास्क कामों की योजना बनाने और उस पर असल करने की योग्यता में महारत हासिल करें। इससे आप अधिकांश लोगों से कहीं ज़्यादा हासिल कर पाएँगे। यह आपकी सफलता के लिए अत्यंत महत्वपूर्ण है।

योजना का लक्ष्य आपके प्रमुख निश्चित उद्देश्य को नियोजित, मल्टीटास्क प्रोजेक्ट के विशिष्ट पायदानों - प्रारंभ, मध्य और अंत - में बदलना है। इसके साथ ही स्पष्ट डेडलाइन और सब-डेडलाइन्स भी तय करनी होती हैं। सौभाग्य से यह ऐसी योग्यता है, जिसे आप सीख सकते हैं और अभ्यास करके इसमें माहिर भी बन सकते हैं। यह योग्यता आपको अपनी कंपनी या संगठन के सबसे प्रभावी व्यक्तियों में से एक बना देगी और आप इसका जितना ज़्यादा अभ्यास करेंगे, इसमें उतने ही बेहतर बन जाएँगे।

अपनी योजना को संकलित करना

सौभाग्य से, पिछले अध्यायों में आपने उन सारे तत्वों को पहचान लिया है और इकट्ठा कर लिया है, जिनकी ज़रूरत आपको एक या अधिक लक्ष्य पाने की योजना बनाने के लिए होगी।

1. अब आपके पास अपने आदर्श अंतिम परिणाम या लक्ष्य की स्पष्ट भविष्य-दृष्टि है, जो आपके *जीवनमूल्यों* पर आधारित है। आप जानते हैं कि आप क्या चाहते हैं और क्यों चाहते हैं।
2. आपने अपने लक्ष्य लिख लिए हैं, उन्हें प्राथमिकता के क्रम में जमा लिया है और अपना प्रमुख निश्चित उद्देश्य चुन लिया है।
3. आपने अपनी प्रगति की निगरानी करने के लिए पायदानें और पैमाने तय कर लिए हैं। आपने डेडलाइन्स और सब-डेडलाइन्स तय कर ली हैं, जिन पर आपको निशाना लगाना है।
4. आपने अपने और लक्ष्य के बीच खड़ी प्रमुख *बाधाओं, मुश्किलों* और *अड़चनों* को पहचान लिया है। आपने उन्हें प्राथमिकता के क्रम में जमा भी लिया है।
5. आपने उन मूलभूत *ज्ञान* और *योग्यताओं* को पहचान लिया है। जिनकी ज़रूरत आपको लक्ष्य तक पहुँचने के लिए होगी।
6. आपने *प्राथमिकता के आधार* पर इन योग्यताओं को जमा लिया है और लक्ष्य पाने के लिए ज़रूरी हर चीज़ सीखने की योजना बना ली है।
7. आपने पता लगा लिया है कि आपको किन *लोगों, समूहों और संगठनों* की मदद और सहयोग की ज़रूरत होगी - अपने बिज़नेस के भीतर भी और बाहर भी। आपने विशिष्ट पायदान भी तय कर लिए हैं कि आप अपने लक्ष्य तक पहुँचने के लिए इन लोगों का सहयोग कैसे लेंगे।

इस पूरी प्रक्रिया में आपने हर चीज़ लिख ली है। अब आपके पास लक्ष्य पाने की योजना बनाने के लिए आवश्यक सारी कच्ची सामग्री और साधन मौजूद हैं।

अब आप इस सबसे कार्ययोजना बनाने के लिए तैयार हैं।

योजना बनाने की प्रक्रिया अनिवार्य है

कुछ समय पहले *इंक.* मैग्ज़ीन ने पचास शुरुआती कंपनियों का अध्ययन किया। इनमें से आधी कंपनियों ने काम शुरू करने से पहले महीनों का समय लगाकर बिज़नेस की योजना बनाई थी। बाक़ी आधी कंपनियाँ बिना विस्तृत योजनाओं के काम करने लगी थीं और सामने आने वाली घटनाओं पर सिर्फ़ प्रतिक्रिया करती रहती थीं।

दो-तीन साल बाद शोधकर्ता इन कंपनियों की सफलता और मुनाफ़े के स्तर का पता लगाने के लिए दोबारा वहाँ गए। उन्हें काफ़ी दिलचस्प जानकारी मिली। जिन कंपनियों ने स्पष्ट, लिखित बिज़नेस योजनाएँ बनाकर काम शुरू किया था, जिन्होंने हर पहलू पर पूरी तरह और विस्तार से सोच-विचार किया था, वे कंपनियाँ उन कंपनियों की तुलना में बहुत सफल और लाभदायक स्थिति में थीं, जिन्होंने बिना किसी योजना के शुरुआत की थी और रास्ते में ही सुधार किए थे।

जिन कंपनियों ने "लिफ़ाफ़े के पीछे" लिखकर शुरुआत की थी, जहाँ संस्थापक "इतने ज़्यादा व्यस्त" थे कि बैठकर रणनीतिक योजना बनाने का विस्तृत काम नहीं कर पाए थे, लगभग उन सभी की हालत ख़स्ता थी। उनमें से कई तो दिवालिया होकर बिज़नेस से बाहर हो गई थीं।

योजना बनाने की प्रक्रिया कुंजी है

सबसे दिलचस्प खोज यह थी : शोधकर्ताओं ने कंपनी के संस्थापकों से इंटरव्यू लेते समय पूछा, "आप हर दिन अपनी रणनीतिक योजना कितनी बार देखते हैं?"

लगभग हर मामले में बिज़नेस चलाने वाले उद्यमी और एक्ज़ीक्यूटिव्ज़ रणनीतिक योजना की ओर नहीं देखते थे, क्योंकि यह कई साल पहले बनी थी। बनने के बाद उन्होंने इसे एक ड्रॉअर में रख दिया था और वे इसे अगले साल तभी देखते थे, जब उन्हें दोबारा रणनीतिक नियोजन की प्रक्रिया से गुज़रना पड़ता था।

सबसे महत्वपूर्ण खोज यह थी, "योजना को शायद ही कभी देखा गया, हालाँकि बिज़नेस के प्रमुख तत्वों पर विचार की प्रक्रिया उनकी सफलता के लिए बहुत ज़रूरी थी।"

योजना से लाभ होता है

द्वितीय विश्व युद्ध में नॉर्मन्डी के सफल हमले के बाद जनरल ड्वाइट डी. आइज़नहॉवर से इसके पीछे की विस्तृत नियोजन प्रक्रिया के बारे में पूछा गया। उन्होंने कहा, "योजनाएँ बेकार थीं, लेकिन योजना बनाना अनिवार्य था।"

बिज़नेस प्लान के हर प्रमुख तत्व के बारे में पूरा सोच-विचार करने और बातचीत करने का अभ्यास *शुरुआत* में बाक़ी हर क़दम से ज़्यादा महत्वपूर्ण होता है। इसीलिए समय प्रबंधन विशेषज्ञ अलेक मैकेंज़ी ने कहा था, "बिना योजना बनाए काम करना हर असफलता का कारण है।"

एक पुरानी सैन्य कहावत है, "शत्रु के साथ पहले संपर्क के बाद कोई भी योजना नहीं टिक पाती।" जब आप असली बिज़नेस शुरू करते हैं, तो पहले दिन से ही स्थिति इतनी तेज़ी से बदलेगी कि आपकी योजना कई मायनों में निरर्थक हो जाएगी,

वो भी कुछ ही दिनों या घंटों के भीतर। लेकिन योजना बनाने की प्रक्रिया बेहद महत्वपूर्ण है। सन माइक्रोसिस्टम्स के स्कॉट मैकनीली कहते हैं, "शुरुआती बिज़नेस में आपको हर तीन हफ़्ते बाद सारी धारणाओं को बाहर फेंकना पड़ता है।"

सभी महान उपलब्धियों का आधार

सभी सफल लोग लिखित योजनाएँ बनाकर काम करते हैं। विस्तृत योजनाएँ - पिरामिड बनाने से लेकर आधुनिक युग के महान औद्योगिक कामों तक - मानव जाति की सभी महान उपलब्धियों की बुनियाद रही हैं। इन योजनाओं को सावधानी से बनाया गया था और शुरू से अंत तक होने वाली हर चीज़ पर विचार किया गया था - काम शुरू करने से पहले।

दरअसल, योजना बनाने में लगाए एक मिनट से काम के दस मिनट बचते हैं। काम शुरू करने से पहले योजना बनाने और सोचने में समय लगाएँ। इससे आपका समय, पैसा और ऊर्जा बचती है। इसीलिए यह कहा जाता है, "योजना बनाने की असफलता, असफल होने की योजना बनाना है।"

योजना से समय और ख़र्च बचता है

असफलता का सबसे पहला कारण है योजना बनाए बिना काम करना। जो लोग कहते हैं कि वे व्यस्तता के कारण पहले से योजना नहीं बना सकते, उन्हें अनावश्यक ग़लतियाँ करने और समय, पैसे तथा ऊर्जा की भयंकर बर्बादी के लिए तैयार रहना चाहिए।

कहा जाता है कि हर नया बिज़नेस "समय के ख़िलाफ़ दौड़" है। पहले दिन से ही कंपनी के संस्थापक बिज़नेस की लागत से ज़्यादा पैसे बनाने का तरीक़ा खोजते हैं। अगर वे "लाभकारी मॉडल" खोज लेते हैं और पूँजी ख़त्म होने से पहले ही लागत से ज़्यादा कमाने लगते हैं, तो बिज़नेस कामयाब हो जाता है। लेकिन ख़र्च से ज़्यादा लाभ कैसे हासिल किया जाए, यह पता लगने से पहले ही अगर उनकी पूँजी ख़त्म हो जाए, तो कंपनी गिरते हुए हवाई जहाज़ की तरह टकरा जाएगी और ध्वस्त हो जाएगी।

सफलता का फ़ॉर्मूला

व्यक्तिगत और व्यावसायिक सफलता के लिए छह पी का फ़ॉर्मूला है : "उचित पूर्व योजना ख़राब प्रदर्शन को रोकती है।" (Proper Prior Planning Prevents Poor Performance)।

"उचित पूर्व नियोजन" के सात लाभ हैं :

पहला, नियोजन प्रक्रिया आपकी सोच को व्यवस्थित करती है। यह आपको सभी प्रमुख मुद्दों का पता लगाने के लिए विवश करती है, जिनसे निबटने के बाद ही आप सफल हो सकते हैं।

दूसरा, अपने लक्ष्य को हासिल करने के लिए आपको क्या-क्या करना होगा, यह सोचने के बाद ही आप अपने कामों की सावधानीपूर्वक योजना बना सकते हैं। यह सब काम शुरू करने से पहले होता है और इससे समय, कर्मचारियों और पैसे की लागत में ज़बर्दस्त बचत होती है।

तीसरा, अगर आप किसी अच्छी योजना पर पूर्ण विचार और मूल्यांकन करते हैं, तो इससे आप उन दोषों और भूलों को पहचान सकते है, जो आगे चलकर आपके व्यवसाय के लिए घातक साबित हो सकती हैं। यह आपको समर्थ बनाती है कि आप "क्या होगा अगर ?" जैसे सवाल पूछें। मिसाल के तौर पर, "अगर आप कोई काम करना चाहते हैं, तो उसमें बुरे से बुरा क्या हो सकता हैं ?"

उचित पूर्व नियोजन का चौथा लाभ है कि आपको अपनी योजना की कमज़ोरियों का पता चलता है और उन कमज़ोरियों की भरपाई करने के उपाय भी मिलते हैं। अक्सर, आप उस "घातक दोष" को पहचान लेते हैं, जो उद्यम को असफलता की ओर ले जाएगा। इसे पहचानना तभी संभव है, जब आप नियोजन प्रक्रिया से गुज़रें।

पाँचवाँ, नियोजन से आप उन शक्तियों और संभावित अवसरों को पहचान सकते हैं, जिनका लाभ उठाकर आप अपनी सफलता की संभावना बढ़ा सकते हैं। अक्सर, नियोजन प्रक्रिया से पहले आप अपनी ख़ास शक्तियों या मौजूद अवसरों के बारे में जागरूक नहीं हो पाते हैं।

नियोजन का छठा लाभ यह है कि इसकी बदौलत आप अपना समय, पैसा और अपने सारे संसाधन एक या दो उद्देश्यों पर केंद्रित कर लेते हैं, जिन्हें हासिल करने के बाद ही आपकी कंपनी सफल हो सकती है। स्पष्ट एकाग्रता के अभाव में आपकी ऊर्जा बहुत सी जगहों पर बिखर जाएगी। परिणाम यह होगा कि आप बहुत कम हासिल कर पाएँगे।

उचित नियोजन का सातवाँ लाभ यह है कि इससे अंततः घंटों, हफ़्तों और महीनों की दुविधा, ग़लतियाँ, धन और ऊर्जा का नुक़सान भी बचेगा।

आप यहाँ से वहाँ नहीं पहुँच सकते

कई मामलों में सावधानीपूर्ण नियोजन और विश्लेषण के बाद यह एहसास हो जाता है कि उपलब्ध समय, संसाधनों या परिस्थितियों में किसी ख़ास लक्ष्य को हासिल

करना संभव नहीं है। कभी-कभी आपके कैरियर के सबसे अच्छे बिज़नेस सौदे वे होते हैं, जिन्हें आप करते ही नहीं हैं।

कुछ साल पहले मैंने एक दौलतमंद आदमी के लिए काम किया, जिन्होंने मुझे एक अविस्मरणीय सलाह दी। उन्होंने कहा था, "किसी चीज़ के अंदर जाना हमेशा बाहर निकलने से ज़्यादा आसान होता है।" उन्होंने मुझे सिखाया कि सावधानी से सोचने का समय हमेशा संसाधनों और कर्मचारियों को समर्पित करने से पहले होता है, बाद में नहीं।

अत्यावश्यक अनुशासन

नियोजन एक अनुशासन भी है और योग्यता भी। यह आदत भी है और क्षमता भी। मतलब यह है कि नियोजन एक ऐसी योग्यता है, जिसमें आप दोहराव और अभ्यास से पारंगत बन सकते हैं। जितना आप सोचते हैं, यह उससे ज़्यादा आसान है।

हर काम और गतिविधि की सूची बनाएँ

योजना का मूलभूत अर्थ है, हर उस गतिविधि की सूची जिसे आप किसी निश्चित लक्ष्य या उद्देश्य को हासिल करने के लिए शुरुआत से अंत तक करेंगे। नियोजन की प्रक्रिया शुरू करने के लिए एक काग़ज़ लेकर दिमाग़ में आने वाली हर चीज़ की सूची बनाएँ, जिसे आपको लक्ष्य पाने के लिए करना होगा।

जब आपके दिमाग़ में नई चीज़ें आएँ, तो उन्हें भी अपनी सूची में जोड़ लें। लगातार अपनी सूची देखें और नई जानकारी मिलने के बाद आवश्यक चीज़ों और क़दमों को दोबारा तय करें। यह सूची आपके "ड्रीम हाउस," आपके आदर्श लक्ष्य या परिणाम का ब्लूप्रिंट बन जाती है।

प्राथमिकता और क्रम तय कर लें

अब यह तय करें कि कौन से काम या गतिविधियाँ बाक़ी कामों या गतिविधियों से ज़्यादा महत्वपूर्ण हैं। अपनी सूची को प्राथमिकता के क्रम में जमाएँ। चीज़ों को महत्व के क्रम में जमा लें। सबसे पहले सबसे महत्वपूर्ण काम लिखें और इसी तरह सबसे कम महत्वपूर्ण काम तक की सूची बनाएँ।

क्रम के हिसाब से भी अपनी सूची *जमा* लें। क्रम में आप यह तय करते हैं कि किन गतिविधियों को दूसरी गतिविधियों के पहले या बाद में करना है। अक्सर, कोई खास काम किसी दूसरे काम के पूर्ण होने तक नहीं किया जा सकता। कई बार किसी एक काम के न होने से पूरी प्रक्रिया में अड़चन आ सकती है।

सीमित करने वाले घटक को पहचानें

योजना की सफलता अक्सर किसी निश्चित लक्ष्य या उद्देश्य की उपलब्धि से तय होती है। हो सकता है कि यह किसी नए ऑफ़िस, स्टोर या फ़ैक्ट्री का बनना हो। यह पहले प्रॉडक्ट या सेवा की डिलिवरी डेट या सेल्स के ख़ास स्तर को पाना हो सकता है। यह किसी अत्यंत महत्वपूर्ण काम के लिए प्रमुख व्यक्ति को नियुक्त करना हो सकता है। नियोजन प्रक्रिया आपकी योजना के अति महत्वपूर्ण तत्वों को पहचानने में मदद करती है। इससे आपका ज़्यादातर समय तथा ध्यान सबसे महत्वपूर्ण कामों और गतिविधियों पर केंद्रित रहता है, जिन्हें करने पर ही सफलता मिल सकती है।

शुरुआत में असफलता अपेक्षित है

कोई भी योजना पहली बार में ही आदर्श नहीं बनती। किसी नई चीज़ को हासिल करने की अधिकांश योजनाएँ शुरुआत में बार-बार असफल होंगी। आपको इसकी अपेक्षा रखनी ही चाहिए। काम की योजना बनाते समय फ़ीडबैक लेने और सुधार करने की योग्यता आपकी सफलता के लिए अनिवार्य है। पूछते रहें, "क्या काम कर रहा है ? और क्या काम नहीं कर रहा है ? इस बारे में ज़्यादा चिंता करें कि क्या सही है; इस बारे में ज़्यादा चिंता न करें कि कौन सही है।

पुरानी कहावत याद रखें, "दोबारा ड्रॉइंग बोर्ड पर चलो!" जब भी आपकी योजना काम न करे, तो आराम से बैठ जाएँ, गहरी साँस खींचें और दोबारा योजना पर काम शुरू कर दें।

समाधान पर ध्यान केंद्रित करें

जब भी आपके सामने कोई समस्या आए, तो समाधान केंद्रित बनने का संकल्प करें। मुश्किलों को प्रक्रिया का हिस्सा मानें और उनसे प्रभावी ढंग से निबटने का संकल्प करें। अगर आप समय पर अपने लक्ष्य प्राप्त नहीं कर पा रहे हैं, तो पूछें, समस्या क्या है ? और कौन सी चीज़ समस्या है ? समाधान क्या हैं ? और कौन सी चीज़ समाधान है ? अब हम क्या कर सकते हैं ? अगला क़दम क्या है ?

जब आप किसी नए लक्ष्य पर काम शुरू करते हैं, तो आपको तत्काल विपत्तियों, बाधाओं, मुश्किलों और अस्थायी असफलता का अनुभव होने लगता है। इसकी अपेक्षा रखनी चाहिए। यह सामान्य और स्वाभाविक है। किसी नई चीज़ को शुरू करने और सफल बनाने के लिए बहुत कोशिश की ज़रूरत होती है। लेकिन अपने लक्ष्य को हासिल करने के लिए आपको यह क़ीमत चुकानी ही होगी।

काग़ज़ पर सोचें

हमेशा काग़ज़ पर सोचें। हर प्रक्रिया के हर पायदान की लगातार सूची और उप-सूची बनाएँ। अपनी योजना को लगातार अपडेट करते रहें और बार-बार उसकी समीक्षा करें। उसे तब तक बेहतर बनाते रहें, जब तक कि वह आदर्श न बन जाए।

याद रखें, नियोजन एक योग्यता है। चूँकि यह एक योग्यता है, इसलिए इसे पूरी तरह सीखा जा सकता है। अपने लक्ष्य की ओर सोचने, योजना बनाने, व्यवस्थित करने और कर्म शुरू करने की आपकी योग्यता अंततः आपको अपने क्षेत्र के शीर्षस्थ 10 प्रतिशत लोगों में पहुँचा देगी। लेकिन इसमें समय लगता है।

किसी मल्टीटास्क लक्ष्य को हासिल करने के लिए "काग़ज़ पर सोचने" का एक तरीक़ा है प्रोजेक्ट-प्लानिंग शीट बनाना। इस तरह आप अपने लक्ष्य और उसे हासिल करने के लिए आवश्यक क़दमों की साकार छवि बना लेते हैं। इससे नियोजन प्रक्रिया की शक्तियों और कमज़ोरियों के प्रति आपकी आँखें खुलने में बड़ी मदद मिलेगी।

प्रोजेक्ट प्लानिंग मॉडल

प्रोजेक्ट प्लानिंग में आप सबसे ऊपर यह लिखते हैं कि प्रोजेक्ट को पूरा करने के लिए आपके हिसाब से कितने दिन, सप्ताह और महीने ज़रूरी हैं। अगर प्रोजेक्ट या लक्ष्य बारह महीने का है, तो आप इस महीने से शुरू करके आगे के बारह महीनों के नाम लिख लेते हैं। इससे आपको प्रोजेक्ट के लिए टाइमलाइन मिल जाती है।

आप अंतिम लक्ष्य को हासिल करने के लिए आवश्यक सभी कामों की सूची बाएँ हाथ के कॉलम में लिख लें, जिन्हें उचित क्रम में करना होगा। आपको सबसे पहले क्या शुरू करना होगा या सबसे पहले किस चीज़ को करने की ज़रूरत है? दूसरी चीज़? और आगे भी इसी तरह।

दाएँ हाथ के कोने में नीचे स्पष्टता से लिख लें कि आपका अंतिम आदर्श परिणाम कैसा दिखेगा। आपका मनचाहा लक्ष्य जितना ज़्यादा स्पष्ट होगा, आपके लिए उसे पाना उतना ही ज़्यादा आसान होगा।

अब आप किसी ख़ास काम को पूरा करने के लिए आवश्यक समय तय करते हैं। इसके लिए आप आड़ी रेखाओं का प्रयोग कर सकते हैं। इनमें से कुछ काम साथ-साथ किए जा सकते हैं और बाक़ी काम किसी दूसरे काम के पूरे होने के बाद ही हो सकते हैं। इन कामों में से कुछ उच्च प्राथमिकता के होंगे और बाक़ी निम्न प्राथमिकता के। लेकिन अब प्रोजेक्ट प्लानिंग शीट में आप अपने पूरे लक्ष्य को पूरी स्पष्टता से अपने सामने देख सकते हैं।

अपनी टीम बनाएँ

जो व्यक्ति योजना के किसी हिस्से को पूरा करने के लिए ज़िम्मेदार है, उसे नियोजन की प्रक्रिया में शामिल करना चाहिए। यह मानना बहुत आम ग़लती है कि कोई ख़ास काम जल्दी से और आसानी से पूरा किया जा सकता है। अक्सर सदमा इस जानकारी से लगता है कि सरल और आसान दिखने वाले काम को पूरा करने में दरअसल कई महीने का समय लग जाएगा। आपकी योजना के किसी अत्यावश्यक हिस्से में समय की अड़चन आपको मजबूर कर सकती है कि आप अपनी योजना पूरी तरह बदल लें।

मेरे एक मैनेजर ने हमारे सभी ग्राहकों को एक न्यूज़लेटर भेजने का फ़ैसला किया, जिसमें हमारे बिज़नेस के एक नए विकास की जानकारी देने का प्रस्ताव था। उसने हमारे कॉमर्शियल डिज़ाइनर को फ़ोन करके कहा कि वह न्यूज़लेटर उसे सप्ताह के अंत तक चाहिए।

उसे यह जानकर सदमा लगा कि प्रोफ़ेशनल ढंग से लिखे गए, डिज़ाइन किए गए और प्रोड्यूस किए गए न्यूज़लेटर को प्रिंट होने और मेल करने में छह से आठ हफ़्ते का समय लगता है और इसमें 2,000 डॉलर से ज़्यादा की लागत आती है। प्रोजेक्ट तत्काल रोक दिया गया।

नियोजन की प्रक्रिया शुरू करते वक़्त आपकी सबसे बड़ी चिंता यह होनी चाहिए कि आप हर आवश्यक क़दम को सटीकता से पहचान लें और यह जान लें कि योजना के हर चरण में ठीक-ठीक कितना समय लगेगा। योजना बनाने और लक्ष्य हासिल करने में आशावाद का एक समय होता है और यथार्थवाद का भी एक समय होता है। नियोजन प्रक्रिया के हर पायदान पर अपने साथ पूरी तरह ईमानदार रहें। कभी भी क़िस्मत पर भरोसा न करें कि प्रकृति के नियम आपके लिए कुछ समय तक शिथिल हो जाएँगे।

संभावित अड़चन को पहचानें

नियोजन की प्रक्रिया में दूसरी समस्याओं को सुलझाने के लिए आम तौर पर किसी एक प्रमुख समस्या को सुलझाना ज़रूरी होता है। आम तौर पर एक प्रमुख लक्ष्य हासिल करने के बाद ही दूसरे लक्ष्य हासिल हो सकते हैं। किसी एक अत्यावश्यक तत्व को निबटाने के बाद ही योजना का कोई अन्य हिस्सा सफल हो सकता है।

मिसाल के तौर पर, कई कंपनियाँ हर चीज़ की विस्तृत योजना बनाने लगती हैं। बस वे आमदनी कमाने वाली प्रोफ़ेशनल सेल्स प्रक्रिया को शामिल नहीं करतीं। कंपनी रणनीतिक नियोजन प्रक्रिया में संलग्न हो जाएगी, ऑफ़िस किराए या लीज़

पर ले लेगी, फ़र्नीचर ख़रीद लेगी, उत्पादन या सेवा के लिए आवश्यक कंप्यूटर और मशीनें लगा लेगी, प्रशासकीय और बिज़नेस स्टाफ़ नियुक्त कर लेगी, अकाउंट बुक्स बना लेगी और विज्ञापन देने लगेगी। लेकिन पहले दर्जे की सेलिंग प्रक्रिया स्थापित ही नहीं की गई। परिणाम ? सेल्स आमदनी के बिना कुछ महीनों या हफ़्तों में ही कंपनी की प्रगति ठप्प हो जाएगी। डॉट कॉम एक्सप्लोज़न के "डॉट-बॉम्ब" में बदलने का कारण काफ़ी हद तक यही था।

अत्यावश्यक परिणाम तय करें

वे कौन से अत्यावश्यक परिणाम हैं, जिन्हें अपने अंतिम लक्ष्य को हासिल करने के लिए आपको रास्ते के हर क़दम पर पाना होगा ? आप उनकी योजना कैसे बना सकते हैं, उन्हें प्राथमिकता के क्रम में कैसे जमा सकते हैं और यह सुनिश्चित कैसे कर सकते हैं कि वे समय पर पूरे हो जाएँ ? अगर चीज़ें गड़बड़ हो जाएँ, तो आपकी क्या योजना है ? अगर लक्ष्य की राह में आपके अत्यावश्यक उद्देश्यों को हासिल करने में उम्मीद से ज़्यादा समय लगता है और ज़्यादा लागत आती है, तो आप क्या करेंगे ? आपकी आपातकालीन योजना क्या है ? आपने यह पंक्ति ज़रूर सुनी होगी, "बड़े जहाज़ की तरह बड़ी ज़िंदगी को भी एक ही उम्मीद या रस्सी से कभी नहीं बाँधना चाहिए।"

नियोजन सफलता की कुंजी है

अच्छी ख़बर यह है कि नियोजन के काम से ही लक्ष्य हासिल करने की पूरी प्रक्रिया सुधर जाती है और सुचारू बन जाती है। आप शुरू करने से पहले जितनी सावधानी से और जितनी ज़्यादा बार योजना बनाते हैं, पूरी नियोजन प्रक्रिया उतनी ही बेहतर बन जाएगी। आप नियोजन में जितने बेहतर बनेंगे, योजना बनाने के उतने ही ज़्यादा विचारों और अवसरों को आकर्षित करेंगे तथा उतनी ही ज़्यादा बड़ी और बेहतर चीज़ें हासिल करेंगे।

ठीक-ठीक फ़ैसला कर लें कि आप चाहते क्या हैं। इसे लिख लें, इसकी योजना बना लें और फिर उस योजना पर अमल कर दें। यही व्यक्तिगत प्रभावकारिता और उच्च उपलब्धि की कुंजी है। ये योग्यताएँ सीखी जा सकती हैं और आप इनमें माहिर बन सकते हैं। कुछ ही समय में आप अपनी ज़िंदगी या बिज़नेस का कायाकल्प कर सकते हैं, अपनी सेल्स या मुनाफ़े को दोगुना कर सकते हैं, अपने लक्ष्य हासिल कर सकते हैं और अपनी वास्तविक संभावना तक पहुँच सकते हैं।

☆ कार्ययोजना बनाएँ

1. आपको अपना लक्ष्य हासिल करने के लिए कौन सी चीज़ें करनी होंगी? दिमाग़ में आने वाली हर चीज़ की सूची बनाएँ। कुछ भी न छोड़ें।
2. अपनी सूची के कामों को प्राथमिकता के क्रम में जमा लें। सबसे महत्वपूर्ण काम या गतिविधि कौन सी है? दूसरा सबसे महत्वपूर्ण काम? और आगे भी इसी तरह।
3. सूची को क्रम से जमा लें : कौन सी चीज़ सबसे पहले करनी है, और कौन सी बाद में?
4. तय करें कि लक्ष्य हासिल करने या काम पूरा करने में आपका कितना समय और पैसा लगेगा। क्या आपके पास सफलता के लिए आवश्यक समय और संसाधन हैं?
5. नियमित रूप से योजना पर नज़र डालते रहें। इसकी समीक्षा करते रहें और इसमें फेरबदल करते रहें, ख़ास तौर पर जब आपको नई जानकारी मिले या चीज़ें आपकी उम्मीद के मुताबिक़ न हो रही हों। ज़रूरत पड़ने पर योजना में परिवर्तन करने के लिए तैयार रहें।

☆ **14**

अपने समय का सही प्रबंधन करें

समय हमारे हाथ से रेत की तरह फिसल जाता है और दोबारा कभी लौटकर नहीं आता। जो लोग समय का इस्तेमाल समझदारी से करते हैं, उन्हें समृद्ध, उपयोगी और संतुष्टिदायक जीवन का पुरस्कार मिलता है।

- रॉबिन शर्मा

अपने सभी लक्ष्य हासिल करने के लिए और अपनी पूर्ण संभावना तक पहुँचने के लिए आपको अपने समय पर नियंत्रण रखना होगा। मनोवैज्ञानिक आम तौर पर इस बात से सहमत हैं कि "नियंत्रण का एहसास" ख़ुशी, आत्मविश्वास, शक्ति और व्यक्तिगत सेहत की भावनाओं की कुंजी है। और यह एहसास तभी संभव है, जब आप समय प्रबंधन की उत्कृष्ट योग्यताओं का अभ्यास करें।

अच्छी ख़बर यह है कि समय प्रबंधन एक योग्यता है और किसी भी अन्य योग्यता की तरह इसे भी सीखा जा सकता है। अतीत में आप कितने ही अव्यवस्थित रहे हों या आपमें टालमटोल करने या कम महत्वपूर्ण गतिविधियों में उलझे रहने की कितनी ही ज़्यादा प्रवृत्ति हो, लेकिन आप बदल सकते हैं। आप अपने क्षेत्र के सबसे कार्यकुशल, प्रभावी और सफल व्यक्तियों में से एक बन सकते हैं। बस इसके लिए आपको इतना भर सीखना है कि दूसरे लोग दुविधा से स्पष्टता तक और कुंठा से एकाग्रता तक कैसे पहुँचे। दोहराव और अभ्यास द्वारा आप अपने क्षेत्र के सबसे ज़्यादा परिणाम-केंद्रित व्यक्तियों में से एक बन सकते हैं।

चुनाव और निर्णय

अगर सफलता के सिक्के का सामने वाला हिस्सा स्पष्ट लक्ष्य रखने की योग्यता है, तो उसी सिक्के का दूसरा पहलू ख़ुद को व्यवस्थित करने और अपना सबसे मूल्यवान काम करने की योग्यता है - हर दिन, हर मिनट। आपके चुनावों और निर्णयों ने

मिलकर इस पल तक आपका पूरा जीवन बनाया है। किसी भी तरह से ज़िंदगी को बदलने या बेहतर बनाने के लिए आपको नए चुनाव करने होंगे और नए निर्णय लेने होंगे, जो इस बात के तालमेल में होने चाहिए कि आप सचमुच कौन हैं और आप दरअसल चाहते क्या हैं।

आपके लिए समय प्रबंधन का शुरुआती बिंदु यह है कि आप अपने लक्ष्य तय कर लें और फिर उन्हें प्राथमिकता और महत्व के क्रम में जमा लें। आपको हर पल एकदम स्पष्ट होना चाहिए कि उस वक़्त आपके लिए सबसे ज़्यादा महत्वपूर्ण क्या है।

किसी पल यह कोई व्यावसायिक, वित्तीय या कैरियर संबंधी लक्ष्य हो सकता है। बाद में यह पारिवारिक या संबंधों का लक्ष्य हो सकता है। किसी अन्य अवसर पर यह सेहत या फ़िटनेस का लक्ष्य हो सकता है। हर मामले में आपको अपनी सर्वोच्च प्राथमिकता पर राइफ़ल से निशाना साधना चाहिए। आपको मशीनगन नहीं चलानी चाहिए, जो एक ही समय में बहुत सारी चीज़ें करने की कोशिश में अंधाधुंध फ़ायरिंग करती है।

करने के लिए सही काम

आध्यात्मिक गुरू और दार्शनिक पीटर आउस्पेंस्की से एक बार एक विद्यार्थी ने पूछा, "मुझे यह कैसे पता चलेगा कि मेरे करने के लिए सही काम क्या है?"

आउस्पेंस्की का जवाब था, "अगर तुम मुझे अपना लक्ष्य बता दो, तो मैं तुम्हें बता सकता हूँ कि तुम्हारे करने के लिए सही काम क्या है।"

यह एक महत्वपूर्ण नीति कथा है। कौन सा काम सही है या ग़लत, अधिक महत्वपूर्ण है या कम महत्वपूर्ण, उच्च प्राथमिकता का है या कम प्राथमिकता का, यह आप सिर्फ़ इसी तरीक़े से तय कर सकते हैं कि उस ख़ास पल में आपका लक्ष्य क्या है। उस बिंदु के बाद आप अपनी सारी गतिविधियों को **"ए"** या **"बी"** गतिविधियों में विभाजित कर सकते हैं।

"ए" गतिविधि वह क्रिया है, जो आपको अपने लक्ष्य की ओर आगे बढ़ाती है, जितनी तेज़ी से और सीधे हो, उतना ही बेहतर है। **"बी"** गतिविधि वह होती है, जो आपको महत्वपूर्ण लक्ष्य की ओर आगे नहीं बढ़ाती है।

बुद्धि की भूमिका

जीवन और काम में सफलता के मूल कारण क्या हैं, यह तय करने के लिए हज़ारों लोगों के गैलप इंटरव्यू लिए गए। इसमें "बुद्धि" के महत्व का बार-बार ज़िक्र हुआ।

लेकिन जब शोधकर्ताओं ने "बुद्धि" की परिभाषा पर ज़ोर डाला, तो उन्हें एक दिलचस्प जवाब मिला। बुद्धि को ऊँचे आई क्यू या स्कूल में अच्छे ग्रेड के रूप में परिभाषित नहीं किया गया था। इसके बजाय, बुद्धि को अमूमन "काम करने के तरीक़े" के रूप में परिभाषित किया गया था।

दूसरे शब्दों में, अगर आप बुद्धिमत्तापूर्ण ढंग से काम करते हैं, तो आप बुद्धिमान हैं। अगर आप मूर्खतापूर्ण ढंग से काम करते हैं, तो आप मूर्ख हैं, भले ही आपको कैसे भी ग्रेड मिले हों या आपके पास ढेर सारी डिग्रियाँ हों।

और परिभाषा के अनुसार, काम करने का बुद्धिमत्तापूर्ण तरीक़ा क्या है ? काम करने का बुद्धिमत्तापूर्ण तरीक़ा यह है कि आपके काम आपके निर्धारित लक्ष्य हासिल करने के तालमेल में हों। हर बार जब आप कोई भी ऐसा काम करते हैं, जो आपको अपेक्षित लक्ष्य के क़रीब पहुँचाता है, तो आप बुद्धिमत्तापूर्ण ढंग से काम कर रहे हैं। दूसरी तरफ़, काम करने का ग़ैर-बुद्धिमत्तापूर्ण तरीक़ा वे काम करना है, जो आपको अपने लक्ष्यों की दिशा में नहीं बढ़ा रहे हों, या इससे भी बुरी बात, लक्ष्यों से दूर पहुँचा रहे हों।

साफ़ कहा जाए, तो अपने निर्धारित लक्ष्य तक पहुँचने में मदद न करने वाला हर काम, मूर्खतापूर्ण है। दुनिया ऐसे लोगों से भरी हुई है, जो हर दिन मूर्खतापूर्ण ढंग से काम करते हैं और उन्हें एहसास भी नहीं होता कि वे अपने जीवन पर कितना नकारात्मक प्रभाव डाल रहे हैं।

अपने दीर्घकालीन लक्ष्य तय करें

समय प्रबंधन स्पष्टता से शुरू होता है। आप काग़ज़ लेकर बैठते हैं और सटीकता से तय करते हैं कि आप अपने जीवन के हर क्षेत्र में क्या हासिल करना चाहते हैं। आप वित्तीय सफलता, पारिवारिक सफलता या व्यक्तिगत सेहत और फ़िटनेस के अंतिम, दीर्घकालीन लक्ष्यों को तय करते हैं। एक बार जब आप निशाना साधने के लिए लक्ष्य स्पष्ट कर लेते हैं, तो इसके बाद आप वर्तमान पर लौट सकते हैं और हर दिन के हर घंटे और मिनट की योजना बना सकते हैं, ताकि आप अपने सीमित समय में ज़्यादा से ज़्यादा हासिल कर सकें।

सूची से शुरू करें

समय प्रबंधन का मूलभूत साधन प्राथमिकता के क्रम में बनी सूची है। सूची व्यक्तिगत प्रबंधन के लिए सतत् उपयोगी साधन है। वैसे सच्चाई यह है कि आप समय का प्रबंधन नहीं कर सकते। आप तो सिर्फ़ अपना प्रबंधन कर सकते हैं। इसीलिए समय

प्रबंधन में आत्म-अनुशासन, आत्म-नियंत्रण और आत्म-विजय की ज़रूरत होती है। समय प्रबंधन में इस बात की ज़रूरत होती है कि आप अपने जीवन और काम की गुणवत्ता बढ़ाने के लिए आवश्यक निर्णय लें और सर्वश्रेष्ठ चुनाव करें। फिर अपने निर्णयों पर अमल करें।

आपको दीर्घ कालीन, मध्यम कालीन और अल्प कालीन लक्ष्यों व प्रोजेक्ट्स की सूचियों में अपने जीवन की योजना बनानी चाहिए। आपको हर महीने की योजना पहले से ही बना लेनी चाहिए। इसमें आपको उन चीज़ों की सूची बनानी चाहिए, जो आप उस महीने में हासिल करना चाहते हैं। आपको अपने हर निर्धारित मल्टीटास्क काम के हर क़दम की सूची बना लेनी चाहिए और फिर उस सूची को प्राथमिकता तथा क्रम के हिसाब से जमा लेना चाहिए।

एडवांस प्लानिंग

अपने अगले सप्ताह की योजना आज से ही बनाएँ। सबसे बेहतर यह रहेगा कि आप सप्ताह की योजना रविवार को बना लें। हर दिन की योजना भी पहले से बना लें, संभव हो तो एक रात पहले।

जब आप अगले दिन करने वाले सभी कामों की सूची बना लेते हैं, तो आपका अवचेतन मन उस सूची पर रात भर काम करता है। सुबह उठने पर आपके मन में अक्सर ऐसे विचार और बातें आती हैं, जिनसे आपको अपनी उस सूची के काम निबटाने में मदद मिलती है। अपनी योजनाओं को लिखने से आप आकर्षण के नियम को सक्रिय कर देते हैं। आप अपने जीवन में लोगों, अवसरों और संसाधनों को आकर्षित करने लगते हैं, जिनकी मदद से आप अपने लक्ष्य हासिल कर सकते हैं और अपने कामों को सबसे अच्छे ढंग से पूरा कर सकते हैं।

अत्यावश्यक और महत्वपूर्ण में फ़र्क़ करें

अपने समय का प्रबंधन करने की प्रक्रिया में आपको अत्यावश्यक और महत्त्वपूर्ण कामों में फ़र्क़ करना होगा। अत्यावश्यक काम बाहरी दबावों और आवश्यकताओं से तय होते हैं। आपको उन्हें तत्काल करना होता है। ज़्यादातर लोग अधिकांश दिन अत्यावश्यक कामों पर प्रतिक्रिया करते रहते हैं, जैसे फ़ोन कॉल, व्यवधान, आपातकालीन स्थितियाँ और अपने बॉस तथा ग्राहकों की माँगें।

दूसरी तरफ़, महत्वपूर्ण काम वे हैं, जो आपके दीर्घकालीन भविष्य में सबसे ज़्यादा योगदान दे सकते हैं। जैसे योजना बनाना, व्यवस्थापन, अपने ग्राहकों का अध्ययन व शोध और शुरू करने से पहले अपनी प्राथमिकताएँ तय करना।

फिर ऐसे काम आते हैं, जो न तो अत्यावश्यक हैं, न ही महत्वपूर्ण, जैसे फ़ोन की घंटी बजना या किसी सहकर्मी के साथ गपशप। चूँकि ये चीज़ें कामकाज के दिन के दौरान होती हैं, इसलिए उन्हें वास्तविक काम मानने की ग़लती करना आसान है। बहरहाल, फ़र्क़ यह है कि इनका कोई सार्थक परिणाम नहीं मिलता। चाहे आप कितनी ही अत्यावश्यक लेकिन महत्वहीन गतिविधियों में संलग्न हों, आप अपने काम या कंपनी में कोई योगदान नहीं देते हैं।

चौथी श्रेणी में वे काम शामिल हैं, जो न तो अत्यावश्यक हैं, न ही महत्वपूर्ण, जैसे ऑफ़िस में अख़बार पढ़ना या लंच में ज़्यादा समय लगाना। ये गतिविधियाँ आपके कैरियर को बहुत नुक़सान पहुँचाती हैं, क्योंकि वे उस समय को खा जाती हैं, जिनका इस्तेमाल करके आप वे परिणाम पा सकते थे, जिनके लिए आपको भुगतान दिया जाता है और जिन पर आपका भविष्य निर्भर करता है।

परिणामों पर विचार करें

किसी ख़ास काम या गतिविधि का मूल्य तय करने वाला सबसे महत्वपूर्ण शब्द है *"परिणाम"*। मूल्यवान और महत्वपूर्ण काम वह है, जिसके पूरा होने या न होने के गंभीर परिणाम होते हैं। किसी काम या गतिविधि के संभावित परिणाम जितने बड़े होते हैं, वह उतना ही ज़्यादा महत्वपूर्ण होता है।

अगर किसी काम के परिणाम बहुत कम होंगे, तो वह ख़ास महत्वपूर्ण नहीं है। इसलिए समय प्रबंधन में आपको ऐसे कामों में ज़्यादा समय लगाना चाहिए, जो आपके जीवन और काम पर सबसे ज़्यादा असर डाल सकते हैं।

80/20 का नियम लागू करें

जब आप आने वाले दिन के कामों की सूची तैयार कर लें, तो अपनी सूची की समीक्षा करें और शुरू करने से पहले ८०/२० का नियम लागू करें।

८०/२० का नियम कहता है कि आपकी २० प्रतिशत गतिविधियाँ ८० प्रतिशत महत्वपूर्ण होती हैं। अगर आपके पास दस कामों की सूची है, तो उनमें से दो काम बाक़ी आठ कामों से ज़्यादा मूल्यवान होंगे, भले ही आप उन सभी को मिला लें। दस में से दो कामों के संभावित परिणाम बाक़ी ८० प्रतिशत कामों से ज़्यादा होंगे।

इस मामले में कई बार तो "९०/१० का नियम" भी लागू होता है। अक्सर दस कामों की दैनिक सूची का एक काम बाक़ी सभी से ज़्यादा मूल्यवान होता है। दुर्भाग्य से अक्सर इसी काम को करने में आप सबसे ज़्यादा टालमटोल करते हैं।

रचनात्मक टालमटोल का अभ्यास करें

जब आप अपने शीर्ष 20 प्रतिशत कामों को पहचान लें, तो आप बाक़ी में "रचनात्मक टालमटोल" (creative procrastination) का अभ्यास कर सकते हैं। चूँकि आप हर काम नहीं कर सकते, इसलिए आपको किसी न किसी काम को तो टालना ही होगा। इकलौता सवाल यह है कि आप किस काम को टालेंगे ?

जवाब आसान है। उन ८० प्रतिशत कामों को टालें, जो आपके मनचाहे लक्ष्यों और परिणामों में बहुत कम योगदान देते हैं। अपना समय और ध्यान उन एक-दो कामों को पूरा करने पर केंद्रित करें, जो सबसे ज़्यादा फ़र्क़ डाल सकते हैं।

एबीसीडीई विधि का अभ्यास करें

प्राथमिकता तय करने की एक और विधि है एबीसीडीई विधि। इस विधि के लिए आवश्यक है कि आप शुरू करने से पहले अपने कामों की सूची की समीक्षा करें और हर एक के सामने **ए, बी, सी, डी**, या **ई** लिख लें। यह अभ्यास शुरू करने से पहले अपने कामों के बारे में सोचने भर से ही आपकी कार्यकुशलता और प्रभावकारिता नाटकीय रूप से बढ़ जाएगी।

"**ए**" काम वह है, जो बहुत महत्वपूर्ण है। इसके पूरे होने या न होने के गंभीर परिणाम होते हैं। इसे करने या न करने का आपके परिणामों और सफलता पर काफ़ी असर सकता है। आपको हमेशा सबसे पहले अपने "ए" काम करने चाहिए।

अगर आपके पास एक से ज़्यादा "**ए**" काम हैं, तो उन्हें प्राथमिकता के क्रम में **ए-1, ए-2, ए-3** आदि में जमा लें। यह करने के बाद अपने **ए-1** काम को शुरू करने और पूरा करने में अपनी सारी ऊर्जा केंद्रित कर लें।

"**बी**" काम वह है, जिसे आपको करना चाहिए। इसके होने या न होने के छुटपुट परिणाम होते हैं। मिसाल के तौर पर, दोस्त को फ़ोन करने, सहकर्मियों के साथ लंच करने या ई-मेल चेक करने का काम इस श्रेणी में आता है। इसे करने या न करने से थोड़ी असुविधा हो सकती है, लेकिन आपके जीवन पर इसके परिणाम गौण ही होंगे।

"**सी**" काम वह है, जिसे करना *अच्छा* तो लगता है, लेकिन उसके कोई परिणाम नहीं होते हैं। एक और कप कॉफ़ी पीना, सहकर्मी के साथ गपशप करना, अख़बार पढ़ना और दिन में शॉपिंग करने जाना "**सी**" कामों की श्रेणी में आते हैं। आप उन्हें करते हैं या नहीं, इसका आपके जीवन या काम पर कोई असर नहीं पड़ता।

नियम यह है : जब तक "**ए**" श्रेणी का काम अधूरा पड़ा हो, तब तक "**बी**" श्रेणी का काम कभी न करें। जब तक "**बी**" श्रेणी का काम अधूरा पड़ा हो, तब

तक **"सी"** श्रेणी का काम कभी न करें। दिन भर **"ए"** श्रेणी के कामों पर ध्यान केंद्रित रखें।

"डी" श्रेणी का काम वह होता है, जिसे आप किसी दूसरे को *सौंप* सकते हैं। नियम यह है कि जो भी चीज़ दूसरों को सौंपी जा सकती है, उसे सौंप दें, ताकि आपके पास "ए" श्रेणी के कामों के लिए ज़्यादा समय रहे – वे काम, जो जीवन और कामकाज में आपकी सफलता और ख़ुशी को सबसे ज़्यादा तय करते हैं।

"ई" श्रेणी का काम वह है, जिसे आप पूरी तरह से *छोड़* सकते हैं। ये पुरानी गतिविधियाँ हो सकती हैं, जो आज आपके सबसे महत्वपूर्ण लक्ष्यों की उपलब्धि के लिए ज़रा भी महत्वपूर्ण नहीं हैं। आप दिन या सप्ताह में जो भी करते हैं, उसका ज़्यादातर हिस्सा ख़त्म किया जा सकता है और इसका ज़रा भी असर नहीं पड़ेगा।

बहिष्कृत विकल्प का नियम

आप चुनने के लिए हमेशा स्वतंत्र हैं। हर घंटे, हर मिनट आप यह चुनाव करते हैं कि आप क्या करेंगे और क्या नहीं। इसी से आपकी पूरी ज़िंदगी बनती है। बहिष्कृत विकल्प का नियम कहता है कि एक चीज़ करना यानी कोई दूसरी चीज़ न करना।

जब भी आप कोई काम शुरू करते हैं, तो आप चेतन या अचेतन रूप से कोई दूसरा काम न करने का फ़ैसला कर रहे हैं, जिसे आप उस पल कर सकते हैं। आप कौन सा काम पहले करें, कौन सा दूसरे क्रम पर करें और कौन सा बिलकुल न करें, इस संदर्भ में समझदारी से चुनाव करने की योग्यता ही आपके पूरे जीवन को तय करती है।

सबसे मूल्यवान काम चुनें

सफल, ऊँची आमदनी वाले लोग आम तौर पर असफल, कम तनख़्वाह वाले लोगों से ज़्यादा बुद्धिमान या कुशल नहीं होते। उनके बीच मुख्य अंतर यह होता है कि सफल लोग हमेशा ज़्यादा मूल्यवान काम करते हैं। असफल लोग हमेशा कम मूल्यवान कामों में अपना समय बर्बाद करते हैं। आप हमेशा चुनाव करने के लिए स्वतंत्र होते हैं। आप हमेशा यह चुनने के लिए स्वतंत्र होते हैं कि आप कौन सा काम ज़्यादा करें और कौन सा काम कम। आपके चुनाव ही अंततः आपके साथ होने वाली हर चीज़ को तय करते हैं।

एक ही बार में काम निबटाने का अभ्यास करें

एक बार में काम निबटाना समय और व्यक्तिगत प्रबंधन की बड़ी सशक्त तकनीक

है। इसका मतलब यह है कि अपना ए-1 काम चुनने के बाद आप उस काम को शुरू कर दें और पूरी एकाग्रता और एकल मानसिकता से उस पर तब तक काम करते रहें, जब तक कि वह 100 प्रतिशत पूरा न हो जाए। बिना किसी भटकाव या व्यवधान के ख़ुद को एकाग्र बनाने के लिए अनुशासित करें।

अगर आपका ध्यान भटक रहा है या आप ब्रेक लेने के लिए ललचा रहे हैं या टालमटोल करने की इच्छा जाग रही है, तो बार-बार यह दोहराकर ख़ुद को प्रेरित करें "दोबारा काम पर लौटो! दोबारा काम पर लौटो! दोबारा काम पर लौटो!" फिर उस काम को पूर्णता तक पहुँचाने की अपनी कोशिशों को बढ़ा दें।

थॉमस एडिसन ने एक बार लिखा था, "मेरी सफलता में इस गुण ने सबसे ज़्यादा योगदान दिया कि मुझमें लगातार, बिना रुके एक ही चीज़ पर काम करने की योग्यता थी।" आपको भी इसी सिद्धांत पर अमल करना चाहिए।

कालपिंड उत्पन्न करें

अपने दिन की योजना पहले से बना लें और कार्य समय के तीस, साठ और नब्बे मिनट के कालपिंड (chunks of time) तय कर लें। ये ऐसे कालखंड हैं, जिनमें आप बिना व्यवधान या रुकावट के अपने सबसे महत्वपूर्ण काम कर सकते हैं। ये पिंड किसी भी बड़े, महत्वपूर्ण काम को पूरा करने के लिए अनिवार्य हैं।

कार्य समय के लंबे कालपिंड बनाने का एक तरीक़ा सुबह जल्दी उठकर किसी बड़े काम, प्रोजेक्ट या प्रस्ताव पर लगातार, बिना रुके काम करना है। कई बार आप रात को या वीकएंड पर भी कालपिंड तय कर सकते हैं। लेकिन सच तो यह है कि सभी महत्वपूर्ण कामों में, जिनके गंभीर संभावित परिणाम होते हैं, एकाग्रता, केंद्रित समय और ऊर्जा के बड़े टुकड़ों की ज़रूरत होती है।

अर्ल नाइटिंगेल ने एक बार कहा था, "मनुष्य की हर महान उपलब्धि से पहले अक्सर कई साल के एकाग्र प्रयास की एक लंबी अवधि रही है।"

ख़ुद को पटरी पर रखें

हर दिन काम शुरू करने से पहले और दिन भर आपको ये पाँच सवाल पूछने और बार-बार इनका जवाब देने की ज़रूरत होती है।

इनमें से पहला सवाल है, **मुझे नौकरी पर क्यों रखा गया है?** आपको कौन सी चीज़ हासिल करने के लिए नौकरी पर रखा गया है? अगर आपके बॉस आपसे यह पूछें, "हम आपको तनख़्वाह क्यों देते हैं?" तो आपका जवाब क्या होगा?

सच्चाई यह है कि आपको कुछ ख़ास परिणाम हासिल करने के लिए नौकरी

पर रखा गया है, जिनका आपके संगठन के लिए आर्थिक मूल्य होता है। और आपके 20 प्रतिशत कामों से आपका 80 प्रतिशत मूल्य तय होता है। आम तौर पर आपको पता होना चाहिए कि आपको नौकरी पर क्यों रखा गया है और फिर आपको दिन भर अपना समय और ध्यान उन्हीं कामों पर केंद्रित करना चाहिए, जिनका आपके बिज़नेस या संगठन पर सबसे ज़्यादा फ़र्क़ पड़े।

ज़्यादा मूल्यवान गतिविधियों पर ध्यान केंद्रित करें

आपको खुद से दिन भर दूसरा सवाल यह पूछना चाहिए, **मेरी सबसे ज़्यादा मूल्यवान गतिविधियाँ कौन सी हैं?** ये वे गतिविधियाँ हैं, जिनमें आपकी कंपनी या कैरियर संबंधी गुणों, योग्यताओं, अनुभवों और कुशलताओं का सर्वोच्च और सर्वश्रेष्ठ इस्तेमाल होता है। वे कौन सी हैं ?

अगर जवाबों के बारे में आपको ज़रा सी भी शंका हो, तो अपने बॉस से पूछें कि उनके हिसाब से आपकी सबसे ज़्यादा मूल्यवान गतिविधियाँ क्या हैं। जवाब जो भी हो, दिन भर वही काम करने के लिए समर्पित हो जाएँ।

अपने प्रमुख परिणाम क्षेत्रों पर काम करें

आपको खुद से दिन भर तीसरा सवाल यह पूछते रहना चाहिए, **मेरे प्रमुख परिणाम क्षेत्र क्या हैं?** जैसा कि हमने पहले भी ज़िक्र किया है, आपके प्रमुख परिणाम क्षेत्र वे काम हैं, जिन्हें आपको उत्कृष्ट अंदाज़ में हर हालत में पूरा करना होगा, तभी आप अपने सबसे महत्वपूर्ण परिणाम हासिल कर सकते हैं। उन्हीं से काम में आपकी सफलता या असफलता काफ़ी हद तक तय होती है।

आपको इनमें से हर काम को स्पष्टता से पहचान लेना चाहिए और फिर प्रत्येक में अपना सर्वश्रेष्ठ प्रदर्शन करने पर ध्यान केंद्रित करना चाहिए। इसके अलावा, आपको हर दिन हर प्रमुख परिणाम क्षेत्र में बेहतर बनने पर भी ध्यान केंद्रित करना चाहिए। याद रखें, आपकी सबसे कमज़ोर प्रमुख योग्यता से ही वह ऊँचाई तय होती है, जिस पर आप अपनी बाक़ी योग्यताओं का इस्तेमाल कर सकते हैं। किसी क्षेत्र में सिर्फ़ एक कमज़ोरी के कारण पीछे न रुके रहें, ख़ास तौर पर तब, जब आप उस चीज़ को सीख सकते हैं, जिसकी ज़रूरत आपको उस ख़ास क्षेत्र में उत्कृष्ट बनने के लिए होगी।

फ़र्क़ डालें!

आपको खुद से दिन भर चौथा सवाल यह पूछना चाहिए : **वह कौन सी चीज़ है,**

जिसे मैं और सिर्फ़ मैं कर सकता हूँ, जिसे अच्छी तरह से करने से मेरी कंपनी पर सच्चा फ़र्क़ पड़ेगा?

यह ख़ुद को एकाग्र बनाए रखने और पटरी पर क़ायम रखने के लिए बड़ा अच्छा सवाल है। वह कौन सी चीज़ है, जिसे आप और सिर्फ़ आप ही कर सकते हैं और जिससे आपके कैरियर पर सबसे ज़्यादा फ़र्क़ पड़ सकता है। एक बार फिर, अगर आपको जवाब के बारे में शंका हो, तो अपने बॉस से पूछ लें। कई बार तो आपके यह सवाल पूछने से पहले उन्होंने भी इस बारे में पूरी तरह नहीं सोचा होगा। कई बार तो उन्होंने इसके बारे में ज़रा भी नहीं सोचा होगा।

लेकिन जब आप दोनों उन एक-दो कामों पर सहमत हो जाते हैं, जो बाक़ी सभी चीज़ों से ज़्यादा फ़र्क़ डालेंगे, तो आपको अपनी सारी ऊर्जा उन ख़ास कामों को फटाफट और अच्छी तरह से करने में लगा देनी चाहिए। इससे आपको अपने कैरियर में जितनी मदद मिलेगी, उतनी किसी दूसरे निर्णय से नहीं मिलेगी।

सबसे महत्वपूर्ण सवाल

समय प्रबंधन का पाँचवाँ और शायद सबसे अच्छा सवाल यह है : **मेरे समय का इस वक़्त सबसे मूल्यवान उपयोग क्या है?** लक्ष्य निर्धारण, व्यक्तिगत नियोजन और समय प्रबंधन की सभी तकनीकों और विधियों का लक्ष्य इस सवाल का सटीक जवाब देने में आपकी मदद करना है - हर दिन, हर मिनट।

जब आप बार-बार यह सवाल पूछने और इसका जवाब देने के लिए ख़ुद को अनुशासित कर लेते हैं, और आपको यक़ीन होता है कि आप जो भी कर रहे हैं, वही इस सवाल का जवाब है, तो आप अपने आस-पास के लोगों से दो-तीन गुना ज़्यादा हासिल करने लगेंगे। आप ज़्यादा उपयोगी बन जाएँगे। आप ज़्यादा मूल्यवान काम करने लगेंगे और अपने आस-पास के लोगों से ज़्यादा परिणाम पाने लगेंगे। अपने समय के सबसे मूल्यवान उपयोग के आधार पर काम के लिए ख़ुद को अनुशासित करें, चाहे यह उस पल जो भी हो। आपकी सफलता तय है।

प्रबलता से परिणाम केंद्रित बनें

अंतिम विश्लेषण में, उच्च उत्पादकता और प्रदर्शन की कुंजी यह है : उन गिने-चुने कामों में बेहतर बनने के लिए ख़ुद को समर्पित करें, जो आपके अधिकांश परिणामों के लिए ज़िम्मेदार हैं। साथ ही, वे काम दूसरों को सौंपना, आउटसोर्स करना और ख़त्म करना सीखें, जो आपके परिणामों और पुरस्कारों में बहुत कम योगदान देते हैं।

15
हर दिन अपने लक्ष्यों की समीक्षा करें

यह एक मनोवैज्ञानिक नियम है कि हम जो चीज़ पाने की इच्छा करते हैं, उसकी छाप हमें अपने व्यक्तिपरक या अवचेतन मन पर छोड़नी चाहिए।

- ओरिसन स्वेट मार्डन

कई बार मैं अपने श्रोताओं से पूछता हूँ, “यहाँ बैठे कितने लोग अपनी आमदनी दोगुनी करना चाहते हैं ?” इसमें कोई हैरानी नहीं है कि हर व्यक्ति अपना हाथ उठा देता है। फिर मैं कहता हूँ, “देखिए, आपके लिए अच्छी ख़बर है। यहाँ बैठे हर व्यक्ति की आमदनी दोगुनी हो जाएगी - पक्की गारंटी है - बशर्ते आप पर्याप्त लंबा *जिएँ!*”

अगर आपकी आमदनी हर साल 3-4 प्रतिशत बढ़ती है, जो जीवन की लागत में होने वाली औसत सालाना वृद्धि है, तो आपकी आमदनी लगभग बीस साल में दोगुनी हो जाएगी। लेकिन यह काफ़ी लंबा इंतज़ार है।

असल सवाल आमदनी दोगुनी करना नहीं है। असल सवाल तो यह है, आप इसे कितनी जल्दी दोगुना करते हैं ?

लक्ष्य हासिल करने की गति को दोगुना करना

ऐसी कई तकनीकें हैं जो व्यक्तिगत और वित्तीय लक्ष्यों को ज़्यादा तेज़ी से हासिल करने में आपकी मदद कर सकती हैं। इस अध्याय में मैं आपको एक ख़ास विधि बताना चाहता हूँ, जिसने किसी भी अन्य विधि के मुक़ाबले ज़्यादा लोगों को शून्य से शिखर पर पहुँचाया है। यह सरल, तेज़, असरदार है और इसके कारगर होने की गारंटी है- बशर्ते आप इस पर अमल करें।

इससे पहले मैंने कहा था, “आप वही बन जाते हैं, जिसके बारे में आप ज़्यादातर समय सोचते हैं।” यह महान सत्य ही सारे धर्म, दर्शन, मनोविज्ञान और सफलता की बुनियाद है। जैसा कि मेरे एक टीचर जॉन बॉयल ने एक बार कहा था, “जो भी आप अपने दिमाग़ में लगातार क़ायम रखते हैं, वह आपको मिल सकता है।” यही कुंजी है।

सकारात्मक सोचना बनाम सकारात्मक जानना

आज बहुत से लोग “सकारात्मक सोच” के महत्व के बारे में बातें करते हैं। सकारात्मक सोच महत्वपूर्ण है, लेकिन यह पर्याप्त नहीं है। अगर दिशा न दी जाए और नियंत्रित न किया जाए, तो सकारात्मक सोच जल्द ही विकृत होकर सिर्फ़ सकारात्मक *इच्छा* और सकारात्मक *आशा* बनकर रह सकती है। हो सकता है कि सकारात्मक सोच प्रेरणा और उच्चतर उपलब्धि की शक्ति न बन पाए और अच्छी-बुरी परिस्थितियों में जीवन के बारे में सिर्फ़ एक ख़ुशनुमा नज़रिया बनकर रह जाए।

लक्ष्य हासिल करने में एकाग्र और प्रभावी बनने के लिए सकारात्मक सोच को “सकारात्मक जानने” (positive knowing) में बदलना होगा। आपको अपने अस्तित्व की गहराई में इस बात पर पूरा यक़ीन करना होगा कि आप किसी ख़ास लक्ष्य को हासिल करने में ज़रूर सफल होंगे। आपको बिना किसी शंका के आगे बढ़ना होगा। आपको संकल्पित और दृढ़ बनना होगा। आपको अपनी अंतिम सफलता के बारे में दृढ़ विश्वास होना चाहिए कि कोई भी चीज़ आपको रोक नहीं सकती।

अपने अवचेतन मन की प्रोग्रामिंग करें

सफलता के अडिग विश्वास के साथ अपने अवचेतन मन की प्रोग्रामिंग करने के लिए आप जो भी करते हैं, उससे लक्ष्यों को ज़्यादा तेज़ी से हासिल करने में मदद मिलती है। मैं यहाँ आपको जो विधि बताने जा रहा हूँ, उससे दरअसल आपकी योग्यताएँ और गुण कई गुना बढ़ सकते हैं। इससे आप अपनी वर्तमान स्थिति से अपनी मनचाही मंज़िल पर ज़्यादा तेज़ गति से पहुँच सकते हैं।

एक महत्वपूर्ण मानसिक नियम है; जो भी छाप छूटती है, वह व्यक्त ज़रूर होती है। आप अपने अवचेतन मन पर जो भी गहरी छाप छोड़ते हैं, वह अंततः आपके बाहरी जगत में अभिव्यक्त होती है। मानसिक प्रोग्रामिंग में आपका मकसद आपने अवचेतन मन पर अपने लक्ष्यों की गहरी छाप छोड़ना है, ताकि वे “लॉक इन” हो जाएँ और ख़ुद अपनी शक्ति खींचें। इस विधि से आपको ऐसा करने में मदद मिलती है।

सुनियोजित बनाम अनियोजित लक्ष्य निर्धारण

मैं कई सालों तक अपने लक्ष्य पर काम करता रहा था, उन्हें साल में एक-दो बार लिख लेता था और मौक़ा मिलने पर उनकी समीक्षा भी कर लेता था। इससे मेरे जीवन में अविश्वसनीय फ़र्क़ पड़ा। अक्सर मैं जनवरी में पूरे साल के लक्ष्यों की सूची बनाता था। उस साल दिसंबर में अपनी सूची की समीक्षा करते समय मैं यह पाता था कि मेरे अधिकांश लक्ष्य हासिल हो चुके हैं, जिनमें सबसे बड़े और अविश्वसनीय लगने वाले लक्ष्य भी शामिल थे।

फिर मैंने वह तकनीक सीखी, जिसने मेरी ज़िंदगी पूरी तरह बदल दी। मुझे पता चला कि अगर साल में एक बार लक्ष्य लिखने में इतनी शक्ति है, तो लक्ष्यों को ज़्यादा बार लिखना तो और भी ज़्यादा शक्तिशाली होगा।

कुछ लेखक सुझाव देते हैं कि आप हर महीने एक बार अपने लक्ष्य लिखें और उनकी समीक्षा करें। कई अन्य लेखक एक सप्ताह में एक बार ऐसा करने की सलाह देते हैं। मैंने यह सीखा है कि लक्ष्यों को *हर दिन* लिखने और बार-बार लिखने से सबसे ज़्यादा शक्ति मिलती है।

अपने लक्ष्य हर दिन लिखें

इसकी तकनीक यह है। एक स्पाइरल नोटबुक लें, जिसे आप हमेशा अपने साथ रखते हों। हर दिन अपनी नोटबुक खोलें और उसमें अपने दस-पंद्रह सबसे महत्वपूर्ण लक्ष्यों की सूची लिख लें। ऐसा करते समय लक्ष्यों की पुरानी सूची न देखें। यह काम हर दिन करें। जब आप ऐसा करेंगे, तो कई उल्लेखनीय चीज़ें होंगी।

पहले दिन अपने लक्ष्यों की सूची लिखते समय आपको थोड़ा सोच-विचार करना होगा। ज़्यादातर लोगों ने ज़िंदगी में कभी अपने दस शीर्षस्थ लक्ष्यों की सूची बनाई ही नहीं है।

दूसरे दिन जब आप पहली सूची को देखे बिना नई सूची बनाएँगे, तो यह ज़्यादा आसान होगा। बहरहाल, आप जो दस-पंद्रह लक्ष्य लिखेंगे, उनका वर्णन और प्राथमिकता का क्रम बदल जाएगा। कई बार तो पिछले दिन लिखा कोई लक्ष्य अगले दिन नज़र ही नहीं आएगा। आप उसे भूल जाएँगे या फिर हो सकता है कि वह बाद में ज़्यादा उचित समय पर दोबारा प्रकट हो जाए।

हर दिन जब आप अपने दस से पंद्रह लक्ष्यों की सूची लिखेंगे, तो आपकी परिभाषाएँ ज़्यादा स्पष्ट और पैनी बन जाएँगी। आप अंततः हर दिन ख़ुद को वही शब्द लिखते पाएँगे। आपके आस-पास के जीवन के परिवर्तनों के साथ-साथ आपका प्राथमिकता का क्रम भी बदलेगा। लेकिन लगभग तीस दिन बाद आप ख़ुद को हर

दिन वही लक्ष्य लिखते और दोबारा लिखते पाएँगे।

आपकी ज़िंदगी उड़ान भरती है

इसी समय आपके जीवन में एक उल्लेखनीय चीज़ होगी। यह उड़ान भरने लगेगा! आप रनवे पर से भागते जेट में बैठे यात्री जैसा महसूस करेंगे। आपका कार्यजीवन और व्यक्तिगत जीवन नाटकीय रूप से बेहतर बनने लगेगा। आपका मस्तिष्क विचारों और ज्ञान से चमकने लगेगा। आप ऐसे लोगों और संसाधनों को अपने जीवन में आकर्षित करने लगेंगे, जो आपके लक्ष्य हासिल करने में आपकी मदद करेंगे। आप तेज़ गति से तरक़्क़ी करने लगेंगे, कई बार तो इतनी तेज़ गति से कि आपको डर लगने लगेगा। हर चीज़ बहुत ही सकारात्मक तरीक़े से बदलने लगेगी।

मैं इतने वर्षों में तेईस देशों में भाषण दे चुका हूँ और बीस लाख से ज़्यादा लोगों को संबोधित कर चुका हूँ। मैंने लाखों प्रतिभागियों को "दस लक्ष्यों का यह अभ्यास" बताया है। मैं उन्हें जो अभ्यास देता हूँ, वह आपको दिए गए अभ्यास से ज़्यादा सरल होता है। यह अभ्यास इस तरह है।

मैं अपने श्रोताओं से दस लक्ष्यों की एक सूची बनाने को कहता हूँ, जो वे आने वाले साल में हासिल करना चाहते हैं। मैं उनसे कहता हूँ कि वे उस सूची को साल भर बाद खोलें। जब वे एक साल बाद सूची खोलते हैं, तो ऐसा लगेगा, जैसे जादू की छड़ी घूम गई है। लगभग हर मामले में उनके दस में से आठ लक्ष्य हासिल हो चुके होंगे, कई बार तो बहुत उल्लेखनीय तरीक़ों से।

मैंने यह अभ्यास दुनिया भर में, हर भाषा और संस्कृति के लोगों को दिया है। लगभग हर मामले में जब मैं उनके शहर और देश में दोबारा लौटता हूँ, तो मुझसे बात करने के लिए लोग लाइन बनाकर आते हैं, जैसा शादी के रिसेप्शन में होता है। फिर वे मुझे कहानी बताते हैं कि एक साल या ज़्यादा समय पहले दस लक्ष्य लिखने से उनकी ज़िंदगी कितनी बदल गई है।

इस विधि पर काम करना

इस अध्याय में हम जिस अभ्यास पर चर्चा कर रहे हैं, उसमें आप इन लोगों को मिले परिणामों से ज़्यादा बड़े और ज़्यादा तीव्र परिणाम पाना सीखेंगे। कारण स्पष्ट है : इन लोगों ने अपने लक्ष्य सिर्फ़ एक बार लिखे थे। आपके परिणाम दोगुने या तिगुने हो जाएँगे और पाँच या दस गुना भी बढ़ जाएँगे, जब आप लक्ष्य निर्धारण की उस शक्ति का इस्तेमाल करते हैं, जिस पर हमने पहले बातचीत की है यानी जब आप अपने लक्ष्य हर दिन लिखते हैं।

आपको इस अभ्यास से अधिकतम लाभ पाने के लिए कुछ ख़ास नियमों का पालन करना होगा। सबसे पहले तो आपको "तीन पी के फ़ॉर्मूले" का पालन करना होगा। आपके लक्ष्य सकारात्मक (positive) होने चाहिए, वर्तमान (present) में होने चाहिए और व्यक्तिगत (personal) भी होने चाहिए।

अपने अवचेतन मन को सक्रिय कर दें

आपका अवचेतन मन सिर्फ़ वर्तमान काल में कहे गए सकारात्मक कथनों से सक्रिय होता है। इसलिए आप अपने लक्ष्य इस तरह लिखते हैं, जैसे आप उन्हें *पहले* ही हासिल कर चुके हों। "मैं अगले बारह महीनों में 50,000 डॉलर कमाऊँगा", यह लिखने के बजाय आप लिखते हैं, "मैं हर साल 50,000 डॉलर कमाता हूँ।"

आपके लक्ष्य *सकारात्मक* तरीक़े से व्यक्त भी होने चाहिए। "मैं धूम्रपान करना छोड़ दूँगा" या "मैं कुछ पौंड वज़न घटा लूँगा," ऐसा कहने के बजाय यह कहें, "मैं नॉन-स्मोकर हूँ" या "मेरा वज़न इतने पौंड है।"

आपका आदेश सकारात्मक होना चाहिए, क्योंकि आपका अवचेतन मन नकारात्मक आदेश को प्रॉसेस नहीं कर सकता। यह सिर्फ़ सकारात्मक, वर्तमान काल के कथन को ही ग्रहण करता है।

तीसरे "पी" का मतलब है *व्यक्तिगत*। ज़िंदगी के हर लक्ष्य की शुरुआत "मैं" शब्द से करें और उसके बाद किसी क्रिया को लगाएँ। आप ही ब्रह्मांड में एकमात्र व्यक्ति हैं, जो अपने संदर्भ में "मैं" शब्द का प्रयोग कर सकते हैं। जब आपके अवचेतन मन को "मैं" शब्द से शुरू होने वाला आदेश मिलता है, तो ऐसा लगता है जैसे किसी फ़ैक्ट्री को हेड ऑफ़िस से उत्पादन करने का आदेश मिला हो। यह उस लक्ष्य को वास्तविकता में बदलने के लिए तत्काल काम में जुट जाता है।

मिसाल के तौर पर, आप यह नहीं कहते हैं, "मेरा लक्ष्य हर साल 50,000 डॉलर कमाना है।" इसके बजाय आप कहते हैं, "मैं हर साल 50,000 डॉलर कमाता हूँ।" अपने हर लक्ष्य को इस तरह लिखें, "मैं ... कमाता हूँ", "मेरा वज़न .... है", "मैं ... जीतता हूँ", "मैं ... कार चलाता हूँ", "मैं ... ऐसे-ऐसे मकान में रहता हूँ", "मैं ... पहाड़ पर चढ़ता हूँ" और आगे भी इसी तरह।

अपने लक्ष्यों के लिए डेडलाइन तय कर लें

अपने दैनिक लिखित लक्ष्यों की शक्ति बढ़ाने के लिए हर लक्ष्य की एक डेडलाइन तय करके उसे लिख लें।

मिसाल के तौर पर, आप लिख सकते हैं, "मैं 31 दिसंबर तक हर महीने औसतन 5,000 डॉलर कमाता हूँ (इसके बाद वह साल भी लिख लें)।"

जैसा कि हमने पहले वाले अध्याय में बात की थी, आपका मस्तिष्क डेडलाइन्स से प्रेम करता है और "विवशता तंत्र" में तरक़्क़ी करता है। भले ही आप यह न जानते हों कि वह लक्ष्य कैसे हासिल होगा, लेकिन हमेशा ख़ुद को एक पक्की डेडलाइन दें। याद रखें, नई जानकारी मिलने पर आप कभी भी डेडलाइन बदल सकते हैं। लेकिन यह सुनिश्चित करें कि आप हर लक्ष्य के बाद विस्मयादिबोधक चिन्ह की तरह ही डेडलाइन भी लिखें।

आप इसे कितनी शिद्दत से चाहते हैं?

हर दिन अपने दस लक्ष्यों को लिखने का यह अभ्यास एक इम्तहान है। इम्तहान यह तय करना है कि आप इन लक्ष्यों को कितनी शिद्दत से हासिल करना चाहते हैं। अक्सर आप एक बार लक्ष्य लिख लेंगे, लेकिन उसे दोबारा लिखना भूल जाएँगे। तो इसका मतलब सिर्फ़ यह है कि आप या तो सचमुच उस लक्ष्य को किसी दूसरी चीज़ जितना हासिल नहीं करना चाहते हैं या फिर आपको सचमुच यक़ीन नहीं है कि आप उस लक्ष्य को हासिल कर सकते हैं।

बहरहाल, आप हर दिन अपने लक्ष्यों को लिखने और दोबारा लिखने में जितने ज़्यादा अनुशासित होंगे, आप इस बारे में उतने ही ज़्यादा स्पष्ट बन जाएँगे कि आप *सचमुच* क्या चाहते हैं और आपको उतना ही ज़्यादा विश्वास हो जाएगा कि उसे पाना संभव है।

प्रक्रिया पर भरोसा करें

जब आप अपने लक्ष्य लिखना शुरू करते हैं, तो हो सकता है कि आपको ज़रा भी अंदाज़ा न हो कि वे कैसे हासिल होंगे। यह महत्वपूर्ण नहीं है। महत्वपूर्ण तो बस यह है कि आप उन्हें हर दिन लिखें और दोबारा लिखें और इस बात पर पूरा विश्वास रखें कि जब भी आप उन्हें लिखते हैं, तो आप हर बार अपने अवचेतन मन पर उनकी गहरी छाप छोड़ रहे हैं। एक निश्चित बिंदु पर आपको उन पर पूरा विश्वास हो जाएगा और आप भरोसा करने लगेंगे कि आपका लक्ष्य हासिल हो सकता है।

जब आपका अवचेतन मन आपके लक्ष्यों को चेतन मन के आदेशों के रूप में स्वीकार कर लेता है, तो यह आपके सभी शब्दों और कार्यों को उन लक्ष्यों के तालमेल में बैठाने लगेगा। आपका अवचेतन मन ऐसे लोगों और परिस्थितियों को आपके जीवन में आकर्षित करने लगेगा, जो लक्ष्य हासिल करने में आपकी मदद कर सकती हैं।

आपका मानसिक कंप्यूटर दिन में 24 घंटे काम करता है

आपका अवचेतन मन उस विशाल कंप्यूटर की तरह काम करता है, जो कभी बंद नहीं होता। यह हमेशा आपके लक्ष्यों को हक़ीक़त में बदलने में मदद करता रहता है। लगभग आपके कुछ किए बिना ही आपके लक्ष्य आपके जीवन में साकार होने लगेंगे, कई बार तो बहुत उल्लेखनीय और अप्रत्याशित तरीक़ों से।

कुछ साल पहले मैं लॉस एंजेलिस में एक बिज़नेसमैन से मिला, जिसके मन में एक बहुत ही मूर्खतापूर्ण विचार था। वह हवाई में एक एम्यूज़मेंट पार्क बनाना चाहता था, जिसमें दुनिया भर के अलग-अलग देशों के रेस्तराँ, डिस्प्लेज़ और प्रदर्शनियाँ हों। वह इसे बनाने के लिए मिलियनों डॉलर की निवेश पूँजी इकट्ठी करना चाहता था। उसे पूरा विश्वास था कि यह बहुत बड़ा आकर्षण होगा और उसे सभी देशों का समर्थन मिल सकता है, बशर्ते वह प्रोजेक्ट शुरू करने के लिए शुरुआती धन जुटा ले। मैंने उसे विनम्रता से बताया कि मेरे विचार से उसका यह ख़याल विशुद्ध फंतासी है। उसके जैसे सीमित संसाधन वाले व्यक्ति के लिए इतने वृहद काम की जटिलता और ख़र्च इतने विशाल थे कि यह समय की बर्बादी होगी। मैंने उसे धन्यवाद दिया कि उसने मुझे इस पूरी योजना को एक साथ लाने संबंधी काम का प्रस्ताव दिया। फिर मैं वहाँ से चल दिया।

यह 1960 के दशक की बात थी। अगली बार मैंने इस प्रोजेक्ट के बारे में यह सुना कि वाल्ट डिज़्नी कॉरपोरेशन ने इस विचार को पूरी तरह अपना लिया था, इसे "एक्सपेरिमेंटल प्रोटोटाइप कम्युनिटी ऑफ़ टुमॉरो (एपकॉट सेंटर)" नाम दिया गया था और ऑरलैंडो, फ़्लोरिडा में डिज़्नी वर्ल्ड के पास इसका निर्माण शुरू कर दिया गया था। एम्यूज़मेंट पार्क और विकास की बदौलत हर साल सैकड़ों मिलियन डॉलर की कमाई हो रही है और यह दुनिया के सबसे लोकप्रिय पर्यटन स्थलों में से एक बन चुका है।

ब्रह्मांड की सभी शक्तियों को सक्रिय कर दें

यहाँ पर एक मुद्दे की बात है। उस वक़्त एक युवक के रूप में मैं यह नहीं जानता था कि जब आप कोई लक्ष्य लिख लेते हैं, चाहे वह कितना ही बड़ा या असंभव लग रहा हो, तो आप ब्रह्मांड की शक्तियों की एक श्रृंखला को सक्रिय कर देते हैं, जो अक्सर असंभव को संभव बना देती है। मैं इसे "अति चेतन मस्तिष्क" वाले अध्याय में ज़्यादा विस्तार से समझाऊँगा।

जब भी आप किसी तरह का कोई नया लक्ष्य लिखते हैं, तो हो सकता है कि आपको इसे हासिल करने की संभावना के बारे में शंका हो। हो सकता है कि आपके अवचेतन मन में विचार तो हो, लेकिन पूरा विश्वास न हो कि यह आपके लिए

संभव है। यह सामान्य और स्वाभाविक है। इसलिए इस कारण के चलते इस विधि का प्रतिदिन इस्तेमाल न रोकें।

बस इसे कर दें!

इस विधि को कारगर बनाने के लिए बस इतना ही ज़रूरी है कि आप एक स्पाइरल नोटबुक लें और फिर हर दिन अपने दस लक्ष्य सकारात्मक, वर्तमान, व्यक्तिगत काल में लिखें। आपको बस इतना ही करना है। एक सप्ताह, एक महीने या एक साल बाद आप जब अपने आस-पास देखेंगे, तो पाएँगे कि आपकी ज़िंदगी बहुत उल्लेखनीय तरीक़ों से बदल गई है।

अगर इस विधि के बारे में आपको कोई संदेह है, तब भी इसे आज़माकर देखने में क्या दिक़्क़त है? इसके लिए हर दिन लगभग पाँच मिनट ही तो देने हैं। अच्छी ख़बर यह है कि बीस साल से भी ज़्यादा हो चुके हैं, लेकिन मुझे आज तक एक भी ऐसा इंसान नहीं मिला, जिसने मुझे बताया हो कि यह तरीक़ा कारगर नहीं है। होता इसका विपरीत है। मुझे लगभग हर दिन देश और दुनिया भर से पत्र, फ़ोन, ईमेल और मुलाक़ातों में बताया जाता है कि इस विधि से अविश्वसनीय परिवर्तन हुए हैं और लोगों के जीवन का अप्रत्याशित कायाकल्प हो गया है!

अपने परिणामों को कई गुना कर दें

आप कुछ अतिरिक्त तकनीकों से इस विधि के प्रभाव को कई गुना कर सकते हैं। पहली विधि यह है कि अपने लक्ष्य को सकारात्मक, व्यक्तिगत, वर्तमान काल में लिखने के बाद कम से कम तीन काम लिख लें, जिन्हें आप उस लक्ष्य को हासिल करने के लिए तत्काल कर सकते हों। ये काम भी वर्तमान, सकारात्मक, व्यक्तिगत काल में होने चाहिए।

मिसाल के तौर पर, आपका लक्ष्य है निश्चित धनराशि कमाना। आप लिख सकते हैं, "मैं अगले बारह महीनों में 50,000 डॉलर कमाना चाहता हूँ।" फिर आप इसके ठीक नीचे लिख सकते हैं, "(1) मैं हर दिन की योजना पहले से बनाता हूँ (2) मैं तत्काल अपने सबसे महत्वपूर्ण काम शुरू करता हूँ (3) मैं पूरी एकाग्रता से अपने सबसे महत्वपूर्ण काम पर तब तक ध्यान केंद्रित करता हूँ, जब तक कि यह पूरा नहीं हो जाता।"

आपका लक्ष्य चाहे जो हो, आप आसानी से तीन कार्य क़दमों के बारे में सोच सकते हैं, जिन्हें आप उस लक्ष्य को पाने के लिए तत्काल उठा सकते हैं। जब आप कार्य क़दमों को लिख लेते हैं, तो आप अपने अवचेतन मन में उस लक्ष्य के साथ

उनकी प्रोग्रामिंग कर देते हैं। एक निश्चित बिंदु पर आप पाएँगे कि आप लिखे हुए क़दम सचमुच उठा रहे हैं, कई बार तो उनके बारे में सोचे बिना भी। और आप जो भी क़दम उठाएँगे, वह आपको ज़्यादा तेज़ी से आपके अंतिम लक्ष्य तक पहुँचाएगा।

तीन बाई पाँच इंच के इंडेक्स कार्ड का इस्तेमाल करें

आप एक और तरीक़े से दैनिक लक्ष्य निर्धारण की शक्ति को बढ़ा सकते हैं। यह है, तीन बाई पाँच इंच के इंडेक्स कार्डों पर अपने लक्ष्य लिखना। हर कार्ड पर बड़े-बड़े अक्षरों में एक लक्ष्य लिख लें। इन कार्डों को अपने साथ हर समय रखें। जब भी आपके पास कुछ ख़ाली पल हों, तो अपने इंडेक्स कार्ड बाहर निकालें और एक-एक करके अपने लक्ष्यों पर नज़र डालें।

इनमें से हर लक्ष्य को व्यक्तिगत, सकारात्मक, वर्तमान काल के संकल्प के रूप में लिखा जाना चाहिए। किसी ने एक बार कहा था, "मैं सुबह नाश्ते के बग़ैर काम चला सकता हूँ, लेकिन संकल्प के बिना नहीं।" हर बार जब आप इन कार्डों का इस्तेमाल करें, तो कुछ पल का समय लें, गहराई से साँस लें और चैन से बैठकर अपने हर लक्ष्य की समीक्षा करें - एक बार में एक लक्ष्य।

लक्ष्य को पढ़ते समय कल्पना करें कि वह लक्ष्य इसी समय हक़ीक़त बन चुका है। ख़ुद को उस लक्ष्य पर देखें, उसका आनंद लें और उसे हासिल करने की ख़ुशी महसूस करें।

इसका एक विकल्प यह है कि अपने इंडेक्स कार्ड पढ़ते समय उन विशिष्ट क़दमों की कल्पना करें, जिन्हें आप उस लक्ष्य को हासिल करने के लिए तत्काल उठा सकते हैं। आपको यह कल्पना करनी चाहिए कि आप सचमुच वे क़दम उठा रहे हैं। फिर रिलैक्स हो जाएँ और अगले लक्ष्य पर पहुँच जाएँ।

आदर्श स्थिति में, आपको हर दिन कम से कम दो बार इंडेक्स कार्डों पर लिखे लक्ष्यों की समीक्षा करनी चाहिए। उन्हें अपने साथ रखें और दिन भर उनकी समीक्षा करते रहें।

मानसिक प्रोग्रामिंग का सबसे अच्छा समय

दिन में दो बार ऐसा समय आता है, जो लक्ष्य लिखने के लिए आदर्श होता है। ये आपके इंडेक्स कार्ड को पढ़ने और समीक्षा करने के लिए भी आदर्श है। ये है रात को सोने जाने से ठीक पहले का समय और सुबह उठने के ठीक बाद का समय - ऑफ़िस जाने से पहले।

जब आप रात को अपने लक्ष्य दोबारा लिखते और उनकी समीक्षा करते हैं, तो आप अपने अवचेतन मन में उनकी प्रोग्रामिंग कर देते हैं। फिर अवचेतन मन के पास आपके लक्ष्यों पर रात भर काम करने का मौक़ा होता है, जब आप सो रहे होते हैं। सुबह उठने पर आपके मन में अद्‌भुत विचार आएँगे कि आप अपने लक्ष्य हासिल करने के लिए क्या कर सकते हैं या किन लोगों से मदद माँग सकते हैं।

जब आप अपना दिन शुरू करने से पहले सुबह अपने लक्ष्य दोबारा लिखते हैं और उनकी समीक्षा करते हैं, तो आप दिन भर सकारात्मक सोच और सकारात्मक कर्म के लिए अपनी प्रोग्रामिंग कर देते हैं। जिस तरह सुबह शारीरिक व्यायाम आपके शरीर को चुस्त बनाता है, उसी तरह सुबह अपने लक्ष्यों की समीक्षा करने से आपका मस्तिष्क चुस्त बन जाता है और आपको दिन भर अपने सर्वश्रेष्ठ स्वरूप में बनाए रखता है।

हर दिन सुबह और रात को अपने लक्ष्य दोबारा लिखने और उनकी समीक्षा करने का परिणाम यह होगा कि आप अपने अवचेतन मन में उनकी और भी ज़्यादा गहरी छाप छोड़ेंगे। आप धीरे-धीरे सकारात्मक सोच से सकारात्मक जानने की ओर बढ़ने लगेंगे। आप एक गहरा और अटल विश्वास विकसित करेंगे कि आपके लक्ष्य हासिल हो सकते हैं और उनका हासिल होना सिर्फ़ समय की बात है। और आप सही होंगे!

☆ हर दिन अपने लक्ष्यों की समीक्षा करें

1. आज ही एक स्पाइरल नोटबुक लें और उसमें दस-पंद्रह लक्ष्य लिख लें, जिन्हें आप निकट भविष्य में हासिल करना चाहते हों।
2. तीन बाई पाँच इंच के इंडेक्स कार्ड बना लें और उन पर अपने लक्ष्य सकारात्मक, व्यक्तिगत और वर्तमान काल में लिख लें। जहाँ भी जाएँ, इन कार्डों को अपने साथ रखें।
3. हर रात सोने जाने से पहले मानसिक कल्पना में यह तस्वीर देखें, जैसे आप अपने लक्ष्य हासिल कर चुके हों।
4. उन तीन कामों के बारे में सोचें, जिन्हें आप अपने हर लक्ष्य को हासिल करने के लिए कर सकते हों। हमेशा विशिष्ट कार्यों के संदर्भ में सोचें, जिन्हें आप कर सकते हों।
5. पुरानी सूची पर नज़र डाले बिना हर दिन अपने लक्ष्य दोबारा लिखते रहें, जब तक कि आपको पूरा विश्वास न हो जाए कि लक्ष्यों का हासिल होना तय है।

16

अपने लक्ष्यों की मानसिक तस्वीर लगातार देखें

अपने सपनों और भविष्य-दृष्टि की क़द्र करें, क्योंकि वे आपकी आत्मा के शिशु हैं; आपकी चरम उपलब्धियों के ब्लूप्रिंट।

- नेपोलियन हिल

आपके मस्तिष्क में असीमित शक्तियाँ होती हैं। कई लोग इन शक्तियों के बारे में जागरूक नहीं होते और लक्ष्य हासिल करने के लिए उनका इस्तेमाल नहीं करते हैं। इसीलिए उन्हें सिर्फ़ औसत परिणाम मिलते हैं।

जब आप अपने अवचेतन और अतिचेतन मनों की शक्तियों का दोहन करते हैं और उन्हें मुक्त करते हैं, तो आप अक्सर एक-दो साल में इतना कुछ हासिल कर लेंगे, जितना अधिकांश लोग ज़िंदगी भर में भी हासिल नहीं कर पाते। आप अपने लक्ष्यों की ओर कल्पनातीत गति से बढ़ने लगेंगे।

आपकी सबसे प्रबल शक्ति

मानसिक तस्वीर देखने की आपकी योग्यता शायद आपकी सबसे प्रबल शक्ति है। आपके जीवन के सभी सुधार आपकी मानसिक तस्वीरों से शुरू होते हैं। आप आज जहाँ हैं और जो हैं, काफ़ी हद तक उन मानसिक तस्वीरों के कारण हैं, जो इस वक़्त अपके चेतन मन में हैं। जब आप भीतर से अपनी मानसिक तस्वीरों को बदल लेते हैं, तो आपका बाहरी संसार उन तस्वीरों के अनुरूप बदलने लगेगा।

मानसिक तस्वीर देखने से आकर्षण का नियम सक्रिय हो जाता है। यह आपके जीवन में उन लोगों, परिस्थितियों और संसाधनों को आकर्षित कर देता है, जिनकी ज़रूरत आपको लक्ष्य हासिल करने के लिए होती है।

मानसिक तस्वीर देखने से अनुरूपता का नियम भी सक्रिय हो जाता है, जो कहता है, "जैसा भीतर, वैसा बाहर।" जब आप भीतर से अपनी मानसिक तस्वीरों को बदलते हैं, तो आपका बाहरी संसार आईने की तरह बदलने लगता है। हमने बताया था, आप वही बन जाते हैं, जिसके बारे में आप सबसे ज़्यादा समय सोचते हैं। उसी तरह आप जिसकी मानसिक तस्वीर सबसे ज़्यादा समय देखते हैं, वह भी बन जाते हैं।

वेन डायर कहते हैं, "जब आप इस पर *यक़ीन* कर लेंगे, तो आप इसे देख लेंगे।" जिम कैथकार्ट कहते हैं, "जो व्यक्ति आप देखते हैं, वही आप बनेंगे।" डेनिस वेटली कहते हैं कि आपकी मानसिक तस्वीरें "आपके जीवन के आगामी आकर्षणों का प्रिव्यू हैं।"

अल्बर्ट आइंस्टीन ने कहा था, "कल्पना तथ्यों से ज़्यादा महत्वपूर्ण है।" नेपोलियन बोनापार्ट के अनुसार, "कल्पना विश्व पर राज्य करती है।" नेपोलियन हिल ने कहा था, "इंसान का दिमाग़ जो सोच सकता है और यक़ीन कर सकता है, उसे यह हासिल भी कर सकता है।"

भविष्य-दृष्टि का महत्व

हर युग के सभी लीडर्स का सबसे आम गुण है भविष्य-दृष्टि। इसका मतलब है कि वे वास्तविक बनने से पहले ही आदर्श भविष्य की मानसिक तस्वीरें देख सकते हैं और कल्पना कर सकते हैं। जिस तरह वॉल्ट डिज़्नी ने डिज़्नीलैंड बनने से कई साल पहले स्पष्टता से आनंदपूर्ण, साफ़-सुथरा, परिवार-केंद्रित एम्यूज़मेंट पार्क देख लिया था, उसी तरह आपके जीवन की हर सार्थक चीज़ किसी न किसी तरह की मानसिक तस्वीर से शुरू होती है।

आप हमेशा किसी न किसी रूप में, किसी न किसी चीज़ की मानसिक तस्वीर देख रहे हैं। जब आप किसी व्यक्ति या वस्तु के बारे में सोचते हैं, अतीत की घटना को याद करते हैं, आने वाली घटना की कल्पना करते हैं या दिवास्वप्न भी देखते हैं, तो आप इसकी मानसिक तस्वीर देख रहे हैं। यह अनिवार्य है कि आप अपने मस्तिष्क की *मानसिक तस्वीर* देखने की इस क्षमता का प्रबंधन और नियंत्रित करना सीख लें। इसे लेज़र बीम की तरह उन लक्ष्यों पर केंद्रित कर लें, जो आपके लिए सबसे महत्वपूर्ण हैं।

उस सफलता को देखें, जिसे आप चाहते हैं

सफल लोग वे होते हैं, जो पहले से ही उस सफलता की मानसिक तस्वीर देखते हैं,

जिसका वे आनंद लेना चाहते हैं। हर नए अनुभव से *पहले* सफल व्यक्ति पुरानी सफलता के पुराने अनुभवों की मानसिक तस्वीरें याद करता है, जो आने वाली घटना के अनुरूप होती है। सफल सेल्समैन सफल सेल्स प्रस्तुतियों की मानसिक तस्वीर देखेगा और उन्हीं को याद करेगा। सफल वकील सफल मुकदमे के प्रदर्शन की मानसिक तस्वीर देखेगा और उन्हीं को याद करेगा। सफल डॉक्टर या सर्जन अतीत में किसी रोगी के सफल उपचार की मानसिक तस्वीर देखेगा और उन्हीं को याद करेगा।

दूसरी तरफ़, असफल लोग भी मानसिक तस्वीरों का इस्तेमाल करते हैं, लेकिन अपने ख़िलाफ़। असफल लोग किसी नई घटना से पहले अपनी "असफलता के पुराने अनुभव" याद करते हैं, उन पर विचार करते हैं और उन्हीं की मानसिक तस्वीरें भी देखते हैं। वे लगातार उस पिछली घटना के बारे में सोचते हैं, जब वे उस क्षेत्र में असफल हुए थे या उन्होंने ख़राब प्रदर्शन किया था। वे दोबारा असफल होने की कल्पना करते हैं। इसका परिणाम यह होता है कि घटना होने से पहले ही उनका अवचेतन मन उनकी प्रोग्रामिंग सफलता के बजाय असफलता के लिए कर देता है।

अपने मन को रोमांचक तस्वीरों से भर दें

आपका बाहरी प्रदर्शन हमेशा आपकी भीतरी आत्मछवि के अनुरूप होता है। आपकी आत्मछवि उन मानसिक तस्वीरों से बनती है, जिनके माध्यम से आप अपने मस्तिष्क को पोषण देते हैं। और यहाँ अच्छी ख़बर यह है कि आपका अपनी मानसिक तस्वीरों पर पूरा नियंत्रण भी होता है। आप अपने मस्तिष्क को रोमांचक सफलता की सकारात्मक छवियों से पूरी तरह भर सकते हैं या फिर असफलता की छवियों को अपने ऊपर हावी होने की अनुमति भी दे सकते हैं। इस चीज़ का चुनाव आपके हाथों में है।

आपने ज़िंदगी में जो भी चीज़ हासिल की है या नहीं की है, वह लगभग हर चीज़ मानसिक तस्वीरों के इस्तेमाल या दुरुपयोग का परिणाम है। अगर आप पीछे मुड़कर देखें, तो पाएँगे कि आपने सकारात्मक रूप से जिस चीज़ की मानसिक तस्वीर देखी थी, वह अंततः आपके जीवन में साकार हो भी गई। आपने पढ़ाई पूरी करने की मानसिक तस्वीर देखी और आपने यह काम कर लिया। आपने अपनी पहली कार ख़रीदने की मानसिक तस्वीर देखी और आपने इसे ख़रीद लिया। आपने अपने पहले रोमांस या रिश्ते की मानसिक तस्वीर देखी और आपको सही व्यक्ति मिल गया। आपने यात्रा करने, नौकरी पाने, मकान खोजने या निश्चित कपड़े ख़रीदने की मानसिक तस्वीरें देखीं और ये सारी चीज़ें सच हो गईं।

अपनी मानसिक तस्वीरों की बागडोर अपने हाथ में थामें

आप ज़िंदगी भर से मानसिक तस्वीर देखने की शक्ति का लगातार इस्तेमाल करते आ रहे हैं। समस्या यह है कि ज़्यादातर लोग इस शक्ति का इस्तेमाल संयोग से या अनियोजित तरीक़े से करते हैं, कई बार ख़ुद की मदद करने के लिए और कई बार तो ख़ुद को चोट पहुँचाने के लिए।

आपका लक्ष्य मानसिक तस्वीर की प्रक्रिया का पूरा नियंत्रण अपने हाथ में लेना होना चाहिए। आपका लक्ष्य यह होना चाहिए कि आपका मस्तिष्क और मानसिक तस्वीरें लगातार मनचाही वस्तुओं और मनचाहे स्वरूप पर केंद्रित रहें।

अनिवार्य व्यक्ति

अमेरिका के प्रथम राष्ट्रपति जॉर्ज वॉशिंगटन को ज़्यादातर इतिहासकार अमेरिका की स्थापना के लिए "अनिवार्य" मानते हैं। उनकी ज़िंदगी ग़रीबी में शुरू हुई थी। वे एक छोटे से मकान में पैदा हुए और उनका बचपन बहुत ग़रीबी में गुज़रा। लेकिन वे महत्वाकांक्षी थे और कम उम्र में ही उन्होंने फ़ैसला कर लिया था कि वे अपने चरित्र और व्यक्तित्व को ऐसे ढालेंगे व आकार देंगे, कि वे सफल और सम्मानित बन सकें।

युवावस्था में उन्होंने मैनर्स और व्यवहार के 130 नियमों की पुस्तक को मार्गदर्शक बना लिया। उन्होंने यह पुस्तक बार-बार पढ़ी और अंततः यह उन्हें पूरी याद हो गई। उसके बाद उन्होंने लोगों के साथ व्यवहार करते समय सर्वश्रेष्ठ शिष्टाचार और मैनर्स का अभ्यास किया। अमेरिकी क्रांति में सशक्त व्यक्तित्व बनकर उभरे जॉर्ज वॉशिंगटन को अमेरिकी उपनिवेशों के सबसे शिष्ट व्यक्तियों में से एक माना जाता है।

अपना चरित्र विकसित करें

बेंजामिन फ्रैंकलिन अमेरिका के संस्थापक, उल्लेखनीय राजनेता, कूटनीतिज्ञ और आविष्कारक थे। वे अमेरिका के पहले मिलियनेअर भी थे। शुरुआत में वे फ़िलाडेल्फ़िया के फक्कड़ लड़के ये, जो एक छोटी सी प्रिंटिंग कंपनी में एप्रेंटिस थे। वे मुँहफट और विवादी प्रवृत्ति के थे तथा इस वजह से अक्सर लोगों को अपना दुश्मन बना लेते थे, जो बाद में उनके अवसरों को मिटाने की कोशिश करते थे और उनकी तरक़्क़ी नहीं होने देते थे।

बेंजामिन फ्रैंकलिन ने अपनी जीवनी में लिखा है कि अपनी युवावस्था के एक निश्चित बिंदु पर उन्हें एहसास हुआ कि इस बात का बहुत बड़ा ख़तरा है कि अपने

व्यक्तित्व के कारण वे दीर्घकालीन सफलता नहीं पा सकते। इसलिए उन्होंने अपने भीतर कुछ ख़ास गुणों को विकसित करने का फ़ैसला किया, जैसे संजीदगी, विनम्रता, संयम, अनुशासन और ईमानदारी। उन्हें महसूस हुआ कि अगर वे अपनी पूरी क्षमता तक पहुँचना चाहते हैं, तो उन्हें ये गुण सीखने ही होंगे।

हफ़्ते दर हफ़्ते, कई सालों तक वॉशिंगटन और फ्रैंकलिन ने मानसिक तस्वीरें देखने का अभ्यास किया। उन्होंने उस गुण के बारे में सोचा, जिसे वे अपनाना चाहते थे। उन्होंने मानसिक कल्पना की, कि उनमें वह गुण आ चुका है। दूसरे लोगों के साथ अपने हर व्यवहार में उन्होंने इस "आंतरिक दर्पण" में झाँककर तय किया कि उन्हें कैसा व्यवहार करना चाहिए। फिर उन्होंने उस आदर्श अंदरूनी तस्वीर के अनुरूप व्यवहार किया। समय के साथ इन मानसिक तस्वीरों की छाप उनके अवचेतन मन पर इतनी गहरी हो गई कि गुण और व्यक्ति एक हो गए।

आप वही हैं, जो आप बन सकते हैं

पिएरो फ़ेरुकी ने अपनी पुस्तक *व्हाट वी मे बी* में बताया है कि आप अपना मनचाहा गुण कैसे विकसित कर सकते हैं। इसके लिए आपको उस गुण पर लगातार ध्यान देना होगा और यह कल्पना करनी होगी कि वह गुण आपमें पहले से ही है। जिस गुण को आप चाहते हों, उसके बारे में पढ़ें। उसके बारे में सीखें। और ख़ास तौर पर, कल्पना करें कि आप उस गुण का अभ्यास कर रहे हैं।

अरस्तू ने लिखा था कि किसी अविकसित गुण को विकसित करने का सबसे अच्छा तरीक़ा यह कल्पना करना है और हर दृष्टि से इस तरह व्यवहार करना है, जैसे आपमें पहले से ही वह गुण मौजूद हो। ख़ुद को उस तरह देखें और सोचें, जैसे आप बन सकते हैं। उस तरह न देखें, जैसे आप सचमुच हैं। धीरे-धीरे आप आप अपनी कल्पना के अनुरूप बन जाएँगे।

अपनी मानसिक तस्वीरों को बदलें

सारांश यह है कि आप हर घंटे, हर मिनट जो मानसिक तस्वीरें देखते हैं, उनसे आप अपने व्यक्तित्व और चरित्र को आकार देते हैं व ढालते हैं। अपनी मानसिक तस्वीरों को बदलकर आप अपने सोचने, महसूस करने और काम करने के तरीक़े को बदल देते हैं। आप दूसरों से व्यवहार करने के तरीक़े को बदल देते हैं, और उनकी प्रतिक्रिया को भी। आप अपने प्रदर्शन और परिणामों को बदल देते हैं। कल्पना में आप अपनी जो सर्वश्रेष्ठ छवि देख सकते हैं, वैसे ही सचमुच भी बन सकते हैं। यह सब मानसिक तस्वीरें देखने के सृजनात्मक प्रयोग का हिस्सा है।

अपने सर्वश्रेष्ठ स्तर पर प्रदर्शन करें

पेशेवर खेल जगत में एक प्रशिक्षण विधि है, जिसे "मानसिक अभ्यास" कहा जाता है। हर क्षेत्र के शीर्षस्थ खिलाड़ी शारीरिक रूप से सक्रिय प्रतिस्पर्धा में उतरने से पहले मानसिक अभ्यास करते हैं। वे हर प्रतिस्पर्धा से पहले ख़ुद को अपने सर्वश्रेष्ठ स्तर पर प्रदर्शन करता देखते हैं। किसी बड़ी प्रतियोगिता के कई दिन पहले से वे बार-बार सफल प्रदर्शन की मानसिक तस्वीरें देखने लगने हैं।

वे पुरानी प्रतिस्पर्धाओं के "व्यक्तिगत सर्वश्रेष्ठ प्रदर्शनों" को लगातार याद करते हैं और उनकी "मानसिक फ़िल्म" बार-बार अपनी मानसिक स्क्रीन पर चलाते हैं। वे ख़ुद को बार-बार अच्छा प्रदर्शन करते देखते हैं और शिखर प्रदर्शन से मिलने वाली ख़ुशी तथा संतुष्टि महसूस करते हैं। वे आने वाली प्रतिस्पर्धा में भी उतना ही अच्छा प्रदर्शन करने के बारे में रोमांचित और ख़ुश हो जाते हैं। और जब प्रतिस्पर्धा शुरू होती है, तो जहाँ तक उनका सवाल है, वे पहले ही जीत चुके हैं।

सुकून से बैठें और मनचाहा परिणाम देखें

मिसाल के तौर पर, फ़िगर स्केटर्स बार-बार अपने स्केटिंग रूटीन्स का संगीत बजाते हैं, जब वे गहरी शांति में आँखें बंद करके यह कल्पना करते हैं कि वे बर्फ़ पर स्केटिंग कर रहे हैं। मन में स्केटिंग करने का एक लाभ यह होता है कि वे कभी नहीं गिरते या उनसे एक भी ग़लती नहीं होती। बर्फ़ पर सचमुच उतरने से पहले वे अपने मन में बार-बार ख़ुद को आदर्श स्केटिंग करता देखते हैं। उस समय तक उनके अवचेतन मन को यह प्रशिक्षण मिल जाता है कि वह आराम से और बेहतरीन तरीक़े से उनके रूटीन्स पूरे करवाए।

आपके भौतिक शरीर के पास अपना कोई दिमाग़ नहीं होता। आपकी उँगलियों या पैर के नाख़ूनों की छोटी से छोटी गतिविधि पर भी आपके केंद्रीय कंप्यूटर यानी आपके दिमाग़ का नियंत्रण होता है। आपका दिमाग़ ही आपकी शारीरिक गतिविधियों के संयोजन के लिए आपकी रीढ़ और पूरे शरीर की मांसपेशियों को नर्वस एनर्जी के आवेग भेजता है। जब आप मानसिक तस्वीर देखते हैं, तो आप दरअसल अपने मास्टर कंप्यूटर को प्रशिक्षित करते हैं। आप अपने मस्तिष्क की प्रोग्रामिंग करके उस आदर्श प्रदर्शन को प्ररित करते हैं, जो आप अपने शरीर से कराना चाहते हैं।

मानसिक तस्वीर देखने के चार हिस्से

मानसिक तस्वीर देखने के चार हिस्से हैं, जिन्हें सीखकर और जिनका अभ्यास करके आप इस अविश्वसनीय शक्ति से ज़िंदगी भर बहुत अधिक लाभ उठा सकते हैं।

कितनी बार ?

मानसिक तस्वीर देखने का पहला पहलू है आवृत्ति (frequency)। आप किसी ख़ास लक्ष्य के हासिल होने या किसी ख़ास घटना या परिस्थिति में अपने उत्कृष्ट प्रदर्शन की मानसिक तस्वीर कितनी बार देखते हैं ? आप जितनी ज़्यादा बार अपने सर्वश्रेष्ठ प्रदर्शन या परिणाम की स्पष्ट मानसिक तस्वीर दोहराएँगे, आपका अवचेतन मन उसे उतनी ही जल्दी स्वीकार करेगा और उतनी ही जल्दी यह आपकी वास्तविकता में प्रकट होगा।

कितने लंबे समय तक ?

मानसिक तस्वीर देखने का दूसरा तत्व है, मानसिक छवि की अवधि। यानी आप उस तस्वीर को अपने दिमाग़ में कितने समय तक के लिए देखते हैं। शांति की अवस्था में आप अक्सर कई सेकंड तक और कई बार तो कुछ मिनट तक अपने सर्वश्रेष्ठ प्रदर्शन की मानसिक तस्वीर क़ायम रख सकते है। आप अपनी मानसिक तस्वीर को जितनी ज़्यादा देर तक क़ायम रखेंगे, यह आपके अवचेतन मन पर उतनी ही ज़्यादा गहरी छाप छोड़ेगी और उतनी ही तेज़ी से आपके आगामी प्रदर्शन में व्यक्त होगी।

कितनी स्पष्टता से ?

मानसिक तस्वीर का तीसरा तत्व है *स्पष्टता*। आप कितनी स्पष्टता से अपने दिमाग़ में अपना इच्छित लक्ष्य या परिणाम देखते हैं ? इसी से यह तय होगा कि यह कितनी जल्दी साकार होता है। मानसिक तस्वीर देखने का यह तथ्य ही आकर्षण के नियम और अनुरूपता के नियम की शक्तियों को स्पष्ट करता है। आपकी इच्छा की स्पष्टता सीधे-सीधे यह तय करती है कि वह चीज़ आपके आस-पास की दुनिया में कितनी जल्दी प्रकट होती है।

यहाँ एक दिलचस्प बिंदु है। जब आप अपने लिए कोई नया लक्ष्य तय करते हैं, तो उस लक्ष्य की तस्वीर आम तौर पर आपके लिए अस्पष्ट और धुँधली होगी। हो सकता है आपको ज़रा भी अंदाज़ा न हो पाए कि सफल लक्ष्य आख़िर कैसा दिखेगा। लेकिन आप जितनी ज़्यादा बार इसे लिखेंगे, इसकी समीक्षा करेंगे और इसे मानसिक रूप से दोहराएँगे, यह लगातार उतना ही ज़्यादा स्पष्ट होता चला जाएगा। और अंततः यह आपके सामने शीशे की तरह साफ़ हो जाएगा। फिर एक बिंदु पर लक्ष्य अचानक आपके जीवन में प्रकट हो जाएगा, ठीक उसी रूप में, जैसी आपने कल्पना की थी।

कितनी गहनता से?

मानसिक कल्पना का चौथा तत्व है गहनता, यानी आप अपनी तस्वीर के साथ कितनी भावना का समावेश करते हैं। वास्तव में यह मानसिक तस्वीर देखने की प्रक्रिया का सबसे महत्वपूर्ण और शक्तिशाली हिस्सा है। अगर आपकी भावना पर्याप्त प्रबल है और आपकी तस्वीर पर्याप्त स्पष्ट है, तो कई बार तो आपका लक्ष्य तत्काल साकार हो जाएगा।

प्रकृति तटस्थ है

ज़ाहिर है, आवृत्ति, अवधि, स्पष्टता और गहनता के तत्व आपकी मदद भी कर सकते हैं और चोट भी पहुँचा सकते हैं। प्रकृति की तरह ही मानसिक तस्वीर की शक्ति भी तटस्थ होती है। दुधारी तलवार की तरह यह किसी भी दिशा में काट सकती है। यह आपको सफल भी बना सकती है और असफल भी। मानसिक तस्वीर आपको वह दे देगी, जिसकी आप स्पष्टता और गहनता से कल्पना करते हैं, चाहे वह चीज़ अच्छी हो या बुरी।

मिसाल के तौर पर, चिंता नकारात्मक लक्ष्य निर्धारण का एक रूप है। यह डर के साथ उस चीज़ के बारे में सोचने, कल्पना करने और मानसिक तस्वीर देखने की प्रक्रिया है, जिसे आप नहीं चाहते हैं। जब आप चिंता करते हैं, तो आप मानसिक तस्वीर का नकारात्मक इस्तेमाल कर रहे होते हैं। परिणाम यह होगा कि जिन समस्याओं को आप नहीं चाहते हैं, वही आपके जीवन की ओर आकर्षित हो जाएँगी। जॉब 3:25 में जॉब का कथन है, "जिस चीज़ का मुझे भारी डर था, वही मेरे सामने आ गई है।" इसका अर्थ नकारात्मक मानसिक तस्वीर के अप्रिय परिणामों से है। आपको इस बारे में बहुत सावधान रहना होगा कि आप मानसिक तस्वीर की शक्ति का कैसा इस्तेमाल करते हैं।

अपने सपनों के घर की डिज़ाइन बनाना

विवाह के बाद हमारे पास बहुत कम पैसा था और जब मैंने अपना बिज़नेस शुरू किया, तो वह थोड़ा-बहुत पैसा भी जल्द ही ख़त्म हो गया। बहरहाल, सभी दंपतियों की तरह हम भी इस बारे में बातें करते रहते थे कि किसी दिन हमारे पास "सपनों का घर" होगा। हम पूरे परिवार के लिए आदर्श मकान में जीने के सपने देखते थे। अंततः हमने फ़ैसला किया कि हम अपने सपनों के घर को हासिल करने के लिए मानसिक तस्वीर की शक्तियों का इस्तेमाल करेंगे।

हालाँकि हम उस वक़्त किराए के मकान में रह रहे थे और हमारे पास बहुत

कम पैसा था, लेकिन हमने कई ऐसी पत्रिकाओं की सदस्यता ले ली, जिनमें देश में बिकाऊ सुंदर घरों का वर्णन किया जाता था। हम *बेटर होम्स एंड गार्डन्स* और *आर्किटेक्चरल डाइजेस्ट* पढ़ने लगे। वीकएंड्स पर हम शहर के सबसे अच्छे इलाक़ों के बिकाऊ घर देखने जाते थे। हम सुंदर, महँगे घरों के कमरों में चलते थे और वैसे माहौल में जीने की कल्पना करते थे।

यह प्रक्रिया अंततः काम करेगी, इस आस्था के साथ हमने एक स्क्रैपबुक बनाई, जिसमें सुंदर मकानों की तस्वीरें और वर्णन था। समय के साथ हमने बयालीस चीज़ों की सूची बनाई, जो हम अपने आदर्श मकान में चाहते थे।

इस दौरान मैं अपनी नौकरी करता रहा, अपना बिज़नेस बढ़ाता रहा, हमारी आमदनी बढ़ती रही और हमारी बचत भी। इस प्रक्रिया को शुरू करने के एक साल के भीतर हम किराए के मकान को छोड़कर एक सुंदर मकान में रहने चले गए, जिसे हमने एक सुंदर इलाक़े में ख़रीदा था। यह कई मायनों में आदर्श था, लेकिन हम अपने दिल में जानते थे कि यह हमारे "सपनों का घर" नहीं था।

धैर्य अनिवार्य है

डेढ़ साल बाद हमने एक बार फिर इलाक़ा बदला और सैन डिएगो पहुँच गए। एक महीने तक शहर भर के दर्जनों बिकाऊ मकान देखने के बाद हम एक ऐसे घर में गए, जो दो दिन पहले ही विक्रय-सूची में आया था। उसे एक नज़र देखने भर से ही हम तत्काल जान गए कि हमें अपने सपनों का घर मिल गया है। हमने बिना बोले एक-दूसरे की तरफ़ देखा और मकान को अच्छी तरह देखा। हम दोनों की एक ही राय थी।

दो महीने की सौदेबाज़ी के बाद उसकी क़ीमत तय हुई इसके बाद पाँच महीने फ़ाइनैंसिंग की व्यवस्था करने में लग गए, लेकिन सही समय पर हम अपने सपनों के घर के मालिक बन गए और तब से वहीं रह रहे हैं। बाद में पता चला कि हमने अपने आदर्श घर के लिए बयालीस बिंदुओं की जो सूची बनाई थी, इस मकान में उसमें से इकतालीस बिंदु थे।

छरहरा सोचें

ज़्यादातर लोग शारीरिक रूप से फ़िट और छरहरे होना चाहते हैं। मनोवैज्ञानिक आपको बता देंगे कि यह तभी संभव है, जब आप "छरहरा सोचें।" आप छरहरेपन की मानसिक तस्वीर बना लें। इसका एक तरीक़ा उस व्यक्ति का फ़ोटो लेना है, जिसके पास अपना मनचाहा छरहरा शरीर है। फ़ोटो में उसके सिर की जगह पर

अपना सिर लगा लें। इस तस्वीर को अपने फ्रिज के ऊपर चिपका दें। इसकी बहुत सारी प्रतियाँ बनवा लें और उन्हें अपने पूरे घर में चिपका दें।

जब भी आप सुंदर शरीर के साथ अपनी तस्वीर देखेंगे, तो हर बार आपका अवचेतन मन इसे ग्रहण कर लेगा। अंततः आप पाएँगे कि आप कम खा रहे हैं और ज़्यादा व्यायाम कर रहे हैं। आपकी बाहरी वास्तविकता जल्दी ही आपकी आंतरिक तस्वीर के अनुरूप हो जाएगी।

अपनी आत्मा का साथी चुनें

अविवाहित लोग अक्सर मुझसे पूछते हैं कि वे अपनी "आत्मा का साथी" कैसे खोज सकते हैं। मैं उनसे पूछता हूँ कि क्या उन्होंने इसकी सूची और तस्वीर बनाई है कि उनकी आत्मा का साथी कैसा दिखेगा। वे हमेशा हैरान होते हैं और कई बार तो अपमानित भी महसूस करते हैं। वे कहते हैं, "मैं जब उससे मिलूँगा, तो अपने आप उसे पहचान जाऊँगा।"

लेकिन यह इस तरह से नहीं होता। *लापरवाही से दुर्घटना हो सकती है*। अगर आपके मन में यही स्पष्ट नहीं है कि आप क्या चाहते हैं, तो आपके पास अंत में कोई दूसरी ही चीज़ आ जाती है। मैं इन अविवाहित लोगों को सलाह देता हूँ कि वे बैठकर अपने आदर्श व्यक्ति का पूरा विवरण लिखें और उसके हर उस गुण को शामिल करें, जिसे वे अपनी आत्मा के साथी में देखना चाहेंगे। मैं उनसे उम्र, स्वभाव, व्यक्तित्व, रुचियों, जीवनमूल्यों, पृष्ठभूमि, हास्यबोध, महत्वाकांक्षा के स्तर आदि सभी बातों के बारे में स्पष्ट होने को कहता हूँ।

इसके बाद जो होता है, वह बेहद आश्चर्यजनक है। मेरा एक अच्छा दोस्त है, जिसने मेरे तीन दिन के सेमिनार में भाग लिया। उसके ठीक बाद वह यह काम करने लगा। दस महीने बाद वह ऐसी महिला से मिला, जो उसके लिखे विवरण से हूबहू मेल खाती थी। जल्द ही उन्होंने शादी कर ली, उनके दो सुंदर बच्चे हो गए और मिलने के पहले पल से ही वे सुखी हैं।

अगर आप अविवाहित हैं, तो आपको भी इस तकनीक को आज़माना चाहिए। जो होगा, उससे आपको सुखद आश्चर्य हो सकता है।

जैसा भीतर, वैसा बाहर

मानसिक तस्वीर का इस्तेमाल करके आप अपने जीवन के हर क्षेत्र को बेहतर बना सकते हैं। इस पुस्तक में पहले मैंने "आदर्शीकरण" के प्रयोग के बारे में बात की है। इस प्रक्रिया में एक आदर्श तस्वीर बनाई जाती है कि आपकी ज़िंदगी भविष्य

में कैसी दिखेगी। आदर्शीकरण मानसिक तस्वीर देखने का ही एक रूप है। याद रखें, आप उस टारगेट पर निशाना नहीं लगा सकते, जिसे आप देख ही न सकते हों। लेकिन अगर आप बिलकुल स्पष्ट हैं कि आप क्या चाहते हैं, तो आप अंततः उसे हासिल कर लेंगे।

अभ्यास करने का सबसे अच्छा समय

लक्ष्य निर्धारण की तरह ही मानसिक तस्वीर देखने का सर्वश्रेष्ठ समय भी देर रात और सुबह जल्दी हैं। जब आप सोने जाने से ठीक पहले अपने लक्ष्यों की मानसिक तस्वीर इस तरह देखते हैं, जैसे वे पहले ही साकार हो चुके हों, तो आपका अवचेतन मन उन्हें ज़्यादा गहरे स्तर पर स्वीकार कर लेता है। फिर यह अगले दिन आपके शब्दों और कार्यों को इस तरह व्यवस्थित कर देता है, कि आप वैसा ही करें और कहें, जो आपके लक्ष्यों को वास्तविकता के क़रीब ले आए।

मानसिक तस्वीर देखने का एक और समय है सुबह पहली चीज़। आप दिन में क्या हासिल करना चाहते हैं, इसकी स्पष्ट मानसिक तस्वीरें इस संभावना को बढ़ा देंगी कि आप उन परिणामों को हासिल कर लेंगे, ठीक उसी तरह जिस तरह आपने कल्पना की थी और ठीक उसी समय पर।

सारे सुधार की शुरुआत

एक बार फिर दोहरा दूँ, आपकी ज़िंदगी के सभी सुधार आपकी मानसिक तस्वीरों के सुधार से शुरू होते हैं। आज ही अपने मस्तिष्क में तस्वीरों की बाढ़ ला दें, जो आप बनना चाहते हैं, वैसी ज़िंदगी जैसी आप जीना चाहते हैं और वे लक्ष्य जिन्हें आप हासिल करना चाहते हैं। पत्रिकाओं और अख़बारों से वे तस्वीरें काटें, जो आपके लक्ष्यों और इच्छाओं के अनुरूप हों। उन्हें हर जगह लगा दें। उनकी नियमित समीक्षा करें। उनके बारे में अक्सर बातचीत करें। लगातार उनकी कल्पना करें।

जीवन में सकारात्मक मानसिक तस्वीरें देखने की आदत डालें, लगातार अपने आदर्श लक्ष्यों और आदर्श भविष्य की कल्पना करें और "सपने देखें।" इससे आपकी संभावना इतनी तेज़ी से साकार होगी, जितनी किसी दूसरे तरीक़े से नहीं होगी।

☆ अपने लक्ष्यों की मानसिक तस्वीर लगातार देखें

1. भविष्य में जाकर कल्पना करें कि आपका जीवन हर दृष्टि से आदर्श है। यह कैसा दिखेगा ? आपका जवाब जो भी हो, इस तस्वीर की लगातार कल्पना करें।
2. उन चीज़ों की तस्वीरें काट लें, जिन्हें आप पाना चाहते हैं और वैसे व्यक्ति की भी, जैसे आप भविष्य में बनना चाहते हैं। इन तस्वीरों को देखें और सोचें कि आप इन्हें साकार करने के लिए क्या कर सकते हैं।
3. हर महत्वपूर्ण घटना से पहले मानसिक अभ्यास करें। अपने मस्तिष्क की आँख से अपने हर काम या कोशिश में ख़ुद को सर्वश्रेष्ठ प्रदर्शन करता देखें।
4. अपने मस्तिष्क को स्पष्ट, रोमांचक, भावनात्मक तस्वीरों का नियमित आहार दें। याद रखें, आपकी कल्पना आपके जीवन के आगामी आकर्षणों का प्रिव्यू है।
5. अपने सपनों के मकान, अपने सपनों के बिज़नेस, अपने सपनों के कैरियर की विस्तृत रूपरेखा बनाएँ। हर मायने में आदर्श इस रूपरेखा के हर तत्व को लिख लें। हर दिन इसकी मानसिक तस्वीर इस तरह देखें, जैसे यह साकार हो चुकी हो।

मानसिक तस्वीर देखने की इस प्रक्रिया को अपने जीवन का नियमित हिस्सा बना लें। ख़ुद की और अपने जीवन की मनचाही रोमांचक मानसिक तस्वीरें बनाने में नियमित रूप से समय लगाएँ। फिर पूरी आस्था रखें कि जब आप तैयार होंगे, तो आपकी तस्वीरें ठीक उसी रूप में साकार हो जाएँगी।

17

अपने अतिचेतन मन को सक्रिय करें

व्यक्तिपरक मस्तिष्क पूरी तरह से वस्तुपरक मस्तिष्क के नियंत्रण में रहता है। व्यक्तिपरक मस्तिष्क इस पर जो भी छाप छोड़ता है, उसे यह पूरी निष्ठा से अंतिम परिणाम तक ले जाता है।

- थॉमस ट्रोवर्ड

कल्पना करें कि आप अभी-अभी किसी नए मकान में रहने आए हैं और इसका पुराना मालिक जाने से ठीक पहले आपको अकेले में ले जाता है। वह बताता है कि बेसमेंट में एक ख़ास कमरा है, जिसमें एक अद्‌भुत कंप्यूटर रखा है। आप उस कंप्यूटर में किसी भी लक्ष्य या सवाल की प्रोग्रामिंग कर सकते हैं और यह आपको ठीक समय पर बिलकुल सही जवाब बता देगा। इसने हर बार सफलतापूर्वक काम किया था। और हर जवाब बिलकुल सही साबित हुआ था। कल्पना करें कि इससे आपके जीवन में कितना अविश्वसनीय फ़र्क़ आ सकता है!

सच तो यह है कि आपके पास ऐसा कंप्यूटर मौजूद है। यह हर समय आपके लिए उपलब्ध है। इसे "अतिचेतन मस्तिष्क" कहा जाता है। यह इतिहास में खोजी गई सबसे प्रबल शक्ति है और आप जब चाहे, इसका दोहन कर सकते हैं।

इस पूरी पुस्तक में मैंने दोहराया है कि "आप वही बन जाते हैं, जिसके बारे में आप ज़्यादातर समय सोचते हैं" और "जिसे भी आप लगातार अपने दिमाग़ में रखते हैं, उसे आप पा सकते हैं।" इसके अलावा, हमने आकर्षण तथा अनुरूपता के नियमों पर बात की थी और पूरी स्पष्टता से यह तय करने के महत्व पर भी कि आप क्या बनना, पाना और करना चाहते हैं। हर मामले में मैं अप्रत्यक्ष रूप से अतिचेतन मस्तिष्क की शक्ति का ही ज़िक्र कर रहा था।

युगों-युगों का रहस्य

अतिचेतन मस्तिष्क संबंधी ज्ञान हज़ारों साल पुराना है और इसका उल्लेख भी पूरे

इतिहास में मिलता है। लेकिन यह गोपनीय ज्ञान ज़्यादातर समय योगियों और गूढ़ विद्याओं के ज्ञाताओं तक ही सीमित रहा। सामान्य व्यक्ति इसे नहीं पा सकते थे और इसे सिर्फ़ प्राचीन विश्व के रहस्यवादी संप्रदायों में कई बरसों के निष्ठापूर्ण अध्ययन के बाद ही सिखाया जाता था। पिछले सौ सालों में ही अतिचेतन मस्तिष्क संबंधी ज्ञान आम हुआ है, लेकिन इसके बावजूद यह सिर्फ़ कुछ लोगों तक ही सीमित रहा है।

एक में तीन मस्तिष्क

साइकोथेरेपी के संस्थापक सिग्मंड फ्रॉयड ने 1895 में तीन मस्तिष्कों - "ईगो," "इड," और "सुपरईगो" - के बारे में लिखा और उनका ज़्यादातर काम अनुभूति के इन तीन अलग-अलग तत्वों पर आधारित था।

ईगो का वर्णन "मैं हूँ", या मस्तिष्क के उस हिस्से के रूप में किया गया, जो जागरूक और चौकस है, जो बाहरी संसार से निबटता है, विश्लेषण करता है, निर्णय लेता है और क़दम उठाता है। हम इसे *चेतन* मस्तिष्क कहते हैं।

सिग्मंड फ्रॉयड का "इड" मस्तिष्क का अचेतन हिस्सा है, जिसे हम अवचेतन मन कहते हैं। यह स्मृतियों और भावनाओं का विशाल भंडार है, जहाँ हमारे सभी पुराने विचार, निर्णय और अनुभव एकत्रित होते हैं। यह स्वचालित होता है। यह हमारे शरीर को चलाता है तथा हमारे विचारों और भावनाओं को अतीत के अनुभवों के अनुरूप रखता है।

सिग्मंड फ्रॉयड जिसे "सुपरईगो" या विचार का तीसरा आयाम कहते हैं, उसे रैल्फ़ वाल्डो इमर्सन ने "ओवरसोल" कहा था। फ्रॉयड के विद्यार्थी अल्फ्रेड एडलर ने इसे "सामूहिक अचेतन" (collective unconscious) की संज्ञा दी थी और फ्रॉयड से अलग हो गए कार्ल युंग ने इसे "अधि-चेतन" (supra conscious) नाम दिया था। नेपोलियन हिल ने इसे "असीमित प्रज्ञा" कहा था और बताया था कि अमेरिका के लगभग सभी सफल लोगों ने अपने कैरियर में इसका लगातार इस्तेमाल किया था और अपनी ज़्यादातर महत्वपूर्ण सफलताओं और उपलब्धियों के लिए इसे ही श्रेय दिया था।

इतालवी मनोवैज्ञानिक रॉबर्टो असैगियोली और बाक़ी लोगों ने इसे "अतिचेतन मस्तिष्क" या "ईश्वरीय मस्तिष्क" कहा था। आप इसे चाहे जो नाम दें, यह एक महान शाश्वत शक्ति है, जिसका इस्तेमाल करके आप किसी भी समय कोई भी लक्ष्य हासिल कर सकते हैं, जिसे आप सचमुच पाना चाहते हैं, बशर्ते आप इसकी इच्छा शिद्दत से करें - पर्याप्त लंबे समय तक करें और कड़ी मेहनत करें।

समस्त सफलताओं का स्त्रोत

इतिहास के सभी क्षेत्रों में सभी महान अनायास सफलताएँ (breakthroughs) अतिचेतन कार्यविधि का ही परिणाम रही हैं। जब भी आपके मन में अचानक कोई महान विचार या ज्ञान आया, जिससे कोई समस्या सुलझ गई हो या कोई दुविधा दूर हो गई हो, तो यक़ीन मानिए आपको अतिचेतन अनुभव हुआ था। महान वैज्ञानिक सफलताएँ मूलतः अतिचेतन से ही संबंधित थीं, जैसे डीएनए की खोज या सिरेमिक्स को विद्युत के साथ जोड़ने का विचार, जिसने सुपर कंडक्टिवटी की खोज को प्रशस्त किया।

महान संगीतकारों ने अपनी संगीत रचना में बार-बार अपने अतिचेतन मस्तिष्कों का दोहन और इस्तेमाल किया। मोज़ार्ट लिखना शुरू करने से पहले ही अपने मस्तिष्क में पूरा ओपेरा देख सकते थे, जो हर दृष्टि से आदर्श हुआ करता था। फिर वे अपनी मानसिक तस्वीर से ओपेरा को काग़ज़ पर उतार देते थे, जिसमें एक भी ग़लती नहीं होती थी। उस ओपेरा को बिना किसी बदलाव के जनता के सामने प्रस्तुत कर दिया जाता था। संगीत के इतिहास में ऐसी चीज़ पहले कभी नहीं हुई थी।

बीथोवन ने अपनी महानतम संगीत रचनाएँ बहरा होने के बाद कीं। वे काग़ज़ पर लिखने से पहले उन्हें अपने दिमाग़ में देख और सुन सकते थे। भौतिकशास्त्री स्टीफ़न हॉकिंग लू गेहरिग्स बीमारी से इतने पंगु है कि उन्हें एक अक्षर लिखने के लिए भी एक ख़ास कंप्यूटर की ज़रूरत होती है। बहरहाल, अपने अतिचेतन मस्तिष्क का इस्तेमाल करके उन्होंने *अ ब्रीफ़ हिस्ट्री ऑफ़ टाइम* पुस्तक लिखी, जिसकी बदौलत वे दुनिया के सबसे मशहूर बेस्टसेलिंग लेखकों में से एक बन गए।

सार्वकालिक महानतम आविष्कारक

थॉमस एडिसन ने यू.एस. पेटेंट ऑफ़िस से 1093 पेटेंट हासिल किए, जिनमें से लगभग सभी का उनके जीवनकाल के दौरान ही व्यावसायिक उत्पादन होने लगा था। 1931 में उनकी मृत्यु के समय सत्रह प्रतिशत अमेरिकी कर्मचारी थॉमस एडिसन के प्रॉडक्ट्स के निर्माण और वितरण में लगे थे।

एडिसन ने असंभव दिखने वाली समस्याओं को सुलझाने के लिए अपने अतिचेतन मस्तिष्क का इस्तेमाल किया और विद्युत, मोशन पिक्चर्स, साउंड रिकॉर्डिंग और ट्रांसमिशन सहित सैकड़ों अन्य क्षेत्रों में ऐतिहासिक आविष्कार किए। अपने अतिचेतन मस्तिष्क तक पहुँचने के लिए वे दिन में नियमित रूप से झपकी लेते थे और उन्हें वह ज्ञान मिल जाता था, जिसकी बदौलत ढेर सारे आविष्कार संभव हुए।

महान नियम

जब भी आप कोई महान और प्रेरक कलाकृति देखते हैं, अमर साहित्य या सुंदर कविता पढ़ते हैं, बेहतरीन संगीत सुनते हैं या उल्लेखनीय इमारत देखते हैं, तो आप अतिचेतन मस्तिष्क की सक्रियता के परिणाम देख रहे हैं।

अतिचेतन गतिविधि का नियम, जो शायद आज तक खोजा गया सबसे महत्वपूर्ण मानसिक नियम है, यह है : **जिस भी विचार, योजना या लक्ष्य को चेतन मन में लगातार रखा जाता है, उसे अंततः अतिचेतन मस्तिष्क साकार कर देगा।**

ज़रा सोचें! आप सचमुच जो भी बनना, पाना या करना चाहते हैं, वह आपके लिए संभव है। अगर आप इस बारे में बिलकुल स्पष्ट हो सकें कि यह क्या है और फिर उसे अपने अतिचेतन मस्तिष्क तक नियमित रूप से पहुँचा सकें, तो आप इसे अंततः हासिल कर लेंगे। आपका अतिचेतन मस्तिष्क क्या कर सकता है, इसकी कोई सीमा नहीं है। सीमाएँ सिर्फ़ वही हैं, जो आप अपने मस्तिष्क और कल्पना पर लगाते हैं।

सही कार्यस्थिति

आपका अतिचेतन मस्तिष्क सबसे अच्छी तरह तब काम करता है, जब आप शांति, आत्मविश्वास और शिथिल अपेक्षा की मानसिक अवस्था में होते हैं। जब भी आप एकांत में शिथिलता (relaxation) का अभ्यास करते हैं, अपनी सारी चिंताएँ छोड़ देते हैं और शांति से बैठ जाते हैं या प्रकृति के संपर्क में होते हैं, तो आपका अतिचेतन मस्तिष्क काम करने लगता है।

जब भी आप "मौन में जाते हैं" और अपने भीतर की धीमी आवाज़ को सुनते हैं, तो आप अतिचेतन मन की कानाफूसी सुनने लगते हैं।

आपकी *अंतर्दृष्टि* (intuition) आपके नए घर के बेसमेंट में रखे कंप्यूटर के समतुल्य है। यह अतिचेतन मस्तिष्क के साथ आपका संपर्क है। कई बार आपकी अंतर्दृष्टि मौन में आपसे इतनी तेज़ आवाज़ में बोलेगी कि इसके द्वारा दिए विचार या ज्ञान से आपका पूरा जीवन बदल जाएगा।

ग्रीक वैज्ञानिक आर्कमिडीज़ को वस्तुओं के विस्थापन के बारे में अतिचेतन प्रेरणा की कौंध नहाते समय आई। वे इतने रोमांचित हो गए कि बाथरूम से बाहर निकले और एथेंस की सड़कों पर नंगे दौड़ने लगे और चिल्लाने लगे "यूरेका!" ("मैंने इसे खोज लिया है!")। आप भी अक्सर ऐसा ही महसूस करते हैं, जब आपके मन में ऐसा कोई महान विचार या ज्ञान आता है, जो किसी समस्या को सुलझा देता है या आपको अपने लक्ष्य की ओर बढ़ा देता है।

अपने अतिचेतन को सक्रिय करना

आपका अतिचेतन मस्तिष्क स्पष्ट, लिखित, निश्चित लक्ष्यों से प्रेरित होता है, जिनकी प्रबल इच्छा की जाए, नियमित मानसिक तस्वीर देखी जाए और उनकी दिशा में निरंतर मेहनत की जाए।

जब भी आप रिलैक्स होते हैं, विशिष्ट परिणाम की मानसिक तस्वीर देखते हैं और उसमें भावना भरकर शिद्दत से चाहते हैं, तो आप अपने अतिचेतन मन को प्रेरित कर देते हैं, ताकि यह आपको उस लक्ष्य को हासिल करने के विचार व ऊर्जा दे।

कई बार अतिचेतन प्रेरणा आपको इतना ज़्यादा ऊर्जावान या रोमांचित कर सकती है कि आप किसी दूसरी चीज़ के बारे में सोचने या सोने में भी असमर्थ होंगे। ऐसे मामले में आपको मन में आने वाले हर विचार को पूरे विस्तार से लिख लेना चाहिए। इससे आपका मस्तिष्क ख़ाली हो जाएगा है और आप दोबारा सो सकेंगे।

सौभाग्यशाली खोज और समकालिकता

अतिचेतन मन दो लक्षणों को स्पष्ट करता है, जिनका अनुभव आपको जीवन भर होता रहता है। ये हैं, *सौभाग्यशाली* खोज (serendipity) और *समकालिकता* (synchronicity)। आप अपने अतिचेतन मन का जितना ज़्यादा इस्तेमाल करते जाते हैं, आपको इन दोनों अद्‌भुत अनुभवों का उतना ही ज़्यादा आनंद मिलता जाता है।

सौभाग्यशाली खोज जीवन की राह में सुखद खोज करने की प्रक्रिया है। जब भी आपके पास एक स्पष्ट लक्ष्य होता है, जिसकी आप सतत मानसिक तस्वीर देखते हैं और जिसकी दिशा में आप हर दिन काम करते हैं, तो आपके जीवन में अप्रत्याशित सुखद घटनाएँ तथा अनुभव आने लगते हैं, आपको ज़्यादा तेज़ी से अपने लक्ष्य हासिल करने में मदद करते हैं।

आपको पत्रिका में कोई लेख दिख सकता है या कोई दूसरा आपके सामने ऐसी बात कह सकता है, जिसे आप पहले से न जानते हों। आप टीवी पर कोई कार्यक्रम देख सकते हैं, जिसमें ठीक वही विचार या ज्ञान मौजूद हो, जिसकी ज़रूरत आपको किसी ख़ास समस्या को सुलझाने के लिए हो या जो आपके किसी प्रमुख प्रश्न का जवाब हो। आप अक्सर ऐसी विपत्ति या अस्थायी असफलता भी पाएँगे, जो आपके साथ उस पल होने के लिए बिलकुल सही काम साबित होती है।

अच्छाई की तलाश करें

दिलचस्प बात यह है कि अगर आप हर स्थिति में अच्छाई की तलाश करेंगे, तो आपको यह हमेशा दिख जाएगी। अपने साथ अच्छी चीज़ों की अपेक्षा करने का नज़रिया ही उनके आने को बार-बार प्रेरित करता है। अगर आप सौभाग्यशाली खोज के जादू में शांति और विश्वास के साथ यक़ीन रखते हैं, तो आपको बार-बार सौभाग्यशाली खोज के अनुभव होंगे, जो जीवन में आपके असल लक्ष्यों को हासिल करने में आपकी मदद करेंगे।

अर्थ से जुड़ी घटनाएँ

दूसरा लक्षण, जिसका आपको नियमित रूप से अनुभव होगा, उसे "समकालिकता" कहा जाता है। यह ब्रह्मांड के फ़ौलादी नियम यानी कारण और परिणाम के नियम से एक ख़ास अर्थ में भिन्न है। कारण और परिणाम का नियम कहता है कि हर चीज़ किसी ख़ास कारण से होती है और हर परिणाम का कारण खोजा जा सकता है।

बहरहाल, समकालिकता में एक ही समय में होने वाली दो घटनाओं के बीच एकमात्र संबंध वह अर्थ होता है, जो आप अपने जीवन के विभिन्न क्षेत्रों में लक्ष्य बनाकर उन्हें देते हैं।

एक उदाहरण देखें। आप अपनी आमदनी दोगुनी करने का लक्ष्य बनाते हैं। अगले सप्ताह आप बिलकुल अप्रत्याशित तरीक़े से या तो नौकरी छोड़ देते हैं या आपको नौकरी से निकाल दिया जाता है। शुरुआत में तो यह विपत्ति जान पड़ती है। लेकिन अगले दिन कोई दोस्त आपसे पूछता है कि क्या आपने किसी ख़ास क्षेत्र में काम करने के बारे में सोचा है। जैसा कि पता चलता है, आपने पिछले साल उस क्षेत्र के बारे में कई लेख पढ़े हैं और आप उसमें जाने के बारे में सोच भी चुके हैं, लेकिन आप यह नहीं जानते थे कि ऐसा कैसे करना है। आप इस दिशा में आगे जाँच करने का फ़ैसला करते हैं। आप इससे संबंधित किसी विकास करने वाली कंपनी को खोजने लगते हैं, उसमें नौकरी के लिए इंटरव्यू देते हैं, और काम भी शुरू कर देते हैं। मात्र साल भर बाद ही आप पाते हैं कि अब आप अपनी पहले वाली नौकरी से दोगुना कमाने लगे हैं और आपको इसमें ज़्यादा मज़ा भी आने लगा है।

आप पाएँगे कि इन अलग-अलग घटनाओं के बीच कारण और परिणाम का कोई सीधा संबंध नहीं था। वे समय और स्थान में अलग-अलग नज़र आती हैं। लेकिन उनमें एक चीज़ समान होती है। उन्होंने उस असली लक्ष्य को हासिल करने में मदद की, जो आपने ख़ुद के लिए तय किया था - अपनी आमदनी दोगुनी करना।

अपने अतिचेतन मस्तिष्क को प्रेरित करने के दो तरीक़े

अपने अतिचेतन मस्तिष्क को कर्म के लिए प्रेरित करने के दो तरीक़े हैं। पहला तो यह है कि आप अपने लक्ष्य पर अपना पूरा ध्यान केंद्रित कर लें और उसे पाने के लिए शिद्दत से काम करना शुरू कर दें। फिर आप जो भी कर रहे हों, उसमें अपना पूरा दिल झोंक दें। हमेशा उसी के बारे में सोचें, उसी के बारे में बात करें, उसे लिखें, उसे दोबारा लिखें और हर दिन इसकी समीक्षा भी करते रहें। उस लक्ष्य को हासिल करने में जिस भी चीज़ से मदद मिल सके, उससे जुड़ें और हर वो काम करें, जो उस लक्ष्य को संभव बना सकता हो।

जब आप अपने लक्ष्य की दिशा में सतत, संकल्पवान, प्रगतिशील कर्म के प्रति समर्पित हो जाते हैं, तो आपके साथ सभी तरह की सौभाग्यशाली खोजों तथा समकालिकता की घटनाएँ होने लगेंगी। लोग आपकी मदद करने के लिए अप्रत्याशित जगहों से प्रकट होंगे। आपको फ़ोन कॉल और मदद के प्रस्ताव मिलना शुरू हो जाएँगे। आपको ऐसे विचार और जानकारी मिलेगी, जिसे आपने पहले कभी नहीं पाया होगा। आपके मन में ऐसे विचार आने लगेंगे और आपको ऐसा ज्ञान मिलेगा, जो आपको अपने लक्ष्य की ओर ज़्यादा तेज़ी से लेकर जाएगा।

आपके अतिचेतन मन को प्रेरित करने का दूसरा तरीक़ा यह है कि आप पूरी तरह से रिलैक्स (relax) हो जाएँ और अपने दिमाग़ को कहीं और व्यस्त कर लें। मिसाल के तौर पर, जब आप छुट्टियों पर जाते हैं, तो आप बाक़ी गतिविधियों में अक्सर इतने व्यस्त हो जाते हैं कि अपने लक्ष्यों या समस्याओं के बारे में सोचते ही नहीं हैं। आप जितना ज़्यादा रिलैक्स होंगे और छोड़ेंगे - शारीरिक दृष्टि और मानसिक दृष्टि से भी - आपका अतिचेतन मन उतनी ही ज़्यादा तेज़ी से काम करना शुरू कर देता है। साथ ही आपको आपकी ज़रूरत के हिसाब से विचार और ज्ञान भी देने लगता है। दूसरे शब्दों में, आप "जितनी ज़्यादा कोशिश नहीं करते हैं," उतनी ही तेज़ी से आपका अतिचेतन मन आपके लिए काम करेगा।

आपको अपने हर लक्ष्य पर दोनों विधियों को आज़माना चाहिए। सबसे पहले तो पूरे एकाग्र मन से लक्ष्य पर काम करें। समस्या सुलझाने के लिए अपनी शत-प्रतिशत ऊर्जा का इस्तेमाल करें। इसके बाद भी अगर आपको मनचाही सफलता का अनुभव न हो, तो अपने दिमाग़ को किसी दूसरी जगह व्यस्त कर लें। कुछ समय आराम करें। छुट्टियों पर जाएँ। शारीरिक व्यायाम करें या फ़िल्म देखने चले जाएँ। कुछ समय के लिए इसके बारे में हर बात को पूरी तरह से भूल जाएँ। फिर ठीक सही समय पर आपका अतिचेतन मन काम करने लगेगा और आपके सामने जवाब प्रकट हो जाएगा।

बिलकुल सही जवाब

आपका अतिचेतन मन आपको आपकी ज़रूरत के हिसाब से सटीक जवाब बिलकुल सही समय पर सुझा देगा। इसलिए जब आपको अतिचेतन प्रेरणा मिले, तो आपको फ़ौरन काम करना चाहिए। देर न करें। यह अक्सर *समयबद्ध* जानकारी होती है। अगर आपको काम करने या फ़ोन करने की आंतरिक प्रेरणा मिले, तो उस पर तत्काल काम करें। अगर आपको किसी चीज़ के बारे में आंतरिक अनुभूति महसूस होती है, तो उस पर तत्काल अमल करें। ऐसा लगता है कि अतिचेतन कौंध पर काम करने से ही अतिरिक्त अतिचेतन ज्ञान और प्रेरणाएँ सक्रिय हो जाती हैं, जो आपकी मदद करेंगी।

तीन ख़ास गुण

अतिचेतन विचार या समाधान में तीन गुण होते हैं :

- पहला, यह समस्या के हर पहलू का जवाब देगा या यह आपको हर वह चीज़ देगा, जिसकी ज़रूरत आपको अपने लक्ष्य हासिल करने के लिए है। जवाब हर मायने में बिलकुल पूर्ण होगा।
- दूसरा, यह "स्पष्टता की अंधा बना देने वाली कौंध" होगी। अतिचेतन प्रेरणा सहज, सरल और स्थिति के हिसाब से पूरी तरह उपयुक्त होगी।
- तीसरा गुण, अतिचेतन समाधान आपको ख़ुशी और रोमांच का *ज्वार प्रदान करेगा*, यहाँ तक कि उल्लास भी। यह आपके सबसे चमकदार पलों में से एक बन जाएगा, जिसे आप लंबे समय तक याद रखेंगे।

जब भी आपको अतिचेतन समाधान मिलता है, तो इसके साथ ऊर्जा, उत्साह और प्रेरणा भी मिलेगी, जिसकी ज़रूरत आपको तत्काल क़दम उठाने के लिए होती है। आपमें तत्काल समाधान लागू करने की अदमनीय इच्छा होगी। आप उस काम को करने के लिए बाक़ी हर चीज़ छोड़ना चाहेंगे। और आप हमेशा सही होंगे।

प्रमुख आवश्यकता है विश्वास

आपका अतिचेतन मन आपकी सबसे प्रबल शक्ति है। यह आपके लिए हर वक़्त उपलब्ध और सुलभ है। आपको अपने अतिचेतन मन को "डायल" करने के लिए बस अपनी चाहत के बारे में पूरी स्पष्टता की ज़रूरत होती है! इसके बाद आपको पूरी शांति और विश्वास के साथ यह भरोसा करने की ज़रूरत होती है कि आपको जो जवाब चाहिए, वह आपके पास ठीक उसी समय पर आ जाएगा, जब आप उसके लिए तैयार होंगे।

आप इस महान शक्ति में जितना ज़्यादा रिलैक्स होते हैं और जितना ज़्यादा विश्वास करते हैं, यह उतनी ही बेहतर और तेज़ी से काम करेगी। यह कहा गया है कि "जब लोग अपनी आंतरिक आवाज़ को सुनने लगते हैं, तो वे महान बनने लगते हैं।" जब आप अपनी अंतर्दृष्टि की आवाज़ को सुनने और अपनी आंतरिक आवाज़ पर भरोसा करने की नियमित आदत डाल लेते हैं, तो आप शायद कभी ग़लती नहीं करेंगे। अपने अतिचेतन मन का दोहन करके आप अपने पूरे जीवन को इस महान ब्रह्मांडीय शक्ति के सामंजस्य में लाने लगते हैं। आप एक के बाद एक हर लक्ष्य प्राप्त करेंगे और अपने हर काम में ज़्यादा तेज़ी से आगे बढ़ेंगे। आपको ऐसा महसूस होगा, जैसे आपका प्लग किसी ब्रह्मांडीय ऊर्जा स्रोत के सॉकेट में लगा दिया गया हो। यह ऊर्जा आपको बहुत कम कोशिश में बहुत ज़्यादा हासिल करने में समर्थ बनाती है, जैसा आपके साथ पहले कभी नहीं हुआ था।

अपने जीवन के बारे में पलटकर सोचें और उन पलों को याद करें, जब आपके अतिचेतन मन ने आपके लिए काम किया हो। अतीत में ये अनुभव अनियोजित और संयोगवश थे। लेकिन अपने लक्ष्यों के बारे में पूरी स्पष्टता विकसित करने, उनकी नियमित समीक्षा करने और मानसिक तस्वीर देखने के द्वारा आप इस अतिचेतन शक्ति का इस्तेमाल अपने पूरे जीवन में लगातार और सुनिश्चित तरीक़े से कर सकते हैं तथा इससे लाभ उठा सकते हैं।

☆ अपने अतिचेतन मन को सक्रिय करें

1. अपने जीवन को पलटकर देखें और ऐसा समय याद करें, जब आपको कोई अतिचेतन अनुभव हुआ था, जिसने समस्या सुलझा दी या आपको कोई लक्ष्य हासिल करने में समर्थ बनाया हो। प्रक्रिया पर विचार करें और इस बारे में सोचें कि आप इसे दोबारा कैसे कर सकते हैं।
2. अपने सबसे महत्वपूर्ण लक्ष्य, अपने प्रमुख निश्चित उद्देश्य को चुनें और बार-बार इसकी स्पष्ट मानसिक तस्वीर देखें। विश्वास रखें कि यह तस्वीर बिलकुल सही समय पर साकार हो जाएगी।
3. एकांत और ध्यान की नियमित आदत डालें। इस दौरान अपने मन को बस रिलैक्स होने दें और एक विषय से दूसरे विषय पर तैरने दें, जब तक कि सही सवाल का सही जवाब आपके दिमाग़ में टपक न पड़े।
4. जैसे ही आपके दिमाग़ में अतिचेतन विचार आए, उस पर तत्काल कर्म करने की आदत डालें। हिचकें नहीं। पूरी आस्था रखें कि जब आप इस शक्ति पर भरोसा करते हैं, तो सिर्फ़ सर्वश्रेष्ठ चीज़ें ही हो सकती हैं।
5. अपनी समस्या को एकल-मानसिकता वाली एकाग्रता से सुलझाने की कोशिश करें और अगर यह काम न करे, तो अपने दिमाग़ को कहीं और व्यस्त कर लें। बिलकुल सही समय पर आपकी अंतर्दृष्टि से आदर्श समाधान पैदा होगा या आपके जीवन में प्रकट हो जाएगा।

आपका अतिचेतन मन आपके लिए उसी अनुपात में काम करता है, जिस अनुपात में आपको इस पर विश्वास होता है। नियमित आधार पर सब कुछ छोड़ने और धैर्यपूर्वक इंतज़ार करने का अभ्यास करें, जब तक कि आपको बिलकुल सही समय पर एकदम सही जवाब न मिल जाए।

18

हर समय लचीले रहें

जब मैं आख़िरकार यह फ़ैसला कर लेता हूँ कि कोई परिणाम वाक़ई हासिल करने लायक़ है, तो मैं उस पर काम करने लगता हूँ और तब तक एक के बाद एक कोशिश करता रहता हूँ, जब तक कि वह परिणाम मिल नहीं जाता।

– थॉमस एडिसन

यह चीज़ों की प्रकृति में है कि कुछ लोग बाक़ी लोगों से ज़्यादा सफल और सुखी रहेंगे। कुछ लोग ज़्यादा पैसे कमाएँगे, बेहतर जीवन जिएँगे, ज़्यादा संतुष्टि का आनंद लेंगे, उनके संबंध ज़्यादा सुखद होंगे और वे अपने समुदाय के प्रति ज़्यादा योगदान देंगे। बाक़ी लोग ऐसा नहीं कर पाएँगे।

कंसास सिटी के मेनिंगर इंस्टीट्यूट ने कुछ समय पहले एक सर्वे किया कि इक्कीसवीं सदी में सफलता और ख़ुशी पाने के लिए सबसे महत्वपूर्ण गुण कौन से हैं। वृहद शोध के बाद उनका निष्कर्ष यह था कि आप तीव्र परिवर्तन के दौर में जो सबसे महत्वपूर्ण गुण विकसित कर सकते हैं, वह है लचीलापन।

लचीलेपन (flexibility) का विपरीत है कठोरता (rigidity) यानी नई जानकारी या परिस्थितियों के आने पर परिवर्तन करने की अनिच्छा। लचीली सोच का विपरीत है निश्चित या *यांत्रिकीय* सोच। जीवन का खुले दिमाग़ से सामना करने का विपरीत है, हर स्थिति में स्वचलित और पहले से तय तरीक़े से प्रतिक्रिया करना। इसलिए अगर आप आम आदमी से ज़्यादा बनना, करना और पाना चाहते हैं, तो आपके लिए लचीलेपन का गुण बहुत महत्वपूर्ण है ।

परिवर्तन की गति

आज शायद आपके जीवन को प्रभावित करने वाला सबसे महत्वपूर्ण तत्व है परिवर्तन

की गति। हम ऐसे युग में जी रहे हैं, जहाँ परिवर्तन इतिहास में सबसे तीव्र गति से हो रहे हैं। और इनकी गति हर साल बढ़ती जा रही है।

आज परिवर्तन न सिर्फ़ ज़्यादा तीव्र है, बल्कि यह *अनिरंतर* (discontinuous) भी है। यह सीधी रेखा में लगातार नहीं होता, बल्कि शुरू होता है, बंद होता है और फिर उन दिशाओं में चलने लगता है, जिनकी भविष्यवाणी नहीं की जा सकती। परिवर्तन हर तरफ़ से हमारी ओर आ रहा है और इतने अलग-अलग तरीक़ों से आ रहा है कि अक्सर यह भाँपना असंभव होता है कि आगे क्या आ सकता है।

परिवर्तन की फ़ितरत ही ऐसी है कि इसकी भविष्यवाणी नहीं की जा सकती। इसके कारण अक्सर हमें रातोरात अपनी सबसे अच्छी योजनाएँ और विचार छोड़ने के लिए मजबूर होना पड़ता है, क्योंकि एक नई और अप्रत्याशित दिशा में एक बिलकुल नया और अनपेक्षित विकास हो गया है। इसलिए हमें अपनी सोच और संभावित कार्य-दिशा में लचीला रहने की ज़रूरत है।

तनाव का प्रमुख कारण

परिवर्तन से उन लोगों को बहुत तनाव होता है, जिनका इस बारे में कट्टर विश्वास होता है कि चीज़ों को कैसा "होना चाहिए।" वे उस चीज़ से प्रेम करने लगते हैं, जो वे कर रहे हैं। वे अपनी वर्तमान विधियों और प्रक्रियाओं से प्रेम करने लगते हैं और उन्हें बदलना नहीं चाहते, भले ही उन्हें ग़लत होने का ठोस सबूत मिल जाए। अपने साथ ऐसा न होने दें।

जो आप कर रहे हैं, उसके बारे में आपको एकमात्र सवाल यह पूछना चाहिए, क्या यह कारगर है ? क्या इससे मनचाहे परिणाम मिल रहे हैं ? क्या वर्तमान स्थिति में यह कार्य करने की सबसे अच्छी दिशा है ? किसी ख़ास निर्णय या काम की दिशा के सही या ग़लत होने का इकमात्र पैमाना यह है कि क्या यह आपके तय लक्ष्य या मनचाहे परिणाम को हासिल करने में कारगर है। लगातार पूछते रहें, क्या यह कारगर है ?

परिवर्तन लाने वाले तीन घटक

आज तीन घटक ऐसे हैं जो परिवर्तन को बल दे रहे हैं और उसकी गति को बढ़ा रहे हैं। उनमें से प्रत्येक की शक्ति एक-दूसरे के कारण कई गुना हो जाती है।

परिवर्तन का पहला घटक है, हमारे जीवन के हर क्षेत्र में जानकारी और ज्ञान का विस्फोट। प्रतिस्पर्धी बाज़ार में एक नई खोज या जानकारी रातोरात हमारे बिज़नेस का हुलिया बदल सकती है। किसी नए प्रॉडक्ट या सेवा के आने से कोई लोकप्रिय

प्रॉडक्ट या सेवा या प्रमुख उद्योग बर्बाद हो सकता है, क्योंकि नया प्रॉडक्ट वही परिणाम ज़्यादा तेज़ी से, ज़्यादा बेहतर तरीक़े से, ज़्यादा सस्ते में या ज़्यादा आसानी से देता है।

11 सितंबर जैसी कोई महत्वपूर्ण घटना, शेयर बाज़ार के ज़ोरदार झटके, किसी राजनीतिक पार्टी या उद्योग के स्कैंडल रातोरात पूरे बिज़नेस या उद्योग की सोच, कार्यों, सेल्स और स्थिति को बदल सकते हैं।

मिसाल के तौर पर, 1980 में जब सोवियत संघ का विघटन हुआ, तो लौह पर्दा गिर गया और शीत युद्ध शुरू हो गया। पूरे अमेरिका का रक्षा उद्योग बुरी तरह हिल गया। लाखों उच्च प्रशिक्षित और योग्य स्त्री-पुरुषों को स्थायी तौर पर नौकरी से निकाल दिया गया। देश भर में कई उद्योग बंद हो गए और देश के कुछ हिस्सों में मंदी आ गई। परिवर्तन के प्रभाव ज़बर्दस्त थे और इनसे बचना संभव नहीं था। सिर्फ़ लचीले लोग ही प्रभावी ढंग से इस पर प्रतिक्रिया कर पाए।

नई जानकारी के प्रति खुले रहें

लचीले बने रहने के लिए आपको लगातार खुले रहना होगा। आपको नए विचारों, ज्ञान और जानकारी के बारे में चौकस रहना होगा, जो आपके बिज़नेस या आपके लक्ष्यों की उपलब्धि में आपकी मदद कर सकती है या आपको चोट पहुँचा सकती है। आपकी दौलत बनाने या मिटाने के लिए एक नया विचार ही काफ़ी है। एक विचार आपको दौलत की राह पर चलवा सकता है या फिर इससे नीचे गिरा सकता है। सही समय पर मात्र एक जानकारी भी आपका बहुत सारा समय, मुश्किलें और पैसा बचा सकती है। उस जानकारी की कमी आपको बहुत भारी पड़ सकती है।

सभी लीडर्स पढ़ाकू होते हैं। अपने क्षेत्र के नवीनतम ज्ञान की जानकारी आपके लिए बिलकुल अनिवार्य है। अपने उद्योग संबंधी पत्रिकाएँ और प्रकाशन पढ़ते रहें। अपने क्षेत्र की बेस्टसेलिंग पुस्तकें पढ़ते रहें। सेमिनारों और सम्मेलनों में जाएँ। अपने उद्योग के एसोसिएशन्स में शामिल हों और अपने व्यवसाय के लोगों से नेटवर्किंग करें। शक्ति हमेशा उसी व्यक्ति के पास होती है, जिसके पास सबसे अच्छी और सबसे नई जानकारी होती है।

नई प्रौद्योगिकी का ज्वार

परिवर्तन लाने वाला दूसरा कारक है नई प्रौद्योगिकी का तीव्र विकास। हर वैज्ञानिक या तकनीकी ज्ञान से प्रौद्योगिकी में प्रगति होती है, जिसका लक्ष्य लोगों और कंपनियों की मदद करना होता है, ताकि वे ज़्यादा तेज़ी से, बेहतर तरीक़े से, सस्ते में या

आसानी से काम करें। और प्रौद्योगिकी में परिवर्तन की गति हर दिन बढ़ती जा रही है।

नियम यह है, जो भी कारगर है, वह दक़ियानूसी हो चुका है। बाज़ार के शेल्फ़ पर रखा नया हाई-टेक उपकरण खुलने से पहले ही पुराना हो गया है। आज नई प्रौद्योगिकी की शेल्फ़ लाइफ़ सिर्फ़ छह महीने रह गई है। इसके बाद इसकी जगह पर कोई नई चीज़ आ जाती है, जो उसी काम को ज़्यादा तेज़ी से और सस्ते में कर देती है। अगर आप अपने प्रॉडक्ट या सेवा की जगह किसी नए प्रॉडक्ट या सेवा को लाने के तरीक़े नहीं खोज रहे हैं, तो आप इस बात पर विश्वास कर सकते हैं कि आपके प्रतिस्पर्धी देर रात तक जागकर आपको दिवालिया बनाने के तरीक़े खोज रहे हैं।

मेंढक-कूद खेलना

आज बिज़नेस में बने रहना मेंढक-कूद (leapfrog) का अंतहीन खेल खेलने जैसा है। आप अपने प्रतिस्पर्धी के ऊपर से छलाँग मारने का तरीक़ा खोजते हैं और अपने ग्राहकों की बेहतर, ज़्यादा तेज़ और ज़्यादा सस्ती सेवा करने का तरीक़ा तलाशते हैं। फिर आपका प्रतिस्पर्धी किसी नए या बेहतर प्रॉडक्ट या सेवा को लाकर आपसे ऊपर छलाँग लगाता है। आप जल्दी से ख़ुद को सँभालते हैं और कोई नवाचार या सुधार करके अपने प्रतिस्पर्धी के ऊपर से छलाँग लगा देते हैं। इसके बाद एक बार फिर आपका प्रतिस्पर्धी आपके ऊपर से छलाँग लगा देता है और यह खेल अंतहीन रूप से इसी तरह चलता रहता है।

प्रचलन से बाहर होने की गति बढ़ाने का यही सिद्धांत आपके प्रॉडक्ट्स, आपकी सेवाओं, आपकी प्रक्रियाओं और ख़ास तौर पर आपकी सेल्स और मार्केटिंग रणनीतियों पर भी लागू होता है। यह आपकी वर्तमान विज्ञापन और प्रमोशन विधियों पर भी लागू होता है। जो भी इस वक़्त काम कर रहा है, वह जल्दी ही काम करना बंद कर देगा। या तो ग्राहक इससे बोर हो जाएँगे या फिर आपके प्रतिस्पर्धी इसकी नक़ल कर लेंगे या फिर यह वर्तमान बाज़ार के ग्राहकों को पहले की तरह आकर्षित नहीं कर पाएगा।

अपेक्षा करें कि आपकी नक़ल होगी

कुछ समय पहले मैंने 10,000 डॉलर देकर एक विज्ञापन एजेंसी से अपने लिए एक विज्ञापन तैयार करवाया और एक राष्ट्रीय अख़बार में छपवाया। इसका काफ़ी असर हुआ और मुझे बहुत सी अच्छी प्रतिक्रियाएँ मिलीं। हम लोग अगले हफ़्ते

ऑफ़िस में एक-दूसरे की पीठ थपथपाते रहे, जब तक कि हमें एक और विज्ञापन नहीं दिख गया। एक प्रतिस्पर्धी ने हूबहू हमारे जैसा विज्ञापन प्रकाशित करवाया था, जिसे बनवाने के पैसे हमने दिए थे, लेकिन जिसका लाभ वह उठा रहा था। उसका लक्ष्य हमारे प्रॉडक्ट को नहीं, बल्कि अपने प्रॉडक्ट को बेचना था। हमारी प्रतिक्रिया की दर घटकर 50 प्रतिशत हो गई और गिरती चली गई। और हम इस मामले में कुछ नहीं कर सकते थे।

आपको अपने बिज़नेस के हर पहलू के लिए बैकअप योजनाएँ लगातार बनाते रहना चाहिए। आपको इस मामले में ज़रा सी भी शंका नहीं होनी चाहिए कि आप जो भी कर रहे हैं, वह जल्दी ही काम करना बंद कर देगा और इसकी जगह कोई दूसरी चीज़ ले लेगी, जो ज़्यादा अच्छी तरह काम करेगी।

आरामदेह दायरे से सतर्क रहें

मैं पहले भी "आरामदेह दायरे" का ज़िक्र कर चुका हूँ और यह बता चुका हूँ कि लोग और संगठन अक्सर इसमें कैसे फँस जाते हैं और वही चीज़ें बार-बार करते जाते हैं, चाहे वे कारगर हों या न हों। कई बार आपकी दीर्घकालीन सफलता को सबसे बड़ा ख़तरा अल्पकालीन सफलता से होता है। किसी भी क्षेत्र में सफलता मिलने पर तत्काल घमंड और बदलने की अनिच्छा पैदा हो जाती है, जिससे आप बाज़ार की नई वास्तविकताओं पर तुरंत प्रतिक्रिया नहीं कर पाते हैं। अपने साथ ऐसा न होने दें।

प्रतिस्पर्धा के दबाव अनंत हैं

परिवर्तन को प्रेरित करने वाला तीसरा तत्व है *प्रतिस्पर्धा*, जिसमें बहुत लचीलेपन की ज़रूरत होती है। आपके प्रतिस्पर्धी - स्थानीय, राष्ट्रीय और अंतर्राष्ट्रीय - आज पहले से ज़्यादा संकल्पवान और रचनात्मक हो चुके हैं। वे लगातार आपके ग्राहकों को छीनने, आपकी सेल्स को चुराने, आपके कैशफ़्लो को कम करने और अगर संभव हो तो आपको बिज़नेस से बाहर करने के तरीक़े तलाश रहे हैं। वे आक्रामक तरीक़े से अपने प्रॉडक्ट या सेवा बेच रहे हैं और बाज़ार में आपकी स्थिति को कमज़ोर करने के लिए अपनी तरफ़ से हर तर्क और लाभ का इस्तेमाल कर रहे हैं। आपके प्रतिस्पर्धी आक्रामक रूप से नई जानकारी और प्रौद्योगिकी का इस्तेमाल कर रहे हैं, ताकि वे आपको पुराना साबित कर सकें और प्रतिस्पर्धी लाभ हासिल कर सकें।

आज ग्राहकों या ख़रीदारों से ज़्यादा कंपनियाँ, प्रॉडक्ट्स, सेवाएँ और सेल्सपीपुल हो गए हैं। प्रतिस्पर्धा दिनोंदिन ज़्यादा मुश्किल और गहरी होती जा रही है। अगर

आप इस बाज़ार में बचे रहना और समृद्ध होना चाहते हैं, तो आपको ज़्यादा एकाग्र और संकल्पवान बनना होगा। सबसे बढ़कर, आपको लचीला बनाना होगा।

हर चीज़ को नियमित रूप से शून्य-आधारित करें

इस पुस्तक में पहले मैंने "शून्य-आधारित सोच" के महत्व पर बात की है, जिसमें आप अपने वर्तमान जीवन और गतिविधियों के हर हिस्से की जाँच करते हैं। शून्य-आधारित सोच लचीलेपन को क़ायम रखने का भी एक महत्वपूर्ण साधन है।

लगातार पूछते रहें, क्या आज मैं कोई ऐसी चीज़ कर रहा हूँ, जिसे मैं वर्तमान ज्ञान के आधार पर दोबारा शुरू नहीं करूँगा?

अपने जीवन और बिज़नेस के हर हिस्से को देखें। जहाँ भी आपको तनाव, प्रतिरोध या सफलता की कमी महसूस हो, शून्य-आधारित सोच का सवाल पूछें। और अगर कोई ऐसी चीज़ है, जिसे आप दोबारा शुरू नहीं करना चाहेंगे, तो तत्काल उसे छोड़ने की योजना बना लें और अपने संसाधनों तथा ऊर्जाओं को किसी दूसरे रास्ते पर ले जाएँ, जहाँ आपको बेहतर परिणाम मिल सकते हों।

अपने अहं को अपनी निर्णय शक्ति या सहज बुद्धि पर पर्दा न डालने दें। *कौन सही* है, इससे ज़्यादा परवाह इस बात की करें कि *क्या सही* है। आपको यह सच्चाई याद रखनी चाहिए कि अंततः आपके ज़्यादातर निर्णय ग़लत साबित होंगे। लचीले बने रहने के लिए तैयार रहें, ख़ास तौर पर नई जानकारी, प्रौद्योगिकी या प्रतिस्पर्धा के सामने आने पर।

तीन जादुई कथन

तीन कथन हैं, जिन्हें आप उथल-पुथल भरे समय में लचीले बने रहने के लिए बार-बार कहना सीख सकते हैं। यहाँ पर वे तीन कथन बताए जा रहे हैं :

पहला है, *"मैं ग़लत था।"* ज़्यादातर लोग बहाने बनाएँगे, धोखा देंगे और इंकार करेंगे, लेकिन यह स्वीकार नहीं करेंगे कि वे ग़लत थे। अपनी ग़लती स्वीकार न करने से स्थिति और ज़्यादा बिगड़ जाती है, क्योंकि आपके आस-पास का हर व्यक्ति पहले से ही यह जानता है कि आप ग़लत हैं। सिर्फ़ आप ही यह नहीं जानते हैं कि जिस व्यक्ति को आप धोखा देने की कोशिश कर रहे हैं, वह आप ख़ुद हैं। जब आपको अपनी ग़लती का एहसास हो, तो आप सबसे स्मार्ट चीज़ यह कर सकते हैं कि अपनी ग़लती फटाफट मान लें, समस्या को सुलझा दें और लक्ष्य या परिणाम हासिल करने की ओर आगे बढ़ जाएँ।

अनुमानतः बड़ी कंपनियों और संगठनों के प्रमुख लोगों का 80 प्रतिशत समय और ऊर्जा इस सच्चाई को ढँकने में लग जाता है कि वे ग़लत हैं। वे अपनी ग़लती मानना नहीं चाहते। किसी स्पष्ट ग़लती को मानने से इंकार करने की वजह से कई कंपनियाँ बर्बाद हो जाती हैं।

स्वीकार करें कि आप आदर्श नहीं हैं

लचीले बने रहने के लिए आपको दूसरा कथन यह सीखना चाहिए, "मैंने ग़लती की।" बड़ी हैरानी की बात है कि बहुत सारा समय, ऊर्जा और पैसा सिर्फ़ इसलिए बर्बाद हो जाता है, क्योंकि कुछ लोगों के अहम् इतने ज़्यादा बड़े होते हैं कि वे यह स्वीकार ही नहीं करते कि उनसे ग़लती हुई है, हालाँकि यह उनके आस-पास के हर व्यक्ति को साफ़ नज़र आता है।

जब आप कह देते हैं, "मैं ग़लत था" या "मैंने ग़लती की," तो मुद्‌दा काफ़ी हद तक ख़त्म हो जाता है। इसके बाद हर व्यक्ति समस्या सुलझाने या लक्ष्य हासिल करने की ओर जा सकता है। लेकिन जब तक इंसान यह स्वीकार करने का अनिच्छुक रहता है कि वह ग़लत दिशा में जा रहा है, तब तक हर चीज़ ठहर जाती है।

हमने राष्ट्रीय राजनीति में यह बार-बार देखा है, जहाँ किसी एक व्यक्ति द्वारा अपनी ग़लती या बड़ी भूल न मानने के कारण हर शामिल व्यक्ति, और अक्सर पूरे देश, के समय और ऊर्जा की ज़बर्दस्त बर्बादी हुई।

नई जानकारी से तत्काल अनुकूलन करें

आपको जो तीसरा कथन तत्काल और सहजता से कहना सीखना चाहिए, वह है, "मैंने अपना इरादा बदल लिया है।" मान लीजिए, आपने पहले उपलब्ध जानकारी के आधार पर कोई निर्णय लिया था। अब अगर आपको नई जानकारी मिलती है, जो पुरानी जानकारी के विरोध में होती है, तो आपको स्पष्टता से स्वीकार करना चाहिए कि आपने अपना इरादा बदल लिया है।

ग़लत होना, ग़लती करना या अपना इरादा बदलना कोई कमज़ोरी या चारित्रिक दोष नहीं है। दरअसल ज्ञान, प्रौद्योगिकी और प्रतिस्पर्धा के क्षेत्रों में तीव्र परिवर्तन के दौर में यह साहस, चरित्र और लचीलेपन की निशानी है कि आप जल्दी से "अपना नुक़सान कम करने" के इच्छुक रहें और हर काम में "वास्तविकता सिद्धांत" का अभ्यास करें।

दुनिया जैसी है, उसके साथ उसी तरह निबटने के इच्छुक रहें। इसे उस रूप में न देखें, जैसी आप कामना करते हैं या जैसी यह अतीत में थी। सच्चाई का

सामना करें, चाहे वह कैसी भी हो। ख़ुद के और अपने आस-पास के हर व्यक्ति के प्रति ईमानदार रहें।

नई वास्तविकताओं के प्रति खुले रहें

नई जानकारी, प्रौद्योगिकी या प्रतिस्पर्धा की रोशनी में अपने लक्ष्यों और उद्‌देश्यों का दोबारा मूल्यांकन करने के प्रति हमेशा खुले रहें। आप आज जो जानते हैं, उसके आधार पर क्या यह काम करने की सर्वश्रेष्ठ दिशा है? अगर नहीं है, तो आपको कौन सी चीज़ करनी चाहिए? आप और क्या कर सकते हैं?

अगर यह कोई लक्ष्य है और उस लक्ष्य को बनाते समय मौजूद परिस्थितियाँ नाटकीय रूप से बदल गई हैं, तो यह सुनिश्चित करें कि आप अब भी इसे इतनी बुरी तरह चाहते हों कि इसके लिए संघर्ष और त्याग करें। इसे छोड़ने और नया लक्ष्य तय करने के इच्छुक रहें, अगर आपने अपना इरादा बदल लिया है या अगर वह लक्ष्य अब आपके लिए उतना महत्वपूर्ण नहीं है, जितना पहले कभी था।

तीव्र परिवर्तन के दौर में परिवर्तन जब भी हो, तो उसे पहचानने और अपनाने में सबसे आगे रहने का संकल्प करें। इसकी अपेक्षा करें, जैसे यह घटनाओं की स्वाभाविक और नैसर्गिक दिशा का हिस्सा हो। जब घटनाएँ आपके सोचे या चाहे अनुसार न हों, तो हैरान-परेशान होने से इंकार कर दें।

अपने संबंधों में लचीले बनें

ख़ास तौर पर अपने जीवन के महत्वपूर्ण लोगों - परिवार के सदस्यों, दोस्तों, सहकर्मियों और ग्राहकों - के साथ लचीले रहें। भिन्न दृष्टिकोणों और भिन्न विचारों के प्रति खुले रहें। यह स्वीकार करने के लगातार इच्छुक रहें कि आप ग़लत हो सकते हैं, क्योंकि आप अक्सर ग़लत होते हैं।

सर्वश्रेष्ठ लीडर्स का एक गुण यह होता है कि वे अच्छे *श्रोता* होते हैं। वे बहुत से सवाल पूछते हैं और अपना इरादा तय करने या अंतिम निष्कर्ष पर पहुँचने से पहले ज़्यादा से ज़्यादा सारी जानकारी हासिल कर लेते हैं। जब वे कोई ग़लती कर देते हैं, तो वे असफलता को स्वीकार करते हैं और जल्दी से अपना नुक़सान कम कर लेते हैं, ताकि वे ज़्यादा बड़ी और बेहतर चीज़ों की ओर जा सकें।

प्रारंभिकता का सिद्धांत

लचीलेपन का एक और पहलू है, जिसे आपको अपने बाक़ी जीवन और कैरियर में

दिमाग़ में रखना चाहिए। वैज्ञानिक और दार्शनिक बकमिंस्टर फ़ुलर ने इसे "प्रारंभिकता का सिद्धांत" (theory of precession) नाम दिया है। ये शब्द किसी सामान्य डिक्शनरी या एनसाइक्लोपीडिया में नहीं मिलते। बैब्सन कॉलेज के डॉ. रॉबर्ट रॉनस्टैड ने इस अवधारणा को "गलियारा सिद्धांत" (corridor principle) कहा है। नेपोलियन हिल ने अमेरिका के सबसे सफल व्यक्तियों द्वारा इसकी खोज का ज़िक्र करते हुए कहा है कि "हर विपत्ति या बाधा के भीतर उसके समान या उससे बड़े अवसर या लाभ के बीज छिपे होते हैं।"

इस सिद्धांत का मतलब यह है कि जब आप अपने लिए कोई नया लक्ष्य तय करते हैं, तो आपके दिमाग़ में एक सामान्य विचार होगा कि आपको कौन से क़दम उठाने चाहिए और किस दिशा में जाना चाहिए। लेकिन लगभग अनिवार्य रूप से राह में आपके सामने अनपेक्षित अवरोध आएँगे, जिससे आपके लिए उस दिशा में आगे बढ़ना असंभव हो जाएगा। बहरहाल, जैसे ही आपके सामने दीवार आती है, किसी चमत्कार से सफलता के गलियारे में अवसर का दूसरा द्वार खुल जाएगा।

चूँकि आप लचीले हैं, इसलिए आप नए अवसर का लाभ जल्दी उठा लेंगे और उस दिशा में बढ़ने लगेंगे, उस नए प्रॉडक्ट या सेवा को विकसित कर लेंगे, उस नए बाज़ार या ग्राहक समूह में बेचने लगेंगे। लेकिन जब आप इस नए गलियारे में आगे बढ़ते हैं, तो आपके सामने एक और नई बाधा या अवरोध आ जाएगा, जो एक बार फिर आपकी प्रगति को रोक सकता है। बहरहाल, जैसे ही आपके सामने यह नई दीवार या बाधा आती है, आपके लिए एक और नया अवसर खुल जाएगा और आपको अपने लक्ष्य की ओर जाने वाले एक नए गलियारे में ले जाएगा।

यह कई बार हो सकता है और कई बार आपकी शुरुआत ग़लत हो सकती है। लगभग हर मामले में आपको किसी ऐसे क्षेत्र में सबसे बड़ी सफलता मिलेगी, जिसकी आपने शुरुआत में योजना भी नहीं बनाई थी। कुंजी है लचीले बने रहना।

स्पष्ट भी रहें और लचीले भी

यहाँ लचीलेपन का सबसे महत्वपूर्ण नियम बताया जा रहा है : **"अपने लक्ष्य को लेकर स्पष्ट रहें, लेकिन उसे हासिल करने की प्रक्रिया को लेकर लचीले बनें।"**

हमेशा अपने अतिचेतन मन के प्रभाव के प्रति खुले रहें। सौभाग्यशाली खोजों और समकालिक घटनाओं की संभावना के प्रति संवेदनशील बनें। दूसरे लोगों के विचारों, प्रेरणाओं और ज्ञान के प्रति खुले रहें। मैथ्यू 18:13 में ईसा मसीह कहते हैं, "अगर तुम स्वर्ग के साम्राज्य में दाख़िल होना चाहते हो, तो तुम्हें किसी छोटे बच्चे जैसा बनना चाहिए।"

इन शब्दों की एक व्याख्या यह है कि आपको खुले मस्तिष्क वाला, लचीला, शांत, आत्मविश्वासी और जिज्ञासु बनना होगा, तभी आप नए अवसरों और संभावनाओं को पहचान पाएँगे, जब वे आपके लक्ष्य की ओर आपकी यात्रा में आपके आस-पास प्रकट होगें।

लचीले और खुले रहने का संकल्प करें, चाहे परिस्थितियाँ कैसी भी हों। याद रखें, किसी काम को करने या किसी लक्ष्य को हासिल करने का लगभग हमेशा कोई न कोई बेहतर तरीक़ा होता है। आपका लक्ष्य इस बारे में चौकस और जागरूक रहना है कि वह तरीक़ा कौन सा हो सकता है। उसे खोज लें और फिर जितनी जल्दी हो सके, उस नई दिशा में क़दम उठा लें। इससे आप हमेशा अपने लक्ष्य तक पहुँच जाएँगे - कई बार तो बहुत ही अप्रत्याशित और आश्चर्यजनक तरीक़ों से।

☆ हर समय लचीले रहें

1. नियमित रूप से ख़ुद से यह सवाल पूछते रहें, मैं अपने जीवन के साथ सचमुच, सचमुच क्या करना चाहता हूँ ? इसके बाद यह सुनिश्चित करें कि आपके वर्तमान लक्ष्य और काम आपके जवाब के अनुरूप हों।
2. अपने जीवन और लक्ष्यों के बारे में पूरी तरह ईमानदार और यथार्थवादी रहें। दुनिया जैसी है, उसे उसी रूप में देखने का संकल्प करें। इसे इस तरह न देखें, जैसी आप इसे देखना चाहते हों या जैसी यह हो सकती थी। इस अभ्यास से किन परिवर्तनों का सुझाव मिलता है ?
3. जीवन के जिस भी क्षेत्र में आप तनाव या प्रतिरोध का अनुभव करते हों, वहाँ यह स्वीकार करने के इच्छुक रहें कि आप ग़लत हो सकते हैं या आपने ग़लती कर दी है। जहाँ संभव हो, आज ही अपने नुक़सान को कम करने का संकल्प करें।
4. अगर स्थिति बदल गई है या आपको नई जानकारी मिल गई है, तो अपना इरादा बदलने के इच्छुक रहें और नए तथ्यों के आधार पर एक नया निर्णय लें। किसी ऐसी दिशा में जुटे रहने से इंकार कर दें, जिसमें आज ज़्यादा समझदारी नज़र न आती हो।

अपने सामने आने वाली हर समस्या या बाधा में झाँककर देखें और उसमें शामिल मूल्यवान सबक़ या लाभ को खोजें। क्या आपको नई जानकारी या अनुभव के आधार पर अपनी प्रगति या कर्म की दिशा बदलनी चाहिए ? अगर ऐसा है, तो इसे इसी समय कर दें।

19

अपनी जन्मजात रचनात्मकता का ताला खोलें

आपके दिमाग़ में जो भी विचार, जो भी तथ्य आता है, उससे लाभ लेने का संकल्प करें। उससे अपने लिए काम करवाएँ और उसका फ़ायदा उठाएँ। चीज़ों को उस रूप में न सोचें, जैसी वे हैं, बल्कि उस रूप में सोचें जैसी वे हो सकती हैं। सिर्फ़ सपने न देखें, बल्कि सृजन भी करें!

- रॉबर्ट कॉलियर

टोनी बुज़ान मस्तिष्क विशेषज्ञ हैं। वे मेन्सा के भूतपूर्व प्रेसिडेंट हैं। मेन्सा संगठन सिर्फ़ उन्हीं लोगों के लिए खुला है, जो औसत आईक्यू टेस्ट्स में शीर्षस्थ 2 प्रतिशत स्कोर करते हैं। उन्होंने रचनात्मकता, सीखने और बुद्धि पर कई पुस्तकें लिखी हैं। उनके और इस क्षेत्र के कई अन्य विशेषज्ञों के अनुसार आम आदमी की अधिकांश मानसिक संभावना का दोहन नहीं हो पाता है, जो लगभग असीमित होती है।

आपके नियोकॉर्टेक्स यानी आपके सोचने वाले मस्तिष्क में लगभग सौ बिलियन कोशिकाएँ या न्यूरॉन्स होते हैं। इनमें से हर कोशिका किसी सेही की तरह थिरकती है, जिसके बीस हज़ार गैंगलिया या फ़ाइबर्स इसे अन्य मस्तिष्क कोशिकाओं से जोड़ते हैं। ये कोशिकाएँ भी आपस में दूसरी हज़ारों-लाखों कोशिकाओं से जुड़ी होती हैं। इस तरह एक इलेक्ट्रिक ग्रिड जैसी संरचना बन जाती है, जो किसी बड़े शहर को रोशन करती है और बिजली देती है। हर कोशिका और हर जोड़ में मानसिक ऊर्जा या जानकारी होती है, जो हर अन्य कोशिका के लिए उपलब्ध होती है। इसका मतलब है कि आपके मस्तिष्क की जटिलता आपके विश्वास या कल्पना से परे है।

टॉनी बुज़ान और अन्य मस्तिष्क विशेषज्ञों के अनुसार आपके मस्तिष्क के कनेक्शन्स के तालमेलों और परिवर्तनों की संख्या ज्ञात ब्रह्मांड में मौजूद अणुओं

की संख्या से भी ज़्यादा है। इसकी संख्या का अंदाज़ा लगाने के लिए आपको 1 का अंक लिखने के बाद आठ पन्ने तक 0 लगाने होंगे, लाइन के बाद लाइन, पन्ने के बाद पन्ने।

वृहद रिज़र्व क्षमता

जैसा पहले ज़िक्र किया जा चुका है, आम लोग अपने पूरे जीवन और कामकाज में अपने मस्तिष्क की सिर्फ़ 1 – 2 प्रतिशत क्षमता का इस्तेमाल करते हैं। बाक़ी "रिज़र्व क्षमता" है, जिसका शायद ही कभी दोहन या उपयोग होता है। अधिकांश लोग "जब क़ब्र में जाते हैं, तो उनका संगीत भी उनके साथ ही दफ़न हो जाता है।"

आपको अपने जीवन में चमत्कारी परिणाम पाने के लिए कोई चमत्कार करने की ज़रूरत नहीं है। आपको तो बस इतना करना है कि अपने भीतर मौजूद मानसिक शक्ति का वर्तमान से थोड़ा ज़्यादा इस्तेमाल करें। आपके सोचने की क्षमता में यह छोटा सा सुधार आपके जीवन में गहरे परिवर्तन कर सकता है। इसकी बदौलत आगे आने वाले महीनों और सालों में आप इतना कुछ हासिल कर लेंगे, जिसे देखकर आप और बाक़ी लोग हैरान रह जाएँगे।

रूस के प्रोफ़ेसर सर्जेई येफ़्रामोव द्वारा कुछ साल पहले किए गए शोध के अनुसार अगर आप अपनी मौजूदा मानसिक क्षमता का सिर्फ़ 50 प्रतिशत उपयोग कर सकें, तो आप एक दर्जन यूनिवर्सिटीज़ से पीएच.डी. कर सकते हैं, आसानी से एक दर्जन भाषाएँ सीख सकते हैं और *एनसाइक्लोपीडिया ब्रिटैनिका* के पूरे बाईस वॉल्यूम कंठस्थ याद कर सकते हैं।

आपको अपनी आमदनी दोगुनी करनी है ?

अगर आप इस वक़्त अपनी सिर्फ़ 2 प्रतिशत मानसिक संभावना का इस्तेमाल कर रहे हैं और आप उसे बढ़ाकर 4 प्रतिशत कर लें, तो आप अपनी आमदनी दोगुनी कर सकते हैं, अपने पेशे में तेज़ी से तरक़्क़ी कर सकते हैं, अपने क्षेत्र में शिखर पर पहुँच सकते हैं और अपनी ज़िंदगी का कायाकल्प कर सकते हैं। अगर आप अपनी 5 प्रतिशत या 6 प्रतिशत या 7 प्रतिशत संभावना का इस्तेमाल कर सकें, तो आप ऐसे स्तर पर प्रदर्शन करने लगेंगे कि आपको और आपके आस-पास के हर व्यक्ति को हैरानी होगी। यह अनुमान लगाया गया था कि अल्बर्ट आइंस्टीन ने भी कभी अपनी शक्तियों के शिखर पर अपनी 10 – 15 प्रतिशत से ज़्यादा मानसिक क्षमता का इस्तेमाल नहीं किया, जबकि उन्हें दुनिया के महानतम प्रतिभाशाली व्यक्तियों में से एक माना जाता है।

रचनात्मकता एक नैसर्गिक योग्यता है

तीन से पाँच साल के जिन बच्चों का परीक्षण किया गया, उनमें से 95 प्रतिशत को बेहद रचनात्मक पाया गया। उन्हीं बच्चों का जब किशोरावस्था में दोबारा परीक्षण किया गया, तो सिर्फ़ 5 प्रतिशत ही बेहद रचनात्मक पाए गए। इस बीच उनके साथ क्या हुआ ? जब वे स्कूल में गए, तो उन्हें यह सिखाया गया कि अगर आप आगे बढ़ना चाहते हैं, तो आपको सबके साथ चलना होगा। उन्होंने सीखा कि टीचर को चुनौती नहीं देनी चाहिए या असामान्य विचारों का सुझाव नहीं देना चाहिए। अपने साथियों द्वारा पसंद किए जाने और स्वीकार किए जाने की कोशिश में उनकी रचनात्मकता का दम उसी तरह टूट गया, जिस तरह बिना ईंधन के आग दम तोड़ देती है।

अच्छी ख़बर यह है कि रचनात्मकता एक जन्मजात योग्यता है, जो लगभग हर व्यक्ति में प्रचुरता में होती है। यह जन्मजात है, यह आपके जेनेटिक तंत्र का हिस्सा है, यह एक ऐसी शक्ति है जो अनूठे रूप से हर इंसान में होती है। हर व्यक्ति रचनात्मक है। पूरी 95 प्रतिशत जनसंख्या में जीनियस के स्तर पर नहीं, तो असाधारण स्तर पर काम करने की योग्यता है, बशर्ते स्थितियाँ और परिस्थितियाँ सही हों।

इसका उपयोग करें या इसे गँवा दें

लेकिन आपकी रचनात्मकता मांसपेशी की तरह होती है। अगर आप इसका उपयोग नहीं करते हैं, तो आप इसे गँवा देते हैं। मांसपेशी की तरह ही अगर आप अपनी रचनात्मकता का उपयोग नहीं करते हैं और इसका नियमित व्यायाम नहीं करते हैं, तो यह कमज़ोर और अप्रभावी हो जाती है। विचार पैदा करने की आपकी योग्यता का लगातार उपयोग होना चाहिए, तभी आप इसे बेहतरीन स्थिति में रख पाएँगे।

सौभाग्य से, आप किसी भी समय अपनी रचनात्मकता का दोहन करना शुरू कर सकते हैं और इसे ज़्यादा ऊँचे स्तर पर ले जा सकते हैं। आप दरअसल अपने मस्तिष्क में ज़्यादा न्यूरॉन्स और डेन्ड्राइट्स को सक्रिय कर सकते हैं तथा ज़्यादा आपसी कनेक्शन्स बना सकते हैं। जब भी आप अपनी मौजूदा मानसिक शक्ति का ज़्यादा उपयोग करते हैं, तो हर बार आप बेहतर ढंग से और ज़्यादा स्पष्टता से सोचने में समर्थ बनते हैं।

विचार दौलत के नए स्रोत हैं

आज हम सूचना युग में रह रहे हैं। विचार आपके बाक़ी जीवन में नई दौलत के प्रमुख स्रोत होंगे। विचारों में हर समस्या को सुलझाने की कुंजी होती है। वे किसी

भी लक्ष्य को हासिल करने के सबसे महत्वपूर्ण साधन होते हैं। और चूँकि नए विचार पैदा करने की आपकी योग्यता लगभग असीमित है, इसीलिए अपने तय लक्ष्य हासिल करने की आपकी योग्यता भी असीमित है।

सारी दौलत मूल्य बढ़ाने से आती है - किसी दूसरे से ज़्यादा, बेहतर, सस्ता, ज़्यादा तेज़ और ज़्यादा आसानी से काम करने से। दौलतमंद बनने के लिए मूल्य बढ़ाने का एक अच्छा विचार ही काफ़ी होता है।

जब आपके पास स्पष्ट लक्ष्य - लिखित, मानसिक तस्वीर वाले और भावनाम- होते हैं, तो आप अपने चेतन, अवचेतन और अतिचेतन मस्तिष्कों को प्रेरित कर देते हैं, ताकि वे आपका मनचाहा लक्ष्य हासिल करने के लिए विचारों का सतत प्रवाह पैदा करें।

हर समस्या को सुलझाएँ

ऐसी कोई समस्या नहीं है, जिसे आप सुलझा न सकें। ऐसी कोई बाधा नहीं है, जिसे आप पार न कर सकें। ऐसा कोई लक्ष्य नहीं है, जिसे आप हासिल न कर सकें। इसके लिए तो बस आपको अपने रचनात्मक मस्तिष्क का दोहन करना है, जैसा कि यह आज है। आपमें इस समय इतनी ज़्यादा बुद्धि और मानसिक क्षमता है कि अगर आप सौ साल भी जिएँ, तब भी इसका पूरा उपयोग नहीं कर सकते। लेकिन यदि आपने अब तक अपनी सारी मानसिक शक्तियों का दोहन नहीं किया है, तो इसका यह मतलब नहीं है कि आप आज ही से इनका प्रयोग शुरू नहीं कर सकते।

कई मामलों में शारीरिक फ़िटनेस और मानसिक फ़िटनेस एक जैसी होती हैं। अगर आप शारीरिक दृष्टि से फ़िट बनना चाहते हैं, तो आपको वर्क आउट और शारीरिक व्यायाम करना होगा। अगर आप अपनी शारीरिक मांसपेशियाँ बनाना चाहते हैं, तो आपको "वज़न उठाना" होगा और डम्बबेल्स या बारबेल्स उठाकर कसरत करनी होगी और अपनी मांसपेशियों में नया ख़ून पहुँचाना होगा। आप अपनी मांसपेशियों पर जितना ज़्यादा दबाव डालेंगे वे समय के साथ उतनी ही ज़्यादा मज़बूत बनेंगी।

आपका मस्तिष्क भी इसी तरह है। मानसिक मांसपेशियाँ बनाने के लिए आपको *"मानसिक वज़न उठाना"* होगा। आपको अपने दिमाग़ पर ज़्यादा दबाव और तनाव डालना होगा, अपनी सारी मानसिक ऊर्जा को विचार तथा समाधान पैदा करने पर केंद्रित करना होगा, ताकि यह आपके लक्ष्य की राह में आने वाली सभी समस्याओं को सुलझा सके।

नियमित रूप से विचारमंथन करें

बुद्धि को बेहतर बनाने और रचनात्मकता को बढ़ाने की सबसे शक्तिशाली तकनीक वह है, जिसे मैं "विचारमंथन" कहता हूँ। इसके काम करने का तरीक़ा सरल है। परिणाम आश्चर्यजनक भी होते हैं और जीवन बदलने वाले भी।

आप विचारमंथन की प्रक्रिया एक काग़ज़ से शुरू होती है। इस काग़ज के ऊपर आप अपना लक्ष्य प्रश्न के रूप में लिख लें। यह प्रश्न जितना सरल और स्पष्ट होगा, इसकी प्रतिक्रिया में पैदा होने वाले जवाबों की गुणवत्ता भी उतनी ही बेहतर होगी।

मिसाल के तौर पर, "मैं ज़्यादा पैसा कैसे कमा सकता हूँ ?" यह सवाल लिखने के बजाय आपको यह लिखना चाहिए, "मैं अगले चौबीस महीनों में अपनी आमदनी दोगुनी कैसे कर सकता हूँ ?"

इससे भी बेहतर यह होगा कि अगर आप आज 50,000 डॉलर प्रति वर्ष कमा रहे हों, तो आपका सवाल यह होना चाहिए, "मैं 31 दिसंबर (निश्चित वर्ष लिखें) तक हर साल 1,00,000 डॉलर कैसे कमा सकता हूँ ?"

आपका हर जवाब "तीन पी वाले फ़ॉर्मूले" का प्रयोग करके लिखा जाना चाहिए। यह व्यक्तिगत, सकारात्मक और वर्तमान काल में होना चाहिए। दूसरे शब्दों में, आपके जवाब संकल्पों या चेतन मन द्वारा अवचेतन मन को दिए गए निर्देशों के अनुरूप लिखे जाने चाहिए। अक्सर, आप इस काग़ज़ पर जवाब लिखेंगे और उन्हें तत्काल भूल जाएँगे। लेकिन कुछ समय बाद अतिचेतन मन की कार्यविधि के फलस्वरूप आप अपने जीवन में ऐसे अवसर को आकर्षित करेंगे, जिससे आपका कोई जवाब सक्रिय होकर काम करने लगेगा।

इस विधि में माहिर बनना

जब आप काग़ज के ऊपर अपना सवाल लिख लें, तो फिर उस सवाल के कम से कम बीस जवाब देने के लिए ख़ुद को अनुशासित करें। आप बीस से ज़्यादा जवाब लिख सकते हैं, लेकिन कम से कम बीस जवाब देना अनिवार्य है।

पहले तीन से पाँच जवाब आसान होंगे। आप फटाफट इस तरह के जवाब सोच लेंगे, जैसे "ज़्यादा मेहनत करो," "जल्दी शुरू करो और देर तक काम करो," "ज़्यादा मूल्य वाले काम करो।"

आपके अगले पाँच जवाब थोड़े ज़्यादा मुश्किल होंगे। सवाल का जवाब देने के लिए आपको कम स्पष्ट लेकिन ज़्यादा रचनात्मक तरीक़े खोजने के लिए मेहनत से सोचना होगा और ज़्यादा गहराई तक जाना होगा।

आपके आख़िरी दस जवाब सबसे मुश्किल होंगे। कई लोगों को यह इतना मुश्किल लगता है कि उनके दिमाग़ ख़ाली हो जाते हैं। उनकी आँखें सूनी हो जाती हैं। उनके दिमाग़ में ख़ून का प्रवाह तेज़ होने के कारण उनका सिर चकराने लगता है, जो "मानसिक वज़न उठाने" की इस प्रक्रिया के कारण होता है।

बहरहाल, चाहे इसमें कितना भी समय लगे, ख़ास तौर पर इस अभ्यास की शुरुआत में, आपको ख़ुद को अनुशासित करना होगा, ताकि आप तब तक लिखते रहें, जब तक कि आपके पास कम से कम बीस जवाब न हो जाएँ। कई बार तो आपका बीसवाँ जवाब ही वह क्रांतिकारी जवाब होगा, जो आपके हज़ारों डॉलर बचा लेगा और सैकड़ों घंटों की कड़ी मेहनत भी। अक्सर आपका आख़िरी जवाब ही वह प्रेरित विचार होता है, जो आपकी ज़िंदगी और कैरियर को बदल देता है।

एक काम चुन लें

जब आपके पास कम से कम बीस जवाब हो जाएँ, तो अपनी सूची को दोबारा देखें और जवाबों की समीक्षा करें। फिर कम से कम एक काम चुन लें, जिसे आप अपने लक्ष्य की ओर ज़्यादा तेज़ी से बढ़ने या समस्या सुलझाने के लिए तत्काल कर सकते हैं।

आप इस प्रक्रिया के प्रभाव को कई गुना बढ़ा सकते हैं, अगर आप बीस जवाबों की सूची से सबसे अच्छा जवाब चुनकर उसे एक नए काग़ज़ पर सवाल के रूप में लिख लें। फिर देखें कि क्या आप इस सवाल के भी बीस जवाब दे सकते हैं। यह संयुक्त अभ्यास आपको मानसिक रूप से चपल बना देगा, जैसे न्यूट्रल कार के एक्सीलरेटर पर पैर रखना। आपका मस्तिष्क मानसिक ऊर्जा से चमकने और नाचने लगेगा तथा क्रिसमस ट्री की चमकती रोशनियों की तरह विचारों से दमक उठेगा।

मिसाल के तौर पर, आपका पहला सवाल यह हो सकता है, "मैं अगले चौबीस महीनों में 1,00,000 डॉलर तक अपनी आमदनी दोगुनी कैसे कर सकता हूँ?" आपका एक जवाब हो सकता है, "मैं हर दिन दो घंटे ज़्यादा काम करता हूँ।"

आप इस जवाब को एक नए काग़ज़ पर सवाल के रूप में लिख सकते हैं, "मैं हर दिन दो घंटे का अतिरिक्त उत्पादक समय पाने के लिए क्या कर सकता हूँ?" फिर आप बीस अलग-अलग चीज़ें लिखना शुरू कर दें, जिनसे आप हर दिन दो अतिरिक्त घंटे के उत्पादक काम के लिए समय निकाल सकते हैं।

आप चाहे जो जवाब चुनें, उसके हिसाब से तत्काल कर्म में जुट जाएँ। कोई चीज़ करें। कुछ भी करें। आप इस अभ्यास पर जितनी तेज़ी से काम करते हैं, दिन भर आपके विचारों का प्रवाह उतना ही ज़्यादा और निरंतर होगा। अगर आप इन विचारों को पैदा कर लेते हैं, लेकिन उनके अनुरूप काम नहीं करते, तो रचनात्मक प्रवाह धीमा पड़ जाएगा और थम जाएगा।

हर लक्ष्य पर विचारमंथन का प्रयोग करें

इस अभ्यास को करने का सबसे अच्छा समय सुबह का है - अपनी स्पाइरल नोटबुक में अपने लक्ष्य को दोबारा लिखने के ठीक बाद। हर सुबह आप एक लक्ष्य को एक सवाल के रूप में लिख सकते हैं और फिर उस सवाल के बीस जवाब खोज सकते हैं। आप तत्काल अपने किसी एक जवाब पर काम में और अमल करने में जुट सकते हैं।

अगर लक्ष्य पर्याप्त बड़ा और महत्वपूर्ण है, तो आप उसी लक्ष्य पर यह अभ्यास बार-बार भी कर सकते हैं। यह चिंता न करें कि आप वही जवाब बार-बार लिख रहे हैं। आप इसका जितना ज़्यादा अभ्यास करते हैं, इस बात की उतनी ही ज़्यादा संभावना है कि आप बिलकुल अप्रत्याशित क्रांतिकारी विचारों को प्रेरित कर देंगे। प्रेरणा की कौंध आने में कई दिनों या हफ़्तों की मेहनत भी लग सकती है। धैर्यवान और संकल्पवान रहें। यह ज़रूर आएगी।

विचार उत्पत्ति की संगृहीत शक्ति

कल्पना करें कि आप हफ़्ते में पाँच दिन हर सुबह यह अभ्यास करते हैं। अपने दिमाग़ को रिलैक्स करने के लिए आप वीकएंड में नागा कर सकते हैं। अगर आप यह अभ्यास हर सप्ताह पाँच दिन करते हैं, तो आप हर सप्ताह सौ विचार पैदा कर लेंगे। अगर आप यह अभ्यास हर साल पचास सप्ताह भी करते हैं, तो अगले बारह महीने में आप पाँच हज़ार विचार पैदा कर लेंगे। और आपको अपनी छुट्टियों के दौरान इस बारे में सोचने की ज़रूरत भी नहीं होती है!

अगर आप हर दिन एक नए विचार को लागू करते हैं, जो आपको अपने लक्ष्यों की ओर ज़्यादा तेज़ी से आगे बढ़ाएगा, तो हर सप्ताह पाँच विचार हो जाते हैं और हर साल 250 विचार। इसका मतलब है कि आप अपने जीवन में हर साल 250 नए विचारों पर अमल करते हैं।

अब यहाँ पर एक सवाल है : क्या आपको लगता है कि इस अभ्यास को नियमित रूप से करने का आपके जीवन और भविष्य पर कोई असर पड़ेगा? ऐसे संसार में, जहाँ ज़्यादातर लोगों के पास साल भर में बहुत कम विचार होते हैं, क्या इस अभ्यास से आप अपने क्षेत्र में ज़्यादा बेहतर स्थिति में होंगे? क्या आपको लगता है कि अगर आप हर दिन यह काम करते हैं, तो आप जल्द ही किसी भी चीज़ में दौलतमंद और सफल हो सकते हैं? मुझे तो लगता है कि जवाब स्पष्ट है।

एक अच्छे विचार से आपकी बरसों की कड़ी मेहनत या हज़ारों डॉलर बच सकते हैं। बहुत से अच्छे विचारों का संग्रह आपको बिना असफलता के अमीर, ख़ुश और सफल बना देगा।

समाधान पर ध्यान केंद्रित करें

जैसा कि पहले कहा गया है, सफल लोग प्रबलता से *समाधान* केंद्रित होते हैं। सच्चाई यह है कि जीवन समस्याओं और मुश्किलों का अंतहीन सिलसिला है। समस्याओं की इस नदी में यदा-कदा के संकटों से सिर्फ़ व्यवधान पड़ता है, जो तुलनात्मक रूप से समस्याओं को छोटा बना देते हैं।

दरअसल अगर आप व्यस्त जीवन जी रहे हैं, तो आप शायद हर दो-तीन महीने में किसी न किसी तरह के संकट का अनुभव कर रहे होंगे। आपके जीवन में व्यावसायिक संकट होंगे, पारिवारिक संकट होंगे, वित्तीय संकट होंगे, स्वास्थ्य संबंधी संकट होंगे और कई अन्य संकट भी होंगे। समस्याएँ और संकट कभी नहीं रुकते। वे समुद्री की लहरों की तरह लगातार आते रहते हैं। आप जिस एकमात्र पहलू को नियंत्रित कर सकते हैं, वह है इन समस्याओं और संकटों पर अपनी प्रतिक्रिया। और यही आपकी सफलता की कुंजी है।

सफल लोग समस्याओं पर असरदार प्रतिक्रिया करते हैं। असफल लोग ऐसा नहीं करते। सफल लोग गहरी साँस लेते हैं, रिलैक्स होते हैं और स्पष्टता से सोचते हैं। वे हर स्थिति में अच्छाई की तलाश करते हैं। वे मूल्यवान सबक़ की तलाश करते हैं। सबसे बढ़कर वे संभावित समाधान पर ध्यान केंद्रित करते हैं, बजाय इसके कि क्या हुआ था और इसके लिए कौन दोषी है।

हर समस्या से प्रभावी ढंग से निबटें

जिस तरह गणित की समस्याओं को सुलझाने की एक प्रक्रिया होती है, उसी तरह बिज़नेस और जीवन की समस्याओं को सुलझाने की भी एक प्रक्रिया होती है। इसे सीखकर आप अपने कैरियर में इसका उपयोग कर सकते हैं। इसके लिए ज़रूरत इस बात की होती है कि आप समस्या सुलझाने के काम को योजनाबद्ध और व्यवस्थित अंदाज़ में करें।

- ***पहला क़दम : समस्या को स्पष्ट रूप से परिभाषित कर लें।***

सही तरीक़े से परिभाषित समस्या आधी सुलझ जाती है। यह बेहद आश्चर्यजनक है कि समस्या को ठीक से स्पष्ट किए बिना ही लोग समाधान की तलाश में कितना ज़्यादा समय बर्बाद करते हैं!

- ***दूसरा क़दम : पूछें, इस समस्या के सभी संभावित कारण क्या हैं?***

समस्या के स्पष्ट और अस्पष्ट दोनों तरह के कारणों की तलाश करें। यह कैसे शुरू हुई ? इसकी जड़ें कहाँ हैं ? यह कैसे पैदा हुई ? वह कौन सा महत्वपूर्ण तत्व है, जिसके बदलने से समस्या पैदा हुई ? किन मान्यताओं के कारण समस्या

पैदा हुई ? जिस तरह कोई डॉक्टर किसी बीमार रोगी की गहरी जाँच करता है, उसी तरह आपको भी किसी समस्या को सुलझाने की कोशिश करने से पहले समस्या की पूरी तहक़ीक़ात करनी चाहिए।

- ***तीसरा क़दम : पूछें, सभी संभावित समाधान क्या हैं?***

आम लोगों की स्वाभाविक प्रवृत्ति से बचें, जो समस्या की परिभाषा से सीधे समाधान पर कूद पड़ते हैं। हमेशा पूछें, "दूसरा समाधान क्या है ?"

कई बार सबसे अच्छा समाधान कुछ न करना होता है। कई बार सबसे अच्छा समाधान ज़्यादा जानकारी इकट्ठी करना होता है। कई बार सबसे अच्छा समाधान यह एहसास करना होता है कि यह आपकी समस्या नहीं है और फिर इसे किसी दूसरे की ओर बढ़ा देना होता है, जिसकी यह ज़िम्मेदारी है।

- ***चौथा क़दम : पूछें, इस समाधान से क्या हासिल होना चाहिए?***

जब आप कई संभावित समाधान खोज लें, तो आपको उनकी जाँच करनी होगी। कोई समाधान कितना प्रभावी या आकर्षक है, इसका मूल्यांकन कैसे करें ? इसका एकमात्र तरीक़ा पहले से यह तय करना है कि आप उस समाधान से क्या हासिल करवाना चाहते हैं।

आपने यह कथन सुना होगा कि "ऑपरेशन सफल रहा, लेकिन मरीज़ मर गया।" यह बहुत आम है कि हम समाधान खोज लेते हैं और उस पर अमल करने लगते हैं, लेकिन समस्या न सिर्फ़ अनसुलझी रह जाती है, बल्कि हमारे क़दम उठाने के बाद स्थिति और बिगड़ जाती है।

यह सुनिश्चित करें कि आपका चुना हुआ समाधान आपके मनचाहे उद्देश्य को हासिल कर ले, जो आपके दिमाग़ में समस्या सुलझाने का अभ्यास के समय आया था।

- ***पाँचवाँ क़दम : समाधान लागू करने की निश्चित ज़िम्मेदारी या तो खुद लें या किसी दूसरे को सौंपें।***

जब आप आदर्श समाधान चुन लें, तो उस पर अमल के लिए एक डेडलाइन तय कर दें। समय का एक पैमाना बना दें, जब तक आप यह तय कर सकें कि समाधान सफल है या नहीं।

समस्या को सुलझाने वाली जो बातचीत किसी विशिष्ट समाधान तक नहीं ले जाती है, जिसमें व्यक्तिगत ज़िम्मेदारी और डेडलाइन्स तय नहीं की जाती है, वह ख़ुद एक समस्या है, जो बार-बार आएगी और अनसुलझी रह जाएगी।

किसी समस्या से निबटने के इस सुनियोजित तरीक़े का तब तक अभ्यास करें,

जब तक कि आपको इसकी आदत न पड़ जाए। आप यह देखकर हैरान रह जाएँगे कि इस विधि का प्रयोग करके आप कितने ज़्यादा प्रभावी बन जाते हैं और इससे आपके परिणाम कितने बेहतर बन जाते हैं।

विजय और सफलता की कुंजी

इतिहास के युद्धों और युद्धकला के अध्ययन में मुझे हमेशा ऐसी स्थितियों ने मंत्रमुग्ध किया है, जहाँ छोटी सेना ने बड़ी सेना को हराया है। हर मामले में मैंने पाया है कि संख्या की दृष्टि से छोटी सेना आक्रमण और अमल की योजना में अधिक संख्या वाली सेना की तुलना में ज़्यादा व्यवस्थित, सुनियोजित और सटीक थी।

इसी तरह अगर आम आदमी के पास समस्या सुलझाने का सही सिस्टम या नुस्ख़ा हो, तो वह ज़्यादा बुद्धिमान या उच्च्व-शिक्षित ऐसे लोगों से आगे निकल सकता है, जो बिना किसी विधि या योजना के अपनी समस्याएँ सुलझाने की कोशिश करते हैं।

विचारमंथन और सुनियोजित नीति – ये दो विधियाँ आपको जीवन की अपरिहार्य समस्याओं और मुश्किलों पर विजय पाने में ज़बर्दस्त लाभ पहुँचाती हैं।

इसे लिख लें

हमेशा काग़ज़ पर सोचें। चीज़ों को लिख लें। जब आप लिखते हैं, तो मस्तिष्क और हाथ के बीच कुछ होता है। आपको शामिल मुद्दों के बारे में स्पष्टता और समझ का ज़्यादा एहसास होता है। आप बेहतर सोचते हैं। आपकी अनुभूति पहले से ज़्यादा पैनी हो जाती है। जब आप किसी चीज़ के बारे में सोचते हैं, तो निर्णय लेने से पहले हर चीज़ को लिखने से आप दरअसल ज़्यादा स्मार्ट और रचनात्मक बन जाते हैं।

शतरंज की आगे की चालें सोचें

आप एक बहुत ही सशक्त रचनात्मक सोच का अभ्यास कर सकते हैं, जिसे "परिस्थिति नियोजन" कहा जाता है। परिस्थिति नियोजन करते समय आप जीवन के खेल में कई क़दम आगे तक सोचते हैं और कल्पना करते हैं कि भविष्य में क्या हो सकता है।

हालाँकि भविष्य काफ़ी हद तक अनजाना और अनिश्चित होता है, लेकिन आज की निश्चित प्रवृत्तियाँ भविष्य में भी जारी रहेंगी। अगर व्यवधान न डाला जाए, तो आपके आस-पास हो रही कुछ घटनाएँ इन प्रवृत्तियों को प्रभावित करेंगी। वैसे अप्रत्याशित घटनाएँ भी हो सकती हैं, जिनकी वजह से आपको अपनी योजनाएँ बदलने की ज़रूरत होगी।

दो सवालों का जवाब दें

परिस्थिति नियोजन में आप ख़ुद से दो सवाल पूछते हैं। पहला, आगे के महीनों या सालों में वे तीन सबसे बुरी चीज़ें कौन सी हैं, जिनका मेरे बिज़नेस या व्यक्तिगत जीवन पर नकारात्मक असर हो सकता है?

उन्हें लिख लें। पूरी निर्ममता से ईमानदार रहें। सर्वश्रेष्ठ की इच्छा या आशा न करें। मिसाल के तौर पर, कल्पना करें कि आपके सबसे अच्छे ग्राहक का बिज़नेस बर्बाद हो जाएगा या वह आपसे ख़रीदे गए प्रॉडक्ट्स या सेवाओं के लिए भुगतान करने में असमर्थ हो जाएगा। तब आप क्या करेंगे? आपकी प्रतिक्रिया क्या होगी? आप इस बुरी आशंका से अपनी रक्षा करने के लिए क्या क़दम उठा सकते हैं?

इसके बाद ख़ुद से पूछें, वे तीन सबसे अच्छी चीज़ें कौन सी हैं, जो आने वाले महीनों और वर्षों में हो सकती हैं?

इन दोनों सवालों के जवाब मिलने पर आप किसी भी घटना के लिए ख़ुद को तैयार करने हेतु विचारमंथन कर सकते हैं। अगर किसी विपत्ति की आशंका है, तो ख़ुद से पूछें, हम इस विपत्ति से अपनी रक्षा कैसे कर सकते हैं? फिर इस सवाल के बीस जवाब तैयार करें।

अगर यह कोई संभावित अवसर है, तो ख़ुद से पूछें, हम इस अवसर के होने की संभावना को कैसे बढ़ा सकते हैं या इस अवसर का लाभ आज कैसे उठा सकते हैं? इस सवाल के भी बीस जवाब लिख लें।

जब आप ख़ुद से ये सवाल पूछते हैं, तो आप बिजली की चिंगारी की तरह विचारों और ज्ञान को प्रेरित कर देते हैं। आप इन प्रमुख सवालों के बारे में जितना ज़्यादा सोचते हैं, अपने अतिचेतन मन को उतना ही ज़्यादा प्रेरित करते हैं कि, यह आपको ज्ञान और प्रेरणा की कौंध प्रदान करे, जिनसे आप अवसरों को जकड़ने या ख़तरों से बचने में समर्थ हो जाएँ।

अपने विकल्प तैयार करना

आपके व्यक्तिगत जीवनदर्शन का एक बहुत महत्वपूर्ण हिस्सा विकल्प तैयार करना है। नियम यह है, आपके पास जितने ज़्यादा सुविकसित विकल्प होते हैं, आप उतने ही ज़्यादा स्वतंत्र होते हैं।

अगर आपका लक्ष्य सुखी, सफल और स्वतंत्र बनना है, तो आपके पास विकल्प होने चाहिए। हर स्थिति में आप जो क़दम उठा सकते हैं, वे एक से अधिक होने चाहिए। आप कभी भी किसी ऐसी जगह पर न फँसें, जहाँ आपके सामने सिर्फ़ एक ही राह खुली हो।

जब आप अपना पहला काम करें, पहला निवेश करें या जीवन के किसी भी हिस्से में शुरू करें, तो आपको तत्काल उसका कोई विकल्प खोजना शुरू कर देना चाहिए, ताकि किसी चीज़ के गड़बड़ होने पर दिक्क़त न हो।

प्लान बी विकसित करें

उन्नीसवीं सदी में जर्मनी के "आयरन चांसलर" ऑट्टो वॉन बिस्मार्क को अपने युग का बेहतरीन नेता माना जाता है। उन्होंने प्रतिस्पर्धी राष्ट्रों, प्रांतों और शक्तियों को एक-दूसरे के ख़िलाफ़ भड़काकर जर्मनी को एकीकृत देश बनाने का काम किया। उनका राजनीतिक जीवन सौदेबाज़ी की अंतहीन प्रक्रिया था और इसमें हार-जीत लगी रहती थी।

बिस्मार्क की शोहरत यह थी कि वे अपनी मुख्य योजना पर सौदेबाज़ी शुरू करने से पहले ही बैकअप योजना बना लेते थे। यह "प्लान बी" या "बिस्मार्क प्लान" के रूप में मशहूर हुआ। आपके पास भी अपने व्यावसायिक और व्यक्तिगत जीवन के प्रमुख हिस्सों के लिए प्लान बी हमेशा होना चाहिए।

आपका प्लान बी क्या है? अगर आपकी वर्तमान नौकरी, कैरियर या कार्य की दिशा में बाधा आए, तो आपका बैकअप प्लान क्या है? अगर आपके वर्तमान निवेश कारगर न हों या आपकी "सर्वश्रेष्ठ ढंग से बनाई गई योजनाएँ" काम न करें, तो आपका बैकअप प्लान क्या है? आपके विकल्प क्या हैं? आप क्या करेंगे, अगर आप कल सड़क पर आ जाएँ या आपको दोबारा शुरू करना पड़े?

आपके पास जितने ज़्यादा विकल्प होते हैं, उतनी ही ज़्यादा मानसिक स्वतंत्रता होती है। किसी भी स्थिति में आप जितने ज़्यादा विकल्प सोचते और विकसित करते हैं, आपके पास उतनी ही ज़्यादा शक्ति होती है। आप जिस योजना पर काम कर रहे हैं, उसके असफल होने पर जितनी ज़्यादा वैकल्पिक योजनाएँ होती हैं, आपके पास उतना ही ज़्यादा आत्मविश्वास होता है। इसीलिए ज़िंदगी में आप एक बहुत महत्वपूर्ण चीज़ यह कर सकते हैं कि अपनी "कार्य की स्वतंत्रता" के दायरे को बढ़ा लें। चाहे इस वक़्त चीज़ें कितनी ही अच्छी हो रही हों, विकल्प तैयार करने की रचनात्मकता का लगातार इस्तेमाल करें।

दीर्घकालीन सोच

अपने बिज़नेस और कैरियर में आपका अंतिम लक्ष्य यथासंभव ज़्यादा से ज़्यादा पैसा कमाना और आर्थिक स्वतंत्रता हासिल करना है। हमारे समाज में सारी उन्नति, सारी आर्थिक सफलता किसी न किसी तरह मूल्य जोड़ने से मिलती है। जब आप

मूल्य जोड़ते हैं, तो आप बढ़ी हुई आमदनी, लाभ या डिविडेंड के रूप में ख़ुद उस मूल्य का थोड़ा हिस्सा पा लेते हैं। यह बाज़ार के अर्थशास्त्र का बुनियादी नियम है और ज़्यादातर मूलभूत आर्थिक नियमों की तरह हमारे वर्तमान समाज में काम कर रहे अधिकांश लोग इसे या तो जानते नहीं हैं या फिर ग़लत समझ लेते हैं।

अपने विचारमंथन अभ्यास में आप एक सवाल यह पूछ सकते हैं, मैं आज अपने ग्राहकों के लिए अपना मूल्य बढ़ाने की ख़ातिर क्या कर सकता हूँ?

आप पूछ सकते हैं, मेरे *आदर्श* ग्राहक कौन हैं? मैं अपने आदर्श ग्राहकों को सामान ख़रीदने के लिए ज़्यादा आकर्षित करने हेतु क्या कर सकता हूँ?

सबसे अच्छा तो यह रहेगा कि आप ख़ुद से यह पूछें, मुझे ठीक उसी तरह के ग्राहक पाने के लिए क्या करना होगा, जिन्हें मैं पाना चाहता हूँ? आप क़ौन सी चीज़ ज़्यादा कर सकते हैं या शुरू कर सकते हैं, ताकि आप उस तरह के ज़्यादा ग्राहकों के हक़दार हो जाएँ, जिन्हें आप सचमुच चाहते हैं?

अपना मूल्य लगातार बढ़ाएँ

हमेशा किसी न किसी तरह ज़्यादा तेज़, ज़्यादा बेहतर, ज़्यादा सस्ता या ज़्यादा सहजता से काम करके अपने मूल्य में वृद्धि करने के तरीक़े तलाशने के लिए अपनी रचनात्मकता का इस्तेमाल करते रहें। जिस तरह "डिज़र्व" शब्द की लैटिन जड़ का मतलब है "सेवा से", उसी तरह आपको भी अपने ग्राहकों की बेहतर सेवा करके ज़्यादा बड़े पुरस्कार का हक़दार बनने के तरीक़ों की हमेशा तलाश करनी चाहिए।

अंतिम विश्लेषण में, समाज के एक सदस्य के रूप में, आर्थिक प्रणाली के "खिलाड़ी" के रूप में आपको दौलत और पुरस्कार अपनी इसी योग्यता की बदौलत मिलेंगे कि आप अपने प्रतिस्पर्धियों की तुलना में लोगों की कितनी बेहतर सेवा कर सकते हैं। हर दिन अपनी कंपनी, अपने उद्योग और अपने संसार के प्रति ख़ुद को ज़्यादा मूल्यवान बनने के तरीक़े तलाशते रहें। इसके लिए अपनी बुद्धि और रचनात्मकता का इस्तेमाल करें। यह व्यक्तिगत प्रतिभा की सच्ची पहचान है।

☆ अपनी जन्मजात रचनात्मकता का ताला खोलें

1. अपने सबसे महत्वपूर्ण लक्ष्य या सबसे बड़ी समस्या को लिख लें। इसे एक काग़ज़ के सबसे ऊपर सवाल के रूप में लिखें। फिर ख़ुद को अनुशासित करें कि आप उस सवाल के बीस जवाब लिखें और उनमें से किसी एक जवाब पर तत्काल अमल करें।
2. हर समस्या से निबटने की सुनियोजित नीति बनाएँ। सबसे पहले उसे स्पष्टता से परिभाषित करें, फिर संभावित समाधान सोचें, इसके बाद निर्णय लें और फिर जल्द से जल्द उस समाधान पर अमल करें।
3. काग़ज़ पर सोचें। हर समस्या या लक्ष्य के हर विवरण को लिख लें और फिर समस्या को सुलझाने या लक्ष्य को हासिल करने के सरल, व्यावहारिक तरीक़ों की तलाश करें।
4. पहचानें कि अगले कुछ महीनों में आपके साथ कौन सी सबसे अच्छी और सबसे बुरी घटनाएँ हो सकती हैं। यह तय करें कि आप सबसे बुरे परिणामों को कम करने या लाभों को अधिकतम करने या सबसे अच्छे परिणामों की संभावना को बढ़ाने के लिए क्या कर सकते हैं।

आपके पास जितने विकल्प होते हैं, उतनी ही स्वतंत्रता होती है। अपने व्यावसायिक और व्यक्तिगत जीवन के हर महत्वपूर्ण क्षेत्र के लिए प्लान बी तैयार करें।

☆ # 20
हर दिन कुछ करें

मेरी सफलता हर दिन हाथ वाले काम पर कड़ी मेहनत करने का परिणाम है।

- जॉनी कार्सन

बरसों तक यह पता लगाने के लिए कई अध्ययन किए गए कि कुछ लोग बाक़ी लोगों से ज़्यादा सफल क्यों होते हैं। सैकड़ों-हज़ारों सेल्सपीपुल, स्टाफ़ और मैनेजरों से बात की गई, उनकी जाँच की गई और उनका अध्ययन किया गया, ताकि सफलता के आम गुणों को पहचाना जा सके। सफलता का एक बहुत महत्वपूर्ण तत्व बार-बार मिला। वह है "कर्म-केंद्रित" होने का गुण।

सफल लोग बेहद कर्म-केंद्रित होते हैं। वे असफल लोगों से ज़्यादा तेज़ी से आगे बढ़ते हैं। वे ज़्यादा व्यस्त होते हैं। वे ज़्यादा कोशिश करते हैं और पूरी मेहनत से कोशिश करते हैं। वे सुबह थोड़ा जल्दी उठते हैं और शाम को थोड़ी ज़्यादा देर तक काम करते हैं। वे हमेशा गतिशील होते हैं।

दूसरी तरफ़, असफल लोग आख़िरी पल पर शुरू करते हैं और मौक़ा मिलते ही फ़ौरन काम करना छोड़ देते हैं। वे कॉफ़ी ब्रेक, लंच ब्रेक, मेडिकल लीव और छुट्टियों के हर मिनट का पूरा ख़याल रखते हैं। वे कई बार डींगें हाँकते हैं, "जब मैं ऑफ़िस में नहीं होता हूँ, तो मैं काम के बारे में सोचता भी नहीं हूँ।"

असफलता की कहानी

हमारे यहाँ एक कर्मचारी था, जो हमेशा देर से आता था। जब हमने उससे इस बारे में बात की, तो उसने बताया कि उसे ट्रैफ़िक के कारण देर हो जाती है। हमने उसे सुझाव दिया कि वह घर से जल्दी निकला करे, ताकि ट्रैफ़िक की समस्या न रहे। वह सदमे में आ गया। उसने कहा, "लेकिन अगर मैं घर से जल्दी निकला और ट्रैफ़िक रश नहीं हुआ, तो मैं निर्धारित समय से पहले ऑफ़िस आ जाऊँगा।

मैं ऐसा कैसे कर सकता हूँ!"

यह कहने की ज़रूरत नहीं है कि हमने उसे जल्दी ही अपने ऑफ़िस से चले जाने दिया और किसी दूसरे को रख लिया, जिसे ज़िम्मेदारी और समर्पण का ज़्यादा एहसास था। हमने बाद में सुना कि देर से आने वाला वह कर्मचारी अपने पूरे कैरियर में पार्ट-टाइम कामों और बेरोज़गारी के अंतहीन चक्र में ही फँसा रहा। उसके नज़रिए के कारण उसका बार-बार असफल होना तय था।

क्षतिपूर्ति का नियम

अपने मशहूर निबंध "कम्पेनसेशन" में रैल्फ़ वॉल्डो इमर्सन ने लिखा था कि आपको जीवन में हमेशा अपने योगदान के मूल्य जितना ही भुगतान मिलेगा। अगर आप अपने पुरस्कारों का आकार बढ़ाना चाहते हैं, तो आपको अपने परिणामों की गुणवत्ता और संख्या को बढ़ाना होगा। अगर आप ज़्यादा चीज़ें बाहर निकालना चाहते हैं, तो आपको ज़्यादा चीज़ें भीतर डालनी होंगी। इसके अलावा कोई दूसरा उपाय नहीं है।

नेपोलियन हिल ने पाया कि सफल स्त्री-पुरुषों - जिनमें से ज़्यादातर ने कंगाली और शून्य से शुरुआत की - का प्रमुख गुण यह था कि जीवन के शुरू में ही उन्होंने "एक मील आगे तक जाने" की आदत डाल ली थी। उन्होंने पाया, जैसी कि पुरानी कहावत है कि "अतिरिक्त मील के रास्ते में कभी ट्रैफ़िक जाम नहीं होता है।"

सेल्फ़-मेड मिलियनेअर्स का गुण

सेल्फ़-मेड मिलियनेअर्स के एक अध्ययन में शोधकर्ताओं ने शून्य से शुरू करके अपने कैरियर में मिलियनेअर बनने वाले हज़ारों स्त्री-पुरुषों से बातचीत की। ये सेल्फ़-मेड मिलियनेअर्स लगभग एकमत थे कि उन्हें सफलता हमेशा इसलिए मिली, क्योंकि वे भुगतान से ज़्यादा काम करते थे। उन्होंने अपने पहले काम से ही यह आदत डाल ली थी कि उन्हें जितना मिलेगा, उससे ज़्यादा काम करेंगे। उनसे जितने की उम्मीद की जाती थी, वे हमेशा उससे ज़्यादा योगदान देने के तरीक़े तलाशते रहते थे।

कैरियर में आजीवन सफलता

जब मैं बिज़नेस विद्यार्थियों की ग्रेजुएटिंग क्लास के सामने भाषण देता हूँ, तो वे हमेशा मुझसे पूछते हैं, आम तौर पर थोड़ी चिंता के साथ, कि क्या मैं उन्हें इस बारे में कुछ सुझाव या विचार दे सकता हूँ कि वे कामकाज की दुनिया में सफल होने के लिए क्या कर सकते हैं। मैं हमेशा उन्हें एक ही सलाह देता हूँ। यह युवावस्था

में मेरे लिए कारगर थी और यह हर व्यक्ति के कैरियर की हर अवस्था में कारगर होती है।

मेरी सलाह के दो हिस्से हैं। पहला, जैसे ही आप अपने नए काम में माहिर हो जाएँ, अपने बॉस से कहें कि आप "ज़्यादा ज़िम्मेदारी" चाहते हैं। कहें कि आप इस संगठन में अधिकतम संभव योगदान देने का संकल्प कर चुके हैं और आप ज़्यादा ज़िम्मेदारी चाहेंगे, जब भी यह उपलब्ध हो।

जब मैंने एक बड़ी कंपनी के युवा एक्ज़ीक्यूटिव के रूप में पहले-पहल यह करना शुरू किया, तो मेरे बॉस सिर हिलाकर मुस्कराए और मेरी रुचि के लिए मुझे धन्यवाद दिया। लेकिन कुछ हुआ नहीं, कम से कम कुछ समय तक। हर कुछ दिन बाद मैं अपने बॉस को रिपोर्ट देता था और लौटते समय यह कह देता था कि मैं ज़्यादा ज़िम्मेदारी चाहता हूँ।

आपको मौक़ा मिलेगा

इसके कुछ सप्ताह बाद मेरे बॉस ने मुझे अध्ययन करने और मूल्यांकन करने के लिए एक प्रोजेक्ट दिया। मैं उस पर ऐसे कूदा, जैसे कोई कुत्ता हड्डी पर कूदता है और सरपट भागने लगा। मैंने दिन-रात और पूरे वीकएंड में उस प्रोजेक्ट पर मेहनत की। मैंने शोध किया, विवरणों को क्रमबद्ध किया और एक रिपोर्ट तैयार करके एक प्रस्ताव बनाया। सोमवार की सुबह मैं प्रोजेक्ट पर पूरा प्रस्ताव तैयार करके अपने बॉस के पास पहुँच गया। ज़ाहिर है, वे इस पर हैरान हुए। उन्होंने कहा, "कोई जल्दी नहीं थी। मुझे यह उम्मीद नहीं थी कि तुम एक-दो हफ़्ते से पहले लौटोगे।"

मैंने उनकी चिंता के लिए उन्हें धन्यवाद दिया और उनसे कहा, "जैसा आपने कहा था, इस प्रोजेक्ट का मूल्यांकन पूरा हो गया है। और मैं ज़्यादा ज़िम्मेदारी सचमुच पसंद करूँगा।"

उस प्रोजेक्ट के मूल्यांकन के बाद जल्द ही परिस्थितियाँ बदलने लगीं। एक सप्ताह बाद मुझे एक और छोटा सा काम दिया गया, जो मेरे कर्तव्यों के दायरे से बिलकुल बाहर था। एक बार फिर मैंने उस काम को लपक लिया और अपनी पूर्ण योग्यता के अनुसार उसे फ़ौरन पूरा कर लिया। एक-दो हफ़्ते बाद बॉस ने मुझे एक और काम दिया और फिर एक हफ़्ते बाद एक और काम।

हर मामले में, चाहे काम जो भी हो, चाहे मैं उसके बारे में पहले से कुछ जानता होऊँ या नहीं, मैं तत्काल उस पर काम करने में जुट गया, अक्सर अपने ख़ाली समय और वीकएंड्स में। मैं उसे पूरा कर देता था और जल्दी से जल्दी बॉस के सामने परिणाम पेश कर देता था।

अवसरों पर तेज़ी से काम करें

कैरियर में सफल होने की इच्छा रखने वाले हर व्यक्ति को मैं दूसरी सलाह यह देना चाहता हूँ कि एक बार जब आपको वह ज़िम्मेदारी मिल जाए, जो आपने माँगी है, तो उसे फटाफट और अच्छी तरह पूरा कर दें और अपने बॉस के पास जल्दी से जल्दी पहुँच जाएँ, जैसे यह कोई हथगोला हो, जिसकी पिन बाहर निकाल दी गई हो। तेज़ी से काम करें। देर न करें।

जब आप ज़्यादा ज़िम्मेदारी माँगते रहेंगे और उसे जल्दी से पूरा कर देंगे, तो दूसरे लोगों पर आपकी बहुत सकारात्मक छाप पड़ेगी।

जल्द ही मेरे बॉस ने मुझे "सबसे काम के आदमी" के रूप में पहचान लिया। जब भी कोई चीज़ आती थी, जिसे वे तत्काल करवाना चाहते थे, तो वे दूसरे एक्ज़ीक्यूटिव्ज़ के बजाय मुझे बुलाते थे, जबकि कुछ एक्ज़ीक्यूटिव्ज़ तो कई बरसों से वहाँ काम कर रहे थे। जल्दी ही मैं संगठन में तेज़ी से ऊपर चढ़ने लगा।

अपने अवसर के लिए तैयार रहें

एक दिन उन्होंने मुझे एक महत्वपूर्ण काम सौंपा। यह काम वैसा ही था, जैसे मैच ख़त्म होने से ठीक पहले फ़ुटबॉल का पास दे दिया जाए। मैं उसे लेकर तेज़ी से गोल की तरफ़ चल दिया। तेज़ी से काम करके और हज़ार मील की उड़ान भरकर तथा दिन-रात मेहनत करके मैंने एक फ्रॉड का पता लगा लिया और अपनी कंपनी के दो मिलियन डॉलर बचा लिए। अगर मैंने दो दिन की भी देर की होती, तो वह पैसा हमेशा के लिए चला जाता।

उस सफलता के बाद बाँध टूट गया। पहले तो मुझे एक बड़ा असाइनमेंट दिया गया और फिर एक नए डिवीज़न की ज़िम्मेदारी सौंपी गई और फिर दूसरे नए डिवीज़न की और फिर तीसरे डिवीज़न की। उस कंपनी में दो साल काम करने के बाद ही मैं तीन डिवीज़न का प्रभारी बन गया था। मैं लगभग 50 मिलियन डॉलर की बिज़नेस गतिविधियाँ संचालित कर रहा था और तीन ऑफ़िसों में पचास से ज़्यादा लोगों के स्टाफ़ का प्रबंधन कर रहा था।

इस दौरान मेरे सहकर्मी ठीक नौ बजे आते थे, एक-दूसरे के साथ आराम से लंच करते थे और बार में शराब पीने के लिए हर शाम 5 बजे ऑफ़िस छोड़कर चल देते थे। वे एक-दूसरे से कहते थे कि मैं इसलिए तरक़्क़ी कर रहा था, क्योंकि मैं "ख़ुशक़िस्मत" था या बॉस मुझे पसंद करते थे। उन्होंने कभी ज़्यादा ज़िम्मेदारी लेने या ज़्यादा तेज़ काम करने का महत्व सीखा ही नहीं।

सफलता का रहस्य

अमेरिका के चैंबर ऑफ़ कॉमर्स के प्रेसिडेंट ने कई साल पहले रिटायर होते समय आयोजित डिनर में एक कहानी सुनाई। वे अमेरिका के सबसे सम्मानित व्यवसायियों में से एक थे। उन्होंने उच्च गुणवत्ता के काम की ऐसी छवि विकसित कर ली थी, जिसके बारे में बिज़नेस का हर व्यक्ति सपने देखता है।

उन्होंने कहा कि जब वे युवावस्था में असफल और कुंठित थे, तो उन्हें एक हाई स्कूल के बुलेटिन बोर्ड पर एक भूरे लंच बैग पर एक कहावत दिखी। उस बुलेटिन बोर्ड के पास से गुज़रते समय उन्होंने लंच बैग पर लिखे वे शब्द पढ़ लिए। वे शब्द थे, "आपसे जितना काम करने की अपेक्षा की जाती है, उसके बाद आप जितना ज़्यादा काम करते हैं, उसी के अनुपात में जीवन में आपकी सफलता तय होगी।"

उन्होंने श्रोताओं को बताया कि इन शब्दों ने उनकी ज़िंदगी बदल दी। अपने कैरियर में उस वक़्त तक उन्हें महसूस होता था कि अगर वे दूसरों की अपेक्षा के मुताबिक़ और सौंपा गया काम कर रहे हैं, तो इतना ही काफ़ी है। लेकिन उस बिंदु के बाद उन्होंने संकल्प किया कि उनसे जितने काम की उम्मीद की जाती है, वे उससे बहुत ज़्यादा काम करेंगे। उन्होंने संकल्प किया कि वे हमेशा एक मील आगे तक जाएँगे और जितना भुगतान मिलता है, उससे ज़्यादा काम करेंगे। उस दिन के बाद अपने बाक़ी कैरियर में वे थोड़ी ज़्यादा जल्दी उठे, थोड़ी ज़्यादा मेहनत की और देर तक रुककर काम किया। वे एक काम से दूसरे काम तक और एक ग्राहक से दूसरे ग्राहक तक ज़्यादा तेज़ी से गए।

यही हमेशा होता है। वे जितनी तेज़ी से बढ़े, उन्हें उतना ही अनुभव मिला। उन्हें जितना ज़्यादा अनुभव मिला, वे अपने काम में उतने ही बेहतर बनते गए। वे जितने ज़्यादा बेहतर बनते गए, उन्हें कम समय में उतने ही बेहतर परिणाम मिलते गए। कुछ ही समय में उन्हें ज़्यादा भुगतान मिलने लगा और उनकी ज़्यादा तरक़्क़ी होती गई।

हमेशा अपेक्षा से ज़्यादा काम करने और ज़्यादा तेज़ी से बढ़ने के कारण वे अपने कैरियर में फ़ास्ट ट्रैक पर पहुँच गए और तेज़ी से आगे बढ़ने लगे। जल्दी ही उन्हें प्रमोशन देकर एक नए डिपार्टमेंट में भेज दिया गया, फिर एक नए उद्योग में रखा गया और ज़िम्मेदारी का नया क्षेत्र सौंपा गया। हर मामले में उनकी रणनीति एक ही थी। जितना भुगतान मिलता है, उससे ज़्यादा करो। दूसरे जितनी उम्मीद करते हैं, उससे ज़्यादा करो। एक मील ज़्यादा चलो। व्यस्त रहो। चलते रहो। कर्म करो। समय बर्बाद मत करो। और उन्होंने दोबारा कभी मुड़कर नहीं देखा।

संस्थापक पितामह की बुद्धिमानी

थॉमस जेफ़रसन ने लिखा था, "कभी भी आलस न करने का संकल्प करो। अगर कोई व्यक्ति अपना समय बर्बाद न करे, तो उसे समय की कमी की शिकायत करने का मौक़ा ही नहीं मिलेगा। यह आश्चर्यजनक है कि कितना कुछ किया जा सकता है, बशर्ते हम हमेशा करते रहें।"

बाद में उन्होंने लिखा था, "उगते सूरज ने ज़िंदगी में मुझे कभी बिस्तर पर नहीं देखा।"

समय तो हर हाल में गुज़र जाएगा

यहाँ एक महत्वपूर्ण बिंदु है। समय तो हर हाल में गुज़रने वाला है। आपकी ज़िंदगी के सप्ताह, महीने और बरस हर हाल में गुज़रने वाले हैं। एकमात्र सवाल यह है, आप इस समय के साथ क्या करने जा रहे हैं?

चूँकि दिन हर हाल में गुज़रने वाला है, तो क्यों न थोड़ी जल्दी शुरू कर दें, थोड़ी ज़्यादा मेहनत से काम करें और थोड़ी ज़्यादा देर तक काम करें? क्यों न ख़ुद को देवदूतों के पाले में रखें? क्यों न "सबसे काम के आदमी" (या महिला) की छवि बनाएँ, जिसकी तलाश हर व्यक्ति करे, जब उसे किसी काम को फटाफट और अच्छी तरह करवाने की ज़रूरत हो? इससे आपका कैरियर इतनी सरपट दौड़ने लगेगा कि आप कल्पना भी नहीं कर सकते।

चलते रहें और बढ़ते रहें

उच्च आमदनी की कुंजी "सफलता का गति सिद्धांत" है। यह सिद्धांत कहता है कि आपको गति (momentum) में लाने में बहुत ऊर्जा की ज़रूरत होती है। लेकिन जब आप एक बार गति में आ जाते हैं, तो उस गति को क़ायम रखने के लिए कम ऊर्जा की ज़रूरत होती है।

यह गति सिद्धांत किसी अन्य चीज़ की तरह ही सफलता पर भी लागू होता है। सफल लोग व्यस्त होते हैं। वे जल्दी उठ जाते हैं और चल देते हैं और पूरे दिन चलते रहते हैं। वे जितने भी समय काम करते हैं, सचमुच करते हैं। वे हमेशा गतिशील रहते हैं।

अपने समय की योजना सावधानी से बनाएँ

सफल लोग अपने दिनों और घंटों की योजना सावधानी से बनाते हैं। पंद्रह मिनट

जितनी छोटी अवधि की भी। इस मुद्दे पर हुए हर अध्ययन में अनुशासित समय नियोजन और उच्च आमदनी में सीधा संबंध नज़र आता है। हमारे समाज के सर्वोच्च भुगतान पाने वाले प्रोफ़ेशल्स, जिनमें से 25 प्रतिशत अमेरिका के सेल्फ़-मेड मिलियनेअर्स हैं, वकील, डॉक्टर और अन्य मेडिकल प्रोफ़ेशनल्स हैं। वे सभी अपने समय का प्रबंधन अपने हर मुकदमे या हर रोगी पर ख़र्च हुए *मिनटों* के संदर्भ में करते हैं।

जो लोग हमारे समाज में सबसे कम कमाते हैं, वे अपने समय के मामले में दिन, सप्ताह या महीने के संदर्भ में सोचते हैं। उन्हें अपने दिन का पहला आधा हिस्सा बर्बाद करने में कोई समस्या नहीं होती। वे यह कहकर इसे तर्कसंगत साबित करते हैं कि वे दोपहर में गति पकड़ लेंगे। कई बार ये लोग सप्ताह के पहले दो दिन बर्बाद कर देते हैं और सोचते हैं कि वे सप्ताह के बाक़ी दिनों में रफ़्तार पकड़ लेंगे। कई बार तो वे यही सोचकर महीने के पहले एक-दो हफ़्ते बर्बाद कर देते हैं।

मासिक लक्ष्यों का घातक दोष

मैं कई बरसों से असंख्य सेल्स संगठनों के साथ काम कर रहा हूँ। इन संगठनों के पूरे 80 प्रतिशत सेल्सपीपुल मासिक लक्ष्यों (quotas) पर काम करते हैं। नतीजा यह होता है कि वे महीने के पहले तीन हफ़्ते चैन की बंसी बजाते हैं और फिर आख़िरी हफ़्ते में अचानक तूफ़ानी गतिविधि में जुट जाते हैं, हताशा से काम करने लगते हैं, ताकि अपना कोटा पूरा करने के लिए पर्याप्त बिक्री कर लें।

लेकिन शीर्षस्थ लोग ऐसा नहीं करते। शीर्षस्थ लोग महीने के पहले दिन भी उतनी ही एकाग्रता और शिद्दत से काम करते हैं, जितना उन्होंने पिछले महीने के आख़िरी दिन किया था। वे मैराथन दौड़ने वाले की तरह लगातार भागते रहते हैं। वे सुबह सात या साढ़े सात बजे "अपनी गाड़ी के एक्सीलरेटर" पर पैर रख देते हैं। वे बाक़ी किसी से भी पहले शुरू करके सुबह के ट्रैफ़िक को हरा देते हैं और देर रात तक काम करके शाम के ट्रैफ़िक को भी हरा देते हैं, क्योंकि बाक़ी सभी तेज़ी से भागने के लिए फ़्रीवे पर पहुँच जाते हैं।

सतत ऊर्जा उत्पन्न करें

मानसिक और शारीरिक रूप से आप जितनी ज़्यादा तेज़ी से चलते हैं, आपके पास उतनी ही ज़्यादा ऊर्जा होती है। आप जितनी ज़्यादा तेज़ी से चलते हैं, आप उतने ही ज़्यादा ख़ुश, उत्साही और रचनात्मक बनते हैं। आप जितनी ज़्यादा तेज़ी से चलते हैं, आप उतना ही ज़्यादा काम कर लेते हैं, आपको उतना ही ज़्यादा भुगतान

मिलता है और आप उतने ही ज़्यादा सफल महसूस करते हैं।

गति सिद्धांत को अपने जीवन पर भी लागू करें। एक बार जब आप शुरू हो जाएँ, तो फिर लगातार बढ़ते रहें। समय प्रबंधन विशेषज्ञ एलन लैकीन ने कहा था, "तेज़ गति सफलता के लिए अनिवार्य है।" टॉम पीटर्स ने कहा था कि सभी सफल लोगों में "कर्म की प्रवृत्ति" होती है। ज़्यादा काम करवाने की कुंजी यह है कि आप अपना सबसे महत्वपूर्ण काम चुन लें और फिर "तात्कालिकता के एहसास" के साथ उस पर जुट जाएँ। यही सफलता और उच्च उपलब्धि की असली कुंजी है।

☆ हर दिन कुछ करें

1. आज ही जीवन में अपनी गति बढ़ाने का संकल्प करें। एक काम से दूसरे काम तक तेज़ी से जाएँ। तेज़ी से चलें। काम में तेज़ी लाएँ।
2. कल्पना करें कि आप कल एक महीने के लिए कहीं जा रहे हैं और आपको जाने से पहले हर काम निबटाना है। उतनी ही कड़ी मेहनत और तेज़ी से काम करें, जैसा आप छुट्टी मनाने जाने से ठीक पहले करते हैं।
3. कसावट भरे समय नियोजन का अभ्यास करें। कल्पना करें कि काम निबटाने के लिए सिर्फ़ आधा ही समय उपलब्ध है। इससे आप दिन भर तात्कालिकता के एहसास के साथ काम करते हैं।
4. लगातार ज़्यादा ज़िम्मेदारी माँगते रहें और जब आपको यह मिल जाए, तो काम को जल्दी और अच्छी तरह पूरा करें। यह आदत आपके लिए लगातार अवसरों के द्वार खोलेगी।

आज से एक घंटे जल्दी उठने और तत्काल कर्म में जुटने का संकल्प करें। लंच और कॉफ़ी ब्रेक के दौरान भी काम करें। अगले दिन की तैयारी के लिए एक घंटे देर तक रुकें। ये अतिरिक्त काम आपकी उत्पादकता को दोगुना कर देंगे और आपके कैरियर को फ़ास्ट ट्रैक पर पहुँचा देंगे।

21

सफल होने तक जुटे रहें

परिश्रम और योग्यता से लगभग हर काम संभव है; महान काम शक्ति से नहीं, लगन से होते हैं।

– सैम्युअल जॉनसन

आपके जीवन में हर महान सफलता लगन का परिणाम है। आप क्या चाहते हैं, आपमें यह फ़ैसला लेने की योग्यता होनी चाहिए। इसके बाद आप काम शुरू कर देते हैं। और फिर तमाम बाधाओं और मुश्किलों के बावजूद आप तब तक जुटे रहते हैं, जब तक कि अपने लक्ष्यों को हासिल न कर लें। यही आपकी सफलता तय करने वाली सबसे महत्वपूर्ण चीज़ है। और लगन का दूसरा पहलू है साहस।

शायद आप जीवन में जिस सबसे बड़ी चुनौती का सामना करेंगे, वह है डर पर विजय पाना और साहस की *आदत* विकसित करना। विंस्टन चर्चिल ने लिखा था, "साहस को सबसे अग्रणी गुण माना गया है और यह बिलकुल सही है, क्योंकि बाक़ी सभी गुण इसी पर निर्भर करते हैं।"

डर पर विजय

डर इंसान का सबसे बड़ा दुश्मन है और हमेशा रहा है। जब फ्रैंकलिन डी. रूजवेल्ट ने कहा था, "हमें सिर्फ़ एक ही चीज़ से डरना चाहिए और वह है स्वयं डर", तो वे कह रहे थे कि जिस चीज़ से हम डर रहे हैं, उस वास्तविक चीज़ के बजाय डर की *भावना* के कारण तनाव, दबाव और दुख पैदा होता है।

जब आप साहस और अडिग आत्मविश्वास की आदत विकसित कर लेते हैं, तो आपके लिए संभावनाओं का एक बिलकुल नया संसार खुल जाता है। ज़रा सोचें – अगर आपको पूरी दुनिया में किसी भी चीज़ का डर न हो, तो आप कौन से सपने देखने या क्या बनने और करने की हिम्मत कर सकते हैं?

आप हर ज़रूरी चीज़ सीख सकते हैं

सौभाग्य से सफलता के हर कौशल की तरह ही साहस की आदत भी *सीखी* जा सकती है। ऐसा करने के लिए आपको अपने डर पर विजय हासिल करने की मेहनत करनी होगी। साथ ही आपको वैसा साहस और आत्मविश्वास पैदा करने के लिए भी मेहनत करनी होगी, जो आपको जीवन के अनिवार्य उतार-चढ़ावों के बावजूद बेधड़क काम करने में समर्थ बनाए।

सिंडिकेटेड कॉलमिस्ट एन लैंडर्स ने लिखा था, "अगर मुझसे पूछा जाए कि पूरी इंसानियत के लिए मेरे हिसाब से सबसे उपयोगी सिर्फ़ एक सलाह कौन सी है, तो वह यह है : मुश्किल को जीवन का अनिवार्य हिस्सा मानकर इसकी उम्मीद करें और जब यह आए, तो अपना सिर ऊँचा रखें। इससे नज़रें मिलाकर कहें, 'मैं तुमसे ज़्यादा बड़ा हूँ। तुम मुझे हरा नहीं सकतीं।'" *यही* नज़रिया विजय की ओर ले जाता है।

डर के कारण और उपचार

डर से उबरने और साहस विकसित करने का शुरुआती बिंदु यह है कि सबसे पहले उन तत्वों पर ग़ौर करें, जिनके कारण हममें डरने की प्रवृत्ति होती है।

जैसा कि हम जानते हैं, डर की जड़ें हमारे बचपन की कंडीशनिंग में मौजूद होती है - आम तौर पर एक या दोनों अभिभावकों द्वारा की गई विनाशकारी आलोचना। इससे दो प्रकार के डर का अनुभव होता है। पहला तो असफलता का डर है, जिसके कारण हम यह सोचने लगते हैं, मैं नहीं कर सकता, मैं नहीं कर सकता, मैं नहीं कर सकता। और दूसरा है अस्वीकृति का डर, जिसके कारण हम यह सोचने लगते हैं, मुझे यह करना होगा, मुझे यह करना होगा, मुझे यह करना होगा।

इन दो डरों के कारण हमें अपना पैसा या समय या किसी संबंध में भावनात्मक निवेश खोने का डर होता है। हम दूसरों की राय और संभावित आलोचना के बारे में ज़रूरत से ज़्यादा संवेदनशील हो जाते हैं, कई बार तो यहाँ तक कि हम ऐसी हर चीज़ करने से घबराते हैं, जिसे कोई दूसरा नापसंद कर सकता हो। हमारे डर हमें पंगु बना देते हैं। वे हमें अपने सपनों और लक्ष्यों की दिशा में सृजनात्मक काम करने से रोकते हैं। हम झिझकते हैं, अनिर्णय के शिकार हो जाते हैं, टाल-मटोल करते हैं, बहाने बनाते हैं और देरी के कारण खोजते हैं और फिर अंत में कुंठित महसूस करते हैं। हम "मुझे करना होगा, लेकिन मैं नहीं कर सकता," या "मैं नहीं कर सकता, लेकिन मुझे करना होगा," के दोहरे दुष्चक्र में फँस जाते हैं।

डर और अज्ञान एक साथ चलते हैं

डर अज्ञान के कारण भी हो सकता है। जब हमारे पास सीमित जानकारी होती है, तो हम अपने कामों के परिणाम के बारे में तनावग्रस्त और असुरक्षित हो सकते हैं। अज्ञान के कारण हम परिवर्तन से घबराते हैं, अज्ञात या अनजान चीज़ों से डरते हैं और किसी भी नई या भिन्न चीज़ की कोशिश करने से भयभीत होते हैं।

लेकिन इसका उलट भी सच है। किसी ख़ास क्षेत्र में ज़्यादा जानकारी इकट्ठी करने और अनुभव से हमें उस क्षेत्र में ज़्यादा साहस और आत्मविश्वास मिलता है। आपके जीवन में ऐसे हिस्से होंगे, जहाँ आपको ज़रा भी डर नहीं लगता होगा, क्योंकि आपने उस क्षेत्र में महारत हासिल कर ली है, जैसे कार चलाना, स्कीइंग करना या बेचना और प्रबंधन करना। आपके ज्ञान और अनुभव के कारण आप उस चीज़ से निबटने में पूरी तरह सक्षम महसूस करते हैं, चाहे जो हो जाए। आपको कोई डर नहीं होता।

थकान हम सभी को कायर बना देती है

डर पैदा करने वाली एक और वजह बीमारी या थकान है। जब हम थक जाते हैं या बीमार होते हैं या शारीरिक दृष्टि से फ़िट नहीं होते, तो हममें डर और शंका की ज़्यादा प्रवृत्ति होती है। दूसरी तरफ़, जब हम स्वस्थ, ख़ुश और ऊर्जावान महसूस करते हैं, तो हममें यह प्रवृत्ति कम होती है।

कई बार आप एक रात अच्छी नींद लेकर या पर्याप्त लंबी छुट्टी मनाकर ही अपनी मानसिक और भावनात्मक बैटरियों को पूरी तरह रिचार्ज कर सकते हैं। इतने से ही ख़ुद के और अपनी संभावना के प्रति आपका नज़रिया पूरी तरह बदल सकता है। आराम और विश्राम करने से साहस और आत्मविश्वास बढ़ता है।

डर सबको लगता है

यहाँ पर एक महत्वपूर्ण बिंदु है : सभी बुद्धिमान लोग *किसी* न *किसी* चीज़ से डरते हैं। अपने शारीरिक, भावनात्मक और आर्थिक बचाव के बारे में परवाह करना स्वाभाविक और सामान्य है। साहसी व्यक्ति वह नहीं है, जिसे डर न लगता हो। जैसा कि मार्क ट्वेन ने कहा था, "साहस डर का प्रतिरोध है, डर पर विजय है – डर की अनुपस्थिति नहीं है।"

बात यह नहीं है कि आप डरते हैं या नहीं। हम सभी डरते हैं। सवाल यह है, आप डर से निबटते कैसे हैं ? साहसी व्यक्ति हमेशा वह होता है, जो डर के बावजूद आगे बढ़ता है। और इस बारे में मैंने यह चीज़ सीखी है : जब आप अपने डरों का

सामना करते हैं और उस चीज़ की तरफ़ बढ़ते हैं, जिससे आपको डर लगता है, तो आपके डर कम हो जाते हैं और साथ ही आपका आत्मसम्मान व आत्मविश्वास भी बढ़ने लगता है।

बहरहाल, जिस चीज़ से आप डरते हैं, जब आप उससे *कतराते* हैं, तो आपके डर बढ़ने लगते हैं, जब तक कि वे आपके जीवन के हर पहलू को नियंत्रित नहीं कर लेते हैं। जब आपके डर बढ़ते हैं, तो आपका आत्मसम्मान और आत्मविश्वास घटने लगता है। जैसा कि अभिनेता ग्लेन फ़ोर्ड ने एक बार कहा था, "आप जिस चीज़ से डरते हैं, अगर आप उसे न करें, तो डर आपके जीवन पर नियंत्रण कर लेता है।"

अपने डरों का विश्लेषण करें

जब आप डर पैदा करने वाले तत्वों को पहचान लें, तो डर से उबरने का अगला क़दम अपने व्यक्तिगत डरों को निष्पक्षता से पहचानने, परिभाषित करने और विश्लेषण करने का समय निकालना है।

एक काग़ज़ पर यह सवाल लिख लें, "मैं किस चीज़ से डरता हूँ?"

इस सूची में हर छोटे-बड़े डर को लिख लें, जिसके कारण आपको कभी चिंता या तनाव हुआ हो। शुरुआत अपने सबसे सामान्य डरों से करें : असफलता का डर या नुक़सान का डर या अस्वीकृति या आलोचना का डर।

असफलता का डर कुछ लोगों पर इतना ज़्यादा हावी हो जाता है, कि वे अपनी ग़लतियों को छिपाने या तार्किक साबित करने में बहुत सारी ऊर्जा बर्बाद कर देते हैं। वे ग़लती करने के विचार को बर्दाश्त नहीं कर पाते। बाक़ी लोगों पर अस्वीकृति का डर हावी हो जाता है। वे इस बारे में बहुत ज़्यादा संवेदनशील हो जाते हैं कि वे और उनके काम दूसरों को कैसे लगते हैं। इस वजह से उनमें आत्मनिर्भरता से काम करने की योग्यता ही नहीं होती। जब तक उन्हें पूरा यक़ीन न हो जाए कि हर व्यक्ति उनकी प्रशंसा करेगा, तब तक वे कुछ भी करने से कतराते हैं।

अपने डरों की प्राथमिकता तय करें

जब आप अपने हर डर की सूची बना लें, जो आपकी सोच और व्यवहार को प्रभावित कर रहा है, तो इसके बाद उन्हें महत्व के क्रम में जमा लें। आप जो डर महसूस करते हैं, उनमें से कौन सा डर आपकी सोच पर सबसे ज़्यादा प्रभाव डालता है या वह आपको अन्य किसी डर से ज़्यादा पीछे रोके रखता है? कौन सा डर दूसरे नंबर पर है? कौन सा तीसरा सबसे बड़ा डर है? और आगे भी इसी तरह।

अपने सबसे प्रबल डर के संदर्भ में इन तीन सवालों के जवाब लिख लें :

1. यह डर मुझे जीवन में पीछे कैसे रोकता है ?
2. यह डर मेरी मदद कैसे करता है या अतीत में इस डर ने मेरी मदद कैसे की है ?
3. इस डर को ख़त्म करने से मुझे क्या फ़ायदा होगा ?

कुछ साल पहले मैंने यह अभ्यास किया और मैं इस नतीजे पर पहुँचा कि मेरा सबसे बड़ा डर ग़रीबी का था। मैं इस बात से डरता था कि मेरे पास पर्याप्त पैसा नहीं रहेगा, मैं दिवालिया हो जाऊँगा, शायद दीन-हीन भी। मैं जानता था कि इस डर की जड़ें मेरे बचपन में थीं, क्योंकि मेरे माता-पिता मंदी के दौरान बड़े होने की वजह से हमेशा पैसे की चिंता करते रहते थे। जब मैं बीस से तीस साल की उम्र के बीच कई बार कंगाल हुआ, तो मेरा यह डर ज़्यादा प्रबल हो गया। मैं इस डर की जड़ों को तटस्थता से समझ सकता था, लेकिन इसके बावजूद इसकी मुझ पर मज़बूत पकड़ थी। हालाँकि मेरे पास अपनी सारी ज़रूरतों के लिए पर्याप्त पैसा था, लेकिन फिर भी यह डर मौजूद था।

"यह डर मुझे जीवन में पीछे कैसे रोकता है ?" इस पहले सवाल का जवाब था कि यह मुझे आर्थिक जोखिम लेने के बारे में तनावग्रस्त बना देता था। इससे मैं रोज़गार के मामले में बहुत सुरक्षित खेलने लगता था। और इस वजह से मैं अवसर के बजाय सुरक्षा का चुनाव करता था।

"यह डर मेरी मदद कैसे करता है ?" इस दूसरे सवाल का मेरा जवाब यह था कि ग़रीबी के डर से बचने के लिए मैंने आम आदमी से ज़्यादा देर तक और ज़्यादा कड़ी मेहनत करने की आदत विकसित कर ली थी। मैं ज़्यादा महत्वाकांक्षी और संकल्पवान था। मैं पैसे बनाने और निवेश करने के तरीक़ों के बारे में अध्ययन करने और सीखने में आम आदमी से ज़्यादा समय लगाता था। दरअसल ग़रीबी का डर मुझे वित्तीय स्वतंत्रता की ओर बढ़ा रहा था।

फिर मैंने तीसरे सवाल का जवाब दिया, "इस डर को ख़त्म करने से मुझे क्या फ़ायदा होगा ?" मैंने तत्काल देख लिया कि अगर मुझे यह डर न हो, तो मैं ज़्यादा जोखिम ले सकता हूँ, मैं ज़्यादा आक्रामकता से अपने आर्थिक लक्ष्यों का पीछा करूँगा, मैं अपना ख़ुद का बिज़नेस शुरू कर सकता हूँ और करूँगा, और मैं बहुत ज़्यादा ख़र्च करने या कम पैसे होने के बारे में इतना तनाव या चिंता महसूस नहीं करूँगा। ख़ास तौर पर, मैं हर चीज़ की क़ीमत की ज़्यादा परवाह नहीं करूँगा।

इस तरह से अपने सबसे बड़े डर का निष्पक्ष विश्लेषण करके मैंने इसे ख़त्म

करने की प्रक्रिया शुरू कर दी। आप भी बिलकुल ऐसा ही कर सकते हैं।

अभ्यास स्थायी बन जाता है

आप साहस और आत्मविश्वास भरे व्यवहार के अनुरूप काम करके साहस विकसित करने और डर ख़त्म करने की प्रक्रिया शुरू कर सकते हैं। जिस भी चीज़ का आप बार-बार अभ्यास करते हैं, वह अंततः आदत बन जाती है। जब भी साहस की ज़रूरत हो, तो आप साहसिक व्यवहार करके उसे विकसित कर सकते हैं।

यहाँ पर कुछ गतिविधियाँ दी जा रही हैं, जिनका अभ्यास करके आप साहस की आदत डाल सकते हैं। *साहस* का पहला और शायद सबसे महत्वपूर्ण प्रकार है विश्वास के साथ शुरू करने या क़दम उठाने का साहस। यह किसी नई या अलग चीज़ को आज़माने का साहस है - सफलता की गारंटी के बिना आरामदेह दायरे से बाहर निकलने का साहस।

पहले मैंने बैबसन कॉलेज के डॉ. रॉबर्ट रॉनस्टैड का ज़िक्र किया था, जिन्होंने कई सालों तक उद्यमिता सिखाई थी। उन्होंने अपनी क्लास के लोगों के अध्ययन में पाया कि दरअसल सिर्फ़ 10 प्रतिशत ने अपना बिज़नेस शुरू किया और जीवन में सफलता पाई। सफल ग्रेजुएट्स में एक गुण आम था। वे अपना व्यवसाय शुरू करने के बारे में लगातार बात ही नहीं करते थे; वे तो उसे सचमुच शुरू करना चाहते थे।

शुरू करने का साहस

उन्होंने "गलियारा सिद्धांत" खोजा, जिसका हम पहले भी ज़िक्र कर चुके हैं। जब ये लोग अपने लक्ष्य की ओर आगे बढ़े, तो गलियारे में चलते वक़्त उनके लिए दरवाज़े खुलते चले गए। अगर वे आगे नहीं बढ़ते, तो उन्हें ये दरवाज़े नहीं दिखते।

यह पता चला कि उद्यमिता के पाठ्यक्रम के जिन ग्रेजुएट्स ने सीखी हुई बातों पर अमल नहीं किया था, वे शुरू करने से पहले सभी चीज़ों के बिलकुल सही होने का अब भी इंतज़ार कर रहे थे। वे अनिश्चितता के गलियारे में काम शुरू करने के अनिच्छुक थे, जब तक कि उन्हें पूरा विश्वास न हो जाए कि वे शर्तिया सफल हो जाएँगे - एक ऐसी चीज़, जो न तो कभी हुई है, न होगी।

भविष्य जोखिम लेने वालों का है

भविष्य सुरक्षा खोजने वालों का नहीं है। यह तो *जोखिम* लेने वालों का है। ज़िंदगी इस अर्थ में विकृत है कि आप जितनी ज़्यादा सुरक्षा चाहेंगे, आपको यह उतनी ही

कम मिलेगी। लेकिन आप जितने ज़्यादा अवसर चाहेंगे, इस बात की उतनी ही ज़्यादा संभावना है कि आपको मनचाही सुरक्षा मिल जाएगी।

जब भी आप डर या चिंता महसूस करें और आपको बाधाओं व विपत्तियों के सामने डटे रहने का साहस बढ़ाने की ज़रूरत हो, तो अपना ध्यान अपने लक्ष्यों की ओर मोड़ लें। उस व्यक्ति की स्पष्ट मानसिक तस्वीर बनाएँ, जैसा आप बनना चाहते हैं; उस तरीक़े से प्रदर्शन करने की मानसिक तस्वीर बनाएँ, जैसा आप करना चाहते हैं। डर के विचारों के साथ कुछ भी ग़लत नहीं है, बशर्ते आप उन्हें साहस और आत्मविश्वास के विचारों से संतुलित कर लें। आप जिस भी चीज़ पर विचार करते हैं, वह बढ़ती है – इसलिए सतर्क रहें।

डर पर विजय पाना और साहस बढ़ाना सुखी, सफल जीवन की अनिवार्य शर्त है। साहस की आदत डालने के संकल्प के साथ आप अंततः उस बिंदु पर पहुँच जाएँगे, जहाँ आपके डर निर्णय लेने में प्रमुख भूमिका नहीं निभाएँगे। आप बड़े, चुनौतीपूर्ण, रोमांचक लक्ष्य तय करेंगे और आपको विश्वास होगा कि आप उन्हें हासिल कर सकते हैं। आप शांति और आत्मविश्वास के साथ हर स्थिति से निबट सकेंगे। कुंजी है साहस।

महारथियों से सीखें

क्या हो, अगर आप हमारे समाज के सबसे सफल लोगों में से किसी एक के साथ बैठ सकें और सफलता के वे सारे सबक़ सीख सकें, जिन्हें बटोरने में उसे पूरा जीवन लग गया? क्या इससे आपको ज़्यादा सफल बनने में मदद मिलेगी?

क्या हो, अगर आप इतिहास के अब तक के सबसे सफल सौ लोगों के साथ बैठ सकें और सफलता के उनके नियम, उनके सबक़ और उनके रहस्य सीख सकें? क्या इससे आपको अपने जीवन में ज़्यादा सफल बनने में मदद मिलेगी? क्या हो, अगर आप 1,000 बेहद सफल लोगों के साथ बैठ सकें? 2,000 या 3,000 सफल लोगों के साथ बैठ सकें?

कर्म ही सब कुछ है

आपका जवाब शायद यह होगा कि इन बेहद सफल लोगों के साथ समय बिताने और लक्ष्य हासिल करने के बारे में वो सबक़ सीखने से – जो उन्होंने सीखे थे – आपको बहुत मदद मिलेगी। बहरहाल, सच्चाई यह है कि इस सारी सलाह और ज्ञान से आपका कोई भला नहीं होगा, जब तक कि आप सीखी हुई बातों पर अमल नहीं करेंगे।

अगर सफलता के बारे में सीखना ही ज़िंदगी में महान काम करने के लिए सब कुछ होता, तो आपकी सफलता की गारंटी पक्की होती। पुस्तकों की दुकानें सेल्फ़-हेल्प पुस्तकों से भरी हुई हैं, जिनमें से हर एक में ऐसे विचार दिए गए हैं, जिनका इस्तेमाल करके आप ज़्यादा सफल हो सकते हैं। बहरहाल, सच तो यह है कि दुनिया की सारी सर्वश्रेष्ठ सलाहें भी आपकी मदद सिर्फ़ तभी करेंगी, जब आप अपने लक्ष्यों की दिशा में लगनशील, सतत कर्म करने के लिए ख़ुद को तब तक प्रेरित कर सकें, जब तक कि आप सफल हो न जाएँ।

इस पुस्तक के विचारों को पढ़ने का परिणाम शायद यह होगा कि आपने इस बारे में कुछ विशिष्ट निर्णय ले लिए होंगे कि आप कौन सी चीज़ें ज़्यादा करेंगे और कौन सी कम। आपने अपने जीवन के अलग-अलग क्षेत्रों में कुछ लक्ष्य तय कर लिए होंगे और आपने संकल्प कर लिए होंगे, जिन पर अमल करने के लिए आप बेकरार होंगे। आपके भविष्य के लिए अब सबसे महत्वपूर्ण सवाल यह है, क्या आप वह करेंगे, जिसे करने का आपने संकल्प किया है ?

आत्म-अनुशासन ही मूल गुण है

सफलता के लिए सबसे महत्वपूर्ण गुण आत्म-अनुशासन है। आत्म-अनुशासन का मतलब यह है कि आपमें आपकी चारित्रिक शक्ति और इच्छाशक्ति के आधार पर वह करने की योग्यता है, जो आपको करना चाहिए, जब आपको करना चाहिए, चाहे इसे करने का मूड हो या न हो।

चरित्र का अर्थ है, किसी संकल्प पर तब भी अमल करने की योग्यता, जब उस संकल्प को करने वाले पल का उत्साह ख़त्म हो चुका हो। आप जो सीखते हैं, उससे आपका भविष्य तय नहीं होता। भविष्य तय करने वाली चीज़ तो यह है कि आप बार-बार क़ीमत चुकाने के लिए ख़ुद को अनुशासित कर सकते हैं या नहीं, जब तक कि आख़िरकार उद्देश्य हासिल न हो जाए।

आपको लक्ष्य तय करने और उनकी उपलब्धि की योजनाएँ बनाने के लिए आत्म-अनुशासन की ज़रूरत है। आपको नई जानकारी के साथ अपनी योजनाएँ लगातार दोबारा बनाने के आत्म-अनुशासन की ज़रूरत है। आपको आत्म-अनुशासन की ज़रूरत है, ताकि आप अपने समय का अच्छा इस्तेमाल करें और हमेशा उस एक सबसे महत्वपूर्ण काम पर ध्यान केंद्रित करें, जिसे आपको उस पल करने की ज़रूरत है। आपको हर दिन ख़ुद में निवेश करने, ख़ुद को व्यक्तिगत और व्यावसायिक दृष्टि से आगे बढ़ाने के आत्म-अनुशासन की ज़रूरत है। आपको आवश्यक चीज़ें सीखने के आत्म-अनुशासन की ज़रूरत है, ताकि आप अपनी समूची संभावित सफलता का आनंद ले सकें।

आपको संतुष्टि में विलंब करने और पैसा बचाने के आत्म-अनुशासन की ज़रूरत है। आपको अपनी आर्थिक स्थिति को व्यवस्थित करने की ज़रूरत है, ताकि आप अपने कामकाजी जीवन में वित्तीय स्वतंत्रता हासिल कर सकें। आपको आत्म-अनुशासन की ज़रूरत है, ताकि आप अपने विचार अपने लक्ष्यों और सपनों पर क़ायम रख सकें तथा उन्हें अपनी शंकाओं और डरों से दूर रख सकें। आपको आत्म-अनुशासन की ज़रूरत है, ताकि आप हर मुश्किल पर सकारात्मक और सृजनात्मक प्रतिक्रिया कर सकें।

लगन सक्रिय आत्म-अनुशासन है

शायद आत्म-अनुशासन का सबसे महत्वपूर्ण प्रदर्शन मुश्किल परिस्थितियों में आपकी लगन का स्तर है। लगन सक्रिय आत्म-अनुशासन है। लगन इंसान के चरित्र का सच्चा पैमाना है। दरअसल आपकी लगन ही आपके आत्मविश्वास और सफलता की आपकी क्षमता का असली पैमाना है।

जब आप विपत्ति और निराशा के बीच भी लगन से जुटे रहते हैं, तो हर बार आप लगन की अपनी आदत को और मज़बूत कर लेते हैं। आप अपने चरित्र और व्यक्तित्व में गर्व, शक्ति और आत्मसम्मान विकसित कर लेते हैं। आप ज़्यादा सशक्त और संकल्पवान बन जाते हैं। आप आत्म-अनुशासन और व्यक्तिगत शक्ति के स्तर को गहरा कर लेते हैं। आप सफलता का लौह गुण विकसित कर लेते हैं, जो आपको आगे बढ़ाएगा और हर उस विपत्ति के पार ले जाएगा, जो जीवन आपकी राह में फेंक सकता है।

इतिहास में सफलता का आम गुण

मानव इतिहास लगन की विजय की कहानी है। हर महान व्यक्ति को सफलता और उपलब्धि की ऊँचाइयों पर पहुँचने से पहले ज़बर्दस्त मुश्किलों और संकटों को झेलना पड़ा। उनकी सहनशक्ति और लगन ने ही उन्हें महान बनाया।

विंस्टन चर्चिल को कुछ लोग बीसवीं सदी का महानतम राजनेता मानते हैं। जीवन भर अपने साहस और लगन के कारण वे सम्मानित रहे। द्वितीय विश्व युद्ध के सबसे स्याह घंटों के दौरान जब जर्मन सेना ब्रिटेन पर बमबारी कर रही थी और इंग्लैंड अकेला खड़ा था, तो चर्चिल की संकल्पवान, बुलडॉग जैसी लगन ने पूरे देश को उस विपत्ति से जूझने के लिए प्रेरित किया, जो कई लोगों को अपरिहार्य पराजय लग रही थी। जॉन एफ़. कैनेडी ने उनके भाषणों के बारे में कहा कि “चर्चिल ने अँग्रेजी भाषा की सेना बनाकर उसे युद्ध में भेज दिया।”

लगन के सबसे महान भाषणों में से एक चर्चिल का राष्ट्र के नाम संदेश था, जो उन्होंने 4 जून 1940 को दिया था। यह भाषण इन शब्दों के साथ ख़त्म हुआ, "हम न तो झुकेंगे, न ही असफल होंगे... हम फ्रांस में लड़ेंगे, हम समुद्रों और महासागरों में लड़ेंगे, हम बढ़ते विश्वास और बढ़ती शक्ति के साथ हवा में लड़ेंगे, हम अपने टापू की रक्षा करेंगे, चाहे हमें इसकी जो भी क़ीमत चुकानी पड़े, हम इसके तटों की रक्षा करेंगे, हम ज़मीन पर लड़ेंगे। हम मैदानों और सड़कों पर लड़ेंगे, हम पहाड़ियों पर लड़ेंगे; हम कभी आत्मसमर्पण नहीं करेंगे।"

बाद के वर्षों में चर्चिल अपने पुराने स्कूल की एक क्लास को संबोधित करने गए। उनसे अनुरोध किया गया कि वे वहाँ मौजूद लड़कों को बताएँ कि जीवन में उनकी महान सफलता का रहस्य क्या था। वे सभा के सामने खड़े हुए। अपनी छड़ी पर ताक़त डालते हुए और थोड़ा काँपते हुए झुके और फिर बुलंद आवाज़ में बोले, "मैं अपने जीवन का सबक छह शब्दों में संक्षेप में बता सकता हूँ : कभी, कभी, कभी हार मत मानो।"

सफलता की आपकी गारंटी

जो चर्चिल ने पाया है और जो अपने लक्ष्यों की ओर आगे तथा ऊपर बढ़ते समय आप पाएँगे, वह यह है कि लगन का गुण ही इस बात की गारंटी देता है कि आप अंततः जीतेंगे।

राष्ट्रपति कैल्विन कूलिज इतना कम बोलते थे कि उन्हें "साइलेंट कैल" का नाम दिया गया था। उन्होंने इस विषय पर इतिहास के यादगार शब्द कहे हैं। उन्होंने लिखा है, "जुटे रहो। दुनिया में कोई भी चीज़ लगन की जगह नहीं ले सकती। योग्यता नहीं ले सकती; योग्यता वाले असफल व्यक्तियों से ज़्यादा आम कुछ नहीं है। प्रतिभा नहीं ले सकती; अपुरस्कृत प्रतिभाशाली लोग बहुत मिलते हैं। शिक्षा अकेली नहीं ले सकती; दुनिया शिक्षित अपराधियों से भरी पड़ी है। लगन और संकल्प ही सर्वशक्तिमान हैं।"

लगन सफलता की निशानी है

अजेय इच्छाशक्ति और अटल लगन सफल व्यावसायियों और उद्यमियों की पहचान होती है।

1895 में अमेरिका भयंकर मंदी की चपेट में था। मिडवेस्ट में रहने वाले एक व्यक्ति ने इस मंदी में अपना होटल गँवा दिया। फिर उसने दूसरों को प्रेरित करने के लिए एक पुस्तक लिखने का फ़ैसला किया, ताकि वे देश के सामने मौजूद मुश्किलों

के बावजूद जुटे रहें और कोशिश करते रहें।

उस व्यक्ति का नाम ऑरिसन स्वेट मार्डन था। उन्होंने एक अस्तबल के ऊपर एक कमरा किराए पर लिया और साल भर तक दिन-रात एक पुस्तक पर काम करते रहे, जिसे उन्होंने *पुशिंग टु द फ्रंट* नाम दिया। एक रात उन्होंने आख़िरकार अपनी पुस्तक का आख़िरी पन्ना पूरा कर लिया। वे थके हुए और भूखे थे, इसलिए डिनर करने के लिए थोड़ी दूर बने एक छोटे कैफ़े में चले गए। वे एक घंटे तक बाहर रहे। इस दौरान अस्तबल में आग लग गई। जब तक वे लौटकर आए, आठ सौ से ज़्यादा पन्नों की उनकी पूरी पांडुलिपि स्वाहा हो चुकी थी।

बहरहाल, पूरे आंतरिक मनोबल को बटोरकर वे दोबारा बैठे और एक साल की मेहनत करके उस पुस्तक को दोबारा लिखा। जब पुस्तक पूरी हुई, तो वे उसे लेकर कई प्रकाशकों के पास गए। बहरहाल, किसी भी प्रकाशक ने उस वक़्त प्रेरक पुस्तक छापने में दिलचस्पी नहीं ली, क्योंकि देश मंदी और बेरोज़गारी की चपेट में था। फिर वे शिकागो रहने चले गए और नौकरी करने लगे। एक दिन उन्होंने एक दोस्त के सामने अपनी पांडुलिपि का ज़िक्र किया। वह दोस्त एक प्रकाशक को पहचानता था और उसने इसे प्रकाशित करवाने की कोशिश की। *पुशिंग टु द फ्रंट* प्रकाशित हुई और देश की नंबर वन बेस्टसेलर बन गई।

पुशिंग टु द फ्रंट के बारे में अमेरिका के अग्रणी बिज़नेसपीपुल और राजनेताओं का मानना है कि यही पुस्तक अमेरिका को बीसवीं सदी में लेकर आई। इसने देश भर के निर्णय लेने वालों के दिमाग़ पर ज़बर्दस्त असर डाला और यह व्यक्तिगत विकास के क्षेत्र में महानतम क्लासिक बन गई। हेनरी फ़ोर्ड, थॉमस एडिसन, हार्वे फ़ायरस्टोन और जे. पी. मॉर्गन जैसे दिग्गजों ने इस पुस्तक को पढ़ा और इससे प्रेरणा पाई।

दो अनिवार्य गुण

ऑरिसन स्वेट मार्डन अपनी पुस्तक में कहते हैं कि "सफलता की दो अनिवार्य आवश्यकताएँ हैं। पहली है, 'इस तक पहुँचने का संकल्प,' और दूसरी है 'इससे चिपके रहने की आदत।'" उन्होंने लिखा था, "नहीं, उस व्यक्ति के लिए कोई असफलता नहीं है, जिसे अपनी शक्ति का एहसास है, जो कभी हारना नहीं जानता। संकल्पवान प्रयास, अजेय इच्छाशक्ति के लिए कोई असफलता नहीं है। उस व्यक्ति के लिए कोई असफलता नहीं है, जो हर बार गिरने के बाद उठ खड़ा होता है, जो रबड़ की गेंद की तरह गिरकर उछलता है, जो तब भी जुटा रहता है, जब बाक़ी हर व्यक्ति हार मान लेता है, जो तब भी जुटा रहता है, जब बाक़ी हर व्यक्ति अपनी पीठ मोड़ लेता है।"

कनफ़्यूशियस ने चार हज़ार साल पहले कहा था, "हमारा महानतम गौरव कभी न गिरने में नहीं है, बल्कि हर बार उठ खड़े होने में है।"

दुनिया के शुरुआती हैवीवेट बॉक्सिंग चैंपियन जेम्स जे. कॉर्बेट ने कहा था कि "आप एक और राउंड लड़कर चैंपियन बनते हैं। जब चीज़ें मुश्किल हो जाती हैं, तो आप एक और राउंड लड़ते हैं।" योगी बेरा ने यह कहा था, "कोई चीज़ तब तक ख़त्म नहीं होती, जब तक कि यह आपकी इच्छानुसार ख़त्म न हो।" और सच्चाई यह है कि जब तक आप जुटे रहते हैं, तब तक संघर्ष ख़त्म नहीं होता।

अल्बर्ट हबार्ड ने लिखा था, "कोशिश छोड़ने के सिवाय और कोई असफलता नहीं है। अंदरूनी हार के अलावा कोई हार नहीं है। कोई भी बाधा ऐसी नहीं है, जिसे पार न किया जा सके, सिवाय उद्देश्य की आंतरिक कमज़ोरी को छोड़कर।"

विन्स लॉम्बार्डी ने कहा था, "मुद्दा यह नहीं है कि आप कभी गिरते हैं या नहीं। मामला तो यह है कि क्या आप दोबारा खड़े होते हैं।"

इन सभी सफल लोगों ने यह सीख लिया था कि महान लक्ष्यों और उद्देश्यों को हासिल करने के लिए लगन का गुण कितना महत्वपूर्ण है। सफल लोगों में अविश्वसनीय लगन होती है। वे मैदान छोड़ने से इंकार कर देते हैं, चाहे बाहरी परिस्थितियाँ कैसी भी हों। जो एक गुण पूरी तरह सफलता की गारंटी देता है, चाहे बिज़नेस में हो, दौलत के संग्रह में हो या जीवन में हो, वह है अजेय इच्छाशक्ति और काम में जुटे रहने की इच्छा, वह भी तब जब आपके भीतर की हर चीज़ रुकना चाहे, आराम करना चाहे, पीछे लौटना चाहे और कोई दूसरा काम करना चाहे।

लगन आपकी सबसे बड़ी संपत्ति है

शायद आपकी सबसे बड़ी संपत्ति किसी दूसरे से ज़्यादा समय तक जुटे रहने की योग्यता है। फ़ोर्ब्स मैग्ज़ीन के संस्थापक बी. सी. फ़ोर्ब्स ने मंदी के सबसे स्याह दिनों में इसे एक बड़ा प्रकाशन बनाया। उन्होंने लिखा था, "इतिहास ने साबित कर दिया है कि सबसे उल्लेखनीय विजेताओं को आम तौर पर जीत से पहले दिल तोड़ने वाली बाधाओं का सामना करना पड़ा। वे इसलिए जीते, क्योंकि उन्होंने अपनी पराजय पर हताश होने से इंकार कर दिया।"

जॉन डी. रॉकफ़ेलर एक वक़्त दुनिया के सबसे अमीर सेल्फ़-मेड व्यक्ति थे। उन्होंने लिखा था, "मैं नहीं सोचता कि किसी भी तरह की सफलता पाने के लिए कोई दूसरा गुण लगन से ज़्यादा अनिवार्य है। यह लगभग हर चीज़ को जीत सकता है, प्रकृति को भी।"

कॉनरेड हिल्टन ने एक सपने और लुबॉक, टेक्सास के एक छोटे होटल से शुरुआत की और बाद में उसे दुनिया के सबसे सफल होटल कॉरपोरेशन्स में एक बना लिया। उन्होंने कहा था, "सफलता कर्म से जुड़ी है। सफल लोग चलते रहते हैं। वे ग़लतियाँ करते हैं, लेकिन मैदान नहीं छोड़ते।"

थॉमस एडिसन आविष्कारों के इतिहास में सबसे *असफल* व्यक्ति थे और सबसे *सफल भी*। वे बीसवीं सदी के किसी अन्य आविष्कारक से ज़्यादा प्रयोगों में असफल रहे। उन्होंने अपने युग के किसी भी अन्य आविष्कारक की तुलना में ज़्यादा सफल प्रयोग भी किए और व्यावसायिक प्रक्रियाओं के लिए उन्हें सबसे ज़्यादा पेटेंट मिले। उन्होंने अपना दर्शन इन शब्दों में बताया है, "जब मैं पूरी तरह फ़ैसला कर लेता हूँ कि कोई परिणाम पाने लायक़ है, तो मैं आगे बढ़ जाता हूँ और तब तक कोशिश करता रहता हूँ, जब तक कि वह परिणाम मिल नहीं जाता। जो भी व्यक्ति विचार विकसित करता है, वह उस बिंदु तक काम करता है, जहाँ यह असंभव नज़र आने लगता है, जिससे वह हताश हो जाता है। यह हताश होने की जगह नहीं है।"

अलैक्ज़ेंडर ग्राहम बेल ने लगन के बारे में ये शब्द कहे हैं, "यह कैसी शक्ति है, मैं नहीं बता सकता। मैं तो बस इतना जानता हूँ कि यह मौजूद है और तभी उपलब्ध होती है, जब कोई व्यक्ति इस मानसिक अवस्था में होता है, जिसमें वह ठीक-ठीक जानता है कि वह क्या चाहता है और पूरी तरह से संकल्प कर लेता है कि वह इसे खोजने से पहले मैदान नहीं छोड़ेगा।"

रेन मैक्फ़रसन ने डाना कॉरपोरेशन को महान अमेरिकी सफलता की कहानियों में से एक बना लिया है। उन्होंने अपने जीवनदर्शन का सार इन शब्दों में व्यक्त किया है, "आप बस आगे बढ़ते रहें। बस आगे बढ़ता रहें। मैंने हर वह ग़लती की, जो की जा सकती थी, लेकिन मैं बस धक्का देता रहा।"

महान विरोधाभास

जीवन का एक रोचक और महत्वपूर्ण विरोधाभास है, जिसके बारे में आपको जागरूक रहना चाहिए। वह यह है कि अगर आप बुद्धिमान हैं, तो आप वह हरसंभव काम करते हैं, जिससे आपका जीवन इस तरीक़े से व्यवस्थित हो जाए, ताकि आपकी विपत्ति और निराशा न्यूनतम हो जाए। आप विपत्तियों और निराशाओं से बचते हैं। यह समझदारी का काम है और तार्किक भी है। सभी समझदार लोग अपने लक्ष्यों तक पहुँचने के लिए न्यूनतम प्रतिरोध की राह पर चलते हैं और उन मुश्किलों तथा बाधाओं की संख्या को न्यूनतम करने की हरसंभव कोशिश करते हैं, जिनका सामना वे अपनी दिन-प्रतिदिन की गतिविधियों में करेंगे।

निराशा अनिवार्य है

बहरहाल, हमारी सर्वश्रेष्ठ कोशिशों के बावजूद निराशाएँ और विपत्तियाँ सामान्य तथा स्वाभाविक हैं। ये जीवन के ऐसे हिस्से हैं, जिनसे बचा नहीं जा सकता। बेंजामिन फ्रैंकलिन ने कहा था कि ज़िंदगी में सिर्फ़ दो चीज़ें अनिवार्य हैं : मौत और टैक्स। लेकिन अनुभव का हर हिस्सा बताता है कि निराशा भी अनिवार्य है। चाहे आप ख़ुद को और अपनी गतिविधियों को कितनी ही अच्छी तरह व्यवस्थित कर लें, आपको ज़िंदगी भर असंख्य निराशाएँ, विपत्तियाँ और बाधाएँ मिलेंगी। और आप अपने लिए जितने ज़्यादा ऊँचे और चुनौतीपूर्ण लक्ष्य बनाएँगे, आपको उतनी ही ज़्यादा निराशा और विपत्तियाँ मिलेंगी।

यही विरोधाभास है

पूरी क्षमता तक विकास करना और बढ़ना हमारे लिए तब तक असंभव है, जब तक कि हम विपत्ति का सामना न करें और उससे सबक़ न सीखें। जीवन के सभी महान सबक़ विपत्तियों और अस्थायी पराजयों का परिणाम हैं, जिनसे बचने की हमने हरसंभव कोशिश की थी। विपत्ति हमारी सबसे अच्छी कोशिशों के बावजूद बिन बुलाए मेहमान की तरह आ जाती है। और इसके बिना हम वैसे व्यक्ति नहीं बन सकते, जो शिखर पर पहुँचने और महान लक्ष्य हासिल करने में सक्षम होता है।

विपत्ति हमारा इम्तिहान लेती है

इतिहास के महान चिंतकों ने इस विरोधाभास के बारे में विचार किया है और वे इस नतीजे पर पहुँचे हैं कि विपत्ति वह इम्तिहान है, जो आपको सार्थक चीज़ हासिल करने की राह में देना ही होगा। यूनानी दार्शनिक हेरोडोटस ने कहा था, "विपत्ति के प्रभाव से इंसान की ऐसी शक्तियाँ और गुण बाहर निकल आते हैं, जो इसके बिना सोए रहते।"

शक्ति, साहस, चरित्र और लगन जैसे गुण तभी बाहर निकलते हैं, जब आपका सामना अपनी सबसे बड़ी चुनौतियों से होता है और आप उन पर सकारात्मक तथा सृजनात्मक तरीक़े से प्रतिक्रिया करते हैं।

सफलता की राह में सभी को क़दम-क़दम पर कठिनाइयों का सामना करना पड़ता है। हाँ, सामान्य और महान सफलता हासिल करने वालों में फ़र्क होता है। और वह फ़र्क यह है कि महान उपलब्धियाँ हासिल करने वाले लोग अपने संकटों और संघर्षों का इस्तेमाल अपनी तरक़्क़ी और विकास के लिए करते हैं। दूसरी ओर, सामान्य उपलब्धियाँ पाने वाले लोग संकटों और कठिनाइयों के बोझ से दब

जाते हैं और हताश-निराश होकर वह काम छोड़ देते हैं।

निराशा से टकराकर ऊपर उठें

हार्वर्ड के अब्राहम ज़ेलेज़्निक ने साबित कर दिया है कि आप निराशा पर जिस तरह से प्रतिक्रिया करते हैं, आम तौर पर वही इस बात की भविष्यवाणी करता है कि महान सफलता हासिल करने की आपकी कितनी संभावना है। अगर आप निराशा पर प्रतिक्रिया करके उससे सबसे ज़्यादा सीख लेते हैं और फिर उसे अपने पीछे छोड़कर आगे बढ़ जाते हैं, तो इस बात की बहुत संभावना है कि आप अपने जीवन में महान चीज़ें हासिल कर लेंगे।

सफलता असफलता से एक क़दम आगे मिलती है

यह एक और उल्लेखनीय खोज है। आपकी महानतम सफलताएँ लगभग हमेशा उस बिंदु से एक क़दम आगे मिलती हैं, जहाँ आपके भीतर की हर चीज़ मैदान छोड़ने को कहती है। इतिहास के स्त्री-पुरुष यह पाकर हैरान हुए हैं कि उनकी महान सफलताएँ सारी निराशा और विपक्ष में मौजूद सारे प्रमाणों के बावजूद जुटे रहने के कारण मिलीं। लगन का यह आख़िरी काम, जिसे अक्सर "लगन का इम्तिहान" कहा जाता है, सभी तरह की महान उपलब्धियों के पहले आता है।

एच. रॉस पेरट, जिन्होंने 1,000 डॉलर की मामूली रक़म से ईडीएस इंडस्ट्रीज़ शुरू की और इसे लगभग 3 बिलियन डॉलर की दौलत में बदल लिया, अमेरिकी इतिहास के सबसे सफल सेल्फ़-मेड उद्यमियों में से एक हैं। उन्होंने कहा था, "अधिकांश लोग बस तभी हार मान लेते हैं, जब वे सफलता हासिल करने की कगार पर होते हैं। वे एक गज़ की रेखा पर मैदान छोड़ देते हैं। वे मैच के आख़िरी मिनट में कोशिश छोड़ देते हैं। वे विजय रेखा से एक फ़ुट दूर हार मान लेते हैं।"

हेरोडोटस ने भी लिखा था, *"कुछ लोग अपनी योजनाएँ तब छोड़ देते हैं, जब वे लगभग अपने लक्ष्य तक पहुँच जाते हैं। जबकि इसके विपरीत दूसरे लोग आख़िरी मिनट पर पहले से ज़्यादा उत्साहपूर्ण कोशिशें करके विजय हासिल कर लेते हैं।"*

आप लगन के, जुटे रहने के इस सिद्धांत को असंख्य महान स्त्री-पुरुषों के जीवन और काम में देख सकते हैं। फ़्लोरेंस स्कोवेल शिन ने लिखा था, "हर बड़ा काम, हर बड़ी उपलब्धि इसलिए साकार हुई है, क्योंकि सपने पर विश्वास किया गया। अक्सर बड़ी उपलब्धि आने से पहले असफलता और हताशा नज़र आई है।"

नेपोलियन हिल ने अपनी क्लासिक पुस्तक *थिंक एंड ग्रो रिच* में लिखा है, "जब किसी व्यक्ति के जीवन में सफलता आती है, तो इससे पहले उसका बहुत

सी अस्थायी पराजयों से सामना होना तय है, और शायद कुछ असफलताओं से भी। जब पराजय किसी इंसान पर हावी हो जाती है, तो सबसे आसान और तार्किक काम होता है छोड़ देना। और यही ज़्यादातर स्त्री-पुरुष करते भी हैं।"

हैरियट बीचर स्टोव, जिन्होंने *अंकल टॉम्स केबिन* लिखी है, ने ये शब्द लिखे थे, "कभी हौसला न छोड़ें, क्योंकि यही वह जगह और समय है, जहाँ परिस्थितियों का रुख़ बदलेगा।"

आप जो नहीं देखते हैं - जिसके मौजूद होने का ज़्यादातर लोगों को संदेह भी नहीं होता है - वह मौन लेकिन अजेय शक्ति है, जो आपकी मदद के लिए तब आगे आती है, जब आप हताशा के बावजूद लड़ते रहते हैं।

क्लॉड एम. ब्रिस्टल ने लिखा था, "सतत और संकल्पवान प्रयास हर प्रतिरोध को तोड़ देता है, हर बाधा को दूर कर देता है।"

जेम्स व्हिटकॉम्ब राइले ने इसे इस तरह से लिखा था, "सबसे अनिवार्य तत्व है लगन - अपनी ऊर्जा या उत्साह को अनावश्यक हताशा से कभी ठंडा न होने देने का संकल्प।"

हर चीज़ के बावजूद जुटे रहने, झेलने की शक्ति - यही विजेता का गुण है। लगन बिना हौसला छोड़े बारंबार असफलता का सामना करने की योग्यता है - बड़ी मुश्किल के बावजूद कोशिश करते रहना। एक अज्ञात लेखक की एक कविता है, जो मेरे ख़याल से हर व्यक्ति को पढ़नी चाहिए और याद कर लेनी चाहिए। जब भी उसके मन में हार मानने या कोशिश करना छोड़ने का प्रलोभन हो, तो यह कविता उसे मन ही मन दोहरानी चाहिए। इस कविता का शीर्षक है "डोन्ट क्विट।"

कभी हार मत मानो

जब परिस्थितियाँ गड़बड़ हों, जैसी वे कई बार होंगी।
जब जिस राह पर आप चल रहे हों, उस पर चढ़ाई ही चढ़ाई हो।
जब पैसे कम हों और कर्ज़ के पहाड़ ऊँचे हों।
और आप मुस्कराना चाहते हों, लेकिन आह निकलती हो।
जब चिंता आपको नीचे धकेल रही हो।
तब अगर आराम करना हो, तो आराम करो, लेकिन हार मत मानो।
ज़िंदगी के मोड़ और घुमाव भी अजीब हैं।
जैसा हममें से हर व्यक्ति बहुत बार सीखता है।
और कई असफलताएँ पलट जाती हैं

जब इंसान जीत सकता था, अगर वह जुटा रहता :
कभी हार मत मानो, हालाँकि गति धीमी नज़र आती हो -
आप एक और प्रहार के साथ सफल हो सकते हैं।
सफलता असफलता के भीतर छिपी होती है -
शंका के बादलों की सफ़ेद किनारी होती है।
और आप कभी नहीं जान सकते कि आप कितने क़रीब हैं।
जब यह बहुत दूर नज़र आता है, तो यह क़रीब ही हो सकता है :
इसलिए संघर्ष करते रहें, जब आप पर सबसे तेज़ प्रहार हो-
जब चीज़ें सबसे बुरी नज़र आएँ, तो कभी हार **मत मानो**।

☆ सफल होने तक जुटे रहें

1. अपने सबसे बड़े लक्ष्य को हासिल करने की राह पर आज आपके सामने सबसे बड़ी चुनौती या समस्या क्या है, उसे पहचानें। कल्पना करें कि इसे आपके संकल्प और इच्छा का इम्तिहान लेने के लिए आपकी ओर भेजा गया है। आप कभी हार न मानने का संकल्प करें।
2. अपने जीवन को पलटकर देखें और उन अवसरों को पहचानें, जहाँ लगन से जुटे रहने का संकल्प आपकी सफलता की कुंजी था। ख़ुद को वे अनुभव याद दिलाएँ, जब आपने मुश्किलों या हताशा का सामना करके उन पर जीत हासिल की थी।
3. पहले से ही संकल्प कर लें कि जब तक आप अपने लक्ष्य को शिद्दत से चाहते रहेंगे, तब तक उसे हासिल करने से पहले कभी हार नहीं मानेंगे।
4. हर समस्या, मुश्किल, बाधा या विपत्ति में इसके समान या अधिक लाभ या अवसर के बीज की तलाश करें। आपको हमेशा कोई न कोई ऐसी चीज़ मिल जाएगी, जो आपकी मदद कर सकती है।
5. हर स्थिति में समाधान केंद्रित और कर्म केंद्रित बनने का संकल्प करें। हमेशा इस संदर्भ में सोचें कि आप अपनी समस्याओं को सुलझाने या अपने लक्ष्यों को हासिल करने के लिए तत्काल क्या कर सकते हैं। और फिर शुरू हो जाएँ! कभी हार न मानें।

समापन
आज ही कर्म करें

आपने अभी-अभी लक्ष्य तय करने और हासिल करने की शायद सबसे वृहद रणनीति सीखी है, जिसे एक साथ एक ही पुस्तक में रखा गया है। इन नियमों और सिद्धांतों का अभ्यास करके आप आने वाले महीनों और वर्षों में इतना ज़्यादा हासिल कर सकते हैं, जितना ज़्यादातर लोग ज़िंदगी भर में भी नहीं कर पाते।

आप आजीवन सफलता के लिए जो सबसे महत्वपूर्ण गुण विकसित कर सकते हैं, वह है अपनी योजनाओं, लक्ष्यों, विचारों और ज्ञान पर काम करने की आदत। आप जितनी ज़्यादा बार कोशिश करेंगे, आपको उतनी ही जल्दी विजय मिलेगी। आपकी कोशिशों की संख्या और जीवन में आपकी उपलब्धियों के बीच सीधा संबंध होता है। यहाँ पर लक्ष्य तय करने और हासिल करने तथा अद्‌भुत जीवन जीने के इक्कीस क़दम बताए जा रहे हैं।

1. **अपनी संभावना का ताला खोलें** - हमेशा याद रखें कि आपकी सच्ची संभावना असीमित है। आपने जीवन में अब तक जो भी हासिल किया है, वह सिर्फ़ उन अद्‌भुत चीज़ों की तैयारी है, जिन्हें आप भविष्य में हासिल कर सकते हैं।

2. **अपने जीवन की बागडोर थामें** - आप आज जो हैं, हर उस चीज़ के लिए पूरी तरह ज़िम्मेदार हैं। आप हर उस चीज़ के लिए ज़िम्मेदार हैं, जो आप सोचते, कहते और करते हैं। और हर उस चीज़ के लिए भी, जो आप आज के बाद बनेंगे। बहाने न बनाएँ। दूसरों को दोष न दें। इसके बजाय हर दिन अपने लक्ष्यों की ओर प्रगति करें।

3. **अपने भविष्य का निर्माण करें** - कल्पना करें कि आप आगे आने वाले महीनों और वर्षों में जो कर सकते हैं, बन सकते हैं या पा सकते हैं, उसकी कोई सीमा नहीं है। अपने भविष्य के बारे में ऐसे सोचें और योजना बनाएँ, जैसे आपके पास वे सभी संसाधन हैं, जिनकी ज़रूरत आपको अपनी मनचाही ज़िंदगी बनाने के लिए होगी।

4. अपने जीवनमूल्य स्पष्ट करें - आपके सबसे गहरे जीवनमूल्य और विश्वास आपको व्यक्ति के रूप में परिभाषित करते हैं। इस बारे में सोचने का समय निकालें कि आप सचमुच किसमें विश्वास करते हैं और अपने जीवन के हर क्षेत्र में किन चीज़ों की परवाह करते हैं। आपके हिसाब से आपके लिए जो सही है, उससे दूर हटने से इंकार कर दें।

5. अपने सच्चे लक्ष्य तय करें - तय करें कि आप अपनी ज़िंदगी के हर क्षेत्र में सचमुच क्या हासिल करना चाहते हैं। ख़ुशी और उच्च सफलता वाले जीवन के लिए स्पष्टता अनिवार्य है।

6. अपना प्रमुख निश्चित उद्देश्य तय करें - आपको एक केंद्रीय उद्देश्य बनाना होगा, जिसके इर्द-गिर्द आप अपने जीवन का निर्माण कर सकें। वह एक लक्ष्य ऐसा होना चाहिए, जो बाक़ी लक्ष्य हासिल करने में आपकी मदद करे। फ़ैसला करें कि यह क्या है और फिर इस पर हर वक़्त काम करें।

7. अपने विश्वासों का विश्लेषण करें - आपकी योग्यताओं और चारों ओर के संसार के बारे में आपके विश्वासों का आपकी भावनाओं और कार्यों पर इतना ज़्यादा असर पड़ता है, जितना किसी दूसरी चीज़ से नहीं पड़ता। यह सुनिश्चित करें कि आपके विश्वास सकारात्मक हों और हर उस चीज़ को हासिल करने के तालमेल में हों, जो आपके लिए संभव है।

8. शुरू से शुरू करें - अपने लक्ष्य की ओर बढ़ने से पहले अपने शुरुआती बिंदु का सावधानी से विश्लेषण करें। यह तय करें कि आज आपकी सटीक स्थिति क्या है। आप भविष्य में क्या हासिल करना चाहते हैं, इस बारे में ईमानदार और यथार्थवादी रहें।

9. अपनी प्रगति मापें - लक्ष्यों की राह पर अपने मूल्यांकन के लिए स्पष्ट पैमाने, पायदान और स्कोरकार्ड तय करें। इन पैमानों की मदद से आप यह आकलन कर सकते हैं कि आप कितना अच्छा प्रदर्शन कर रहे हैं और आपको रास्ते में कौन से आवश्यक संतुलन और सुधार करने चाहिए।

10. राह की बाधाएँ हटा दें - सफलता आपके लक्ष्य की राह में आने वाली बाधाओं को हटाने और समस्याएँ सुलझाने की योग्यता पर निर्भर करती है। सौभाग्य से, समस्या सुलझाना एक ऐसी योग्यता है, जिसमें आप अभ्यास के साथ माहिर बन सकते हैं। इससे आप अपने लक्ष्य इतनी तेज़ी से हासिल कर सकते हैं, जितना आपने कभी संभव भी नहीं माना होगा।

11. अपने क्षेत्र के विशेषज्ञ बनें – आपके भीतर अपने काम में सर्वश्रेष्ठ बनने, अपने क्षेत्र के शीर्षस्थ 10 प्रतिशत व्यक्तियों के समूह में शामिल होने की योग्यता है। इसे अपना लक्ष्य बना लें, इस पर हर दिन काम करें और तब तक इस पर काम करना बंद न करें, जब तक कि आप वहाँ पहुँच न जाएँ।

12. सही लोगों से जुड़ें – आप किन लोगों के साथ रहते, काम करते और सामाजिक संपर्क रखते हैं, इसका चुनाव आपकी सफलता पर जितना ज़्यादा असर डालता है, उतना कोई दूसरी चीज़ नहीं डालती। आज ही सिर्फ़ उन लोगों के साथ उठने-बैठने का संकल्प करें, जिन्हें आप पसंद करते हैं, सम्मान करते हैं और प्रशंसा करते हैं। अगर आप बाज़ बनना चाहते हैं, तो बाज़ों के साथ उड़ें।

13. कार्ययोजना बनाएँ – अच्छी तरह सोच-विचारकर बनाई गई योजना होने पर साधारण व्यक्ति भी बिना योजना वाले जीनियस से आगे निकल जाएगा। पहले से योजना बनाने और व्यवस्थित करने की आपकी योग्यता आपको सबसे बड़े और जटिल लक्ष्य हासिल करने में भी समर्थ बना देगी।

14. अपने समय का अच्छा प्रबंधन करें – व्यावहारिक और आज़माए हुए समय प्रबंधन के सिद्धांतों का अभ्यास करके यह सीखें कि अपनी उत्पादकता, प्रदर्शन और आउटपुट को दोगुना और तिगुना कैसे करना है। शुरू करने से पहले हमेशा प्राथमिकताएँ तय करें और इसके बाद अपने समय के सबसे मूल्यवान उपयोग पर ध्यान केंद्रित करें।

15. हर दिन अपने लक्ष्यों की समीक्षा करें – हर दिन, हर सप्ताह, हर महीने अपने लक्ष्यों और उद्देश्यों की समीक्षा तथा पुनर्मूल्यांकन का समय निकालें। यह सुनिश्चित करें कि आप अब भी पटरी पर हैं और वही काम कर रहे हैं, जो आपके लिए महत्वपूर्ण है। नई जानकारी के साथ अपनी योजनाओं और लक्ष्यों में संशोधन करने के लिए तैयार रहें।

16. अपने लक्ष्यों की लगातार मानसिक तस्वीर देखें – अपने दिमाग़ में चलने वाली फ़िल्मों के डायरेक्टर बनें। आपकी कल्पनाशीलता आपके जीवन के आगामी आकर्षणों का प्रिव्यू है। लगातार अपने लक्ष्यों को इस तरह "देखें," जैसे वे पहले ही साकार हो चुके हों। आपकी स्पष्ट, रोमांचक मानसिक तस्वीरें आपकी सारी मानसिक शक्तियों को प्रेरित कर देती हैं और आपके लक्ष्यों को आपके जीवन में साकार कर देती हैं।

17. अपने अतिचेतन मस्तिष्क को सक्रिय करें – आपके भीतर और आस-पास एक अविश्वसनीय शक्ति है, जो आपको अपनी इच्छा या ज़रूरत की हर चीज़ लाकर देगी। लक्ष्य हासिल करने के लिए विचारों और ज्ञान के इस अद्भुत

स्रोत का नियमित दोहन करने का समय निकालें।

18. हर समय लचीले रहें – अपने लक्ष्य के बारे में स्पष्ट रहें, लेकिन उसे हासिल करने की प्रक्रिया के बारे में लचीले रहें। उसी परिणाम को हासिल करने के नए, बेहतर, ज़्यादा तेज़, ज़्यादा सस्ते तरीक़ों के प्रति हमेशा खुले रहें और अगर कोई चीज़ काम न करें, तो दूसरी नीति आज़माने के इच्छुक रहें।

19. अपनी जन्मजात रचनात्मकता का ताला खोलें – आपमें समस्याएँ सुलझाने और लक्ष्य हासिल करने के लिए नए और बेहतर तरीक़े सोचने की अविश्वसनीय रचनात्मक योग्यता है, जिसका इस्तेमाल आपने आज तक नहीं किया है। आप संभावित जीनियस हैं। आप किसी भी बाधा को पार कर सकते हैं और किसी भी तय लक्ष्य को हासिल कर सकते हैं, बशर्ते आप अपनी बुद्धि का दोहन करें।

20. हर दिन कुछ करें – अपने लक्ष्य की ओर शुरू करके और हर दिन काम करके "सफलता के गति सिद्धांत" का उपयोग करें, जो आपको अपनी मनचाही मंज़िल के क़रीब ले जाता है। कर्म केंद्रित होना सफलता के लिए अनिवार्य है।

21. सफल होने तक जुटे रहें – अंतिम विश्लेषण में किसी दूसरे से ज़्यादा देर तक जुटे रहने की आपकी योग्यता ही वह गुण है, जो जीवन में महान सफलता की गारंटी है। लगन सक्रिय आत्म-अनुशासन है और आपके आत्मविश्वास का सच्चा पैमाना है। पहले से ही संकल्प कर लें कि आप कभी, *कभी हार नहीं मानेंगे!*

ये लक्ष्य तय करने और हासिल करने के इक्कीस सबसे महत्वपूर्ण सिद्धांत हैं। इन सिद्धांतों की अगर आप नियमित समीक्षा और अभ्यास करेंगे, तो इनकी बदौलत आपकी साधारण सी ज़िंदगी भी असाधारण हो जाएगी। अब आपको कोई चीज़ नहीं रोक सकती।

शुभकामनाएँ!

———☆———

लेखक के बारे में

ब्रायन ट्रेसी दुनिया के शीर्ष पेशेवर वक्ताओं और प्रशिक्षकों में से एक हैं। वे हर साल 250,000 स्त्री-पुरुषों को लीडरशिप, रणनीति, सेल्स, और निजी तथा व्यावसायिक जीवन में सफलता जैसे विषयों पर व्याख्यान देते हैं।

ब्रायन व्यवसाय, मनोविज्ञान, प्रबंधन, सेल्स, इतिहास, अर्थशास्त्र, राजनीति, मेटाफ़िज़िक्स और धर्म जैसे विषयों पर अच्छी पकड़ रखते हैं। हर साल पूरी दुनिया में होने वाले ब्रायन के 100 से ज्यादा चर्चा सत्रों और सेमिनारों में हास्य, अंतर्ज्ञान, सूचनाओं और प्रेरणा का अनोखा मिश्रण देखने को मिलता है।

ब्रायन मानते हैं कि हर व्यक्ति के पास ऐसी असाधारण क्षमता होती है, जिसका अब तक इस्तेमाल नहीं हुआ है। और अगर वह - स्त्री या पुरुष - अपनी इस क्षमता का इस्तेमाल करना सीख ले तो मात्र एक साल में ही इतना कुछ हासिल कर सकता है, जितना कि एक औसत व्यक्ति अपनी पूरी ज़िंदगी में भी नहीं कर पाता।

ब्रायन ट्रेसी, *ब्रायन ट्रेसी इंटरनेशनल* के चेयरमैन हैं। यह एक मानव संसाधन विकास कंपनी है, जिसका हेडक्वार्टर कैलीफोर्निया के सोलोना बीच पर स्थित है। वे अब तक सोलह पुस्तकें लिख चुके हैं और 300 से ज़्यादा ऑडियो-वीडियो प्रशिक्षण कार्यक्रम तैयार कर चुके हैं। जो बीस भाषाओं में अनुदित होकर अड़तीस देशों में प्रयोग किए जा रहे हैं।

ब्रायन कैलिफोर्निया के सोलोना बीच पर अपनी पत्नी बारबरा और चार बच्चों के साथ रहते हैं। वे सामुदायिक मामलों में सक्रिय भूमिका निभाते हैं और कई गैर-लाभकारी संस्थाओं से बतौर सलाहकार भी जुड़े हुए हैं।